Meu amor pela literatura existe desde os meus tempos de menina. Sempre gostei de ler e escrever, em verso e prosa, e foi nos poemas de Manuel Bandeira que lapidei ainda mais a sensibilidade da minha alma. Gostava de escrever poemas, contos, textos diversos, e cheguei a ganhar um concurso de poesia aos treze anos, aqui na cidade do Rio de Janeiro, onde nasci, em 1962. Ao mesmo tempo, minha mediunidade despertou, e adotei o espiritismo como bálsamo do meu coração.

Meu desejo sempre foi ser escritora. Mas a vida nos leva por caminhos diferentes, sempre em nosso benefício, e acabei me formando em Direito e passando num concurso para o Ministério Público do Trabalho. Anos depois, após o nascimento do meu filho, senti a primeira inspiração. Foi uma coisa estranha. Uma voz ficava na minha cabeça, repetindo esse nome: Rosali, e a ideia de fazer um romance brotou na mesma hora. Rejeitei a ideia e pensei: "Quem sou eu para escrever um romance?".

Por outro lado, a mesma voz também me dizia: "Não custa nada tentar. O máximo que pode acontecer é não dar em nada". Aceitei a sugestão do invisível, acreditando ser o meu pensamento, e fui sentar-me ao computador. Na mesma hora, a inspiração para *Uma história de ontem* surgiu espontânea, e fui escrevendo, cada dia um pouquinho. Até então, eu não sabia que estava psicografando.

Foi só quando terminei o romance que recebi a psicografia do Leonel, que abre o meu primeiro livro, e nele se apresenta, dando o seu nome. Mas foi preciso uma boa dose de desprendimento para escrever, sem questionar e aceitar a interferência do espírito. Hoje, posso dizer, Leonel é parte fundamental da minha vida.

Não escrevo para viver. Escrevo porque gosto e porque acredito estar levando algum bem às pessoas. E é esse sentimento que me faz querer escrever cada vez mais. É pelas pessoas que vale a pena escrever. Pelos leitores, que estão em busca de algo além do aqui e agora, e que acreditam no poder da fé, do autoconhecimento e do amor, como caminhos seguros para a transformação do Ser.

Acredito que nós todos podemos trabalhar pelo aperfeiçoamento moral da humanidade para construir um mundo melhor.

Mônica de Castro

Leonel

Leonel é um espírito muito querido do meu coração. Já em nosso primeiro romance, ele me deu uma ideia do que teria sido em sua vida passada: escritor.

Sei que nasceu e viveu na Inglaterra, em sua última encarnação, assim como nas anteriores. Em *Segredos da alma*, ele narra um pouquinho da sua história, juntamente com a da mulher que foi o grande amor da sua vida. Não foi um escritor dos mais famosos. Era um boêmio, mas alguém com tanta dignidade que logo despertou para os verdadeiros valores do espírito e, hoje, está em condições de transmitir mensagens de otimismo e amorosidade. Eu mesma percebi isso no contato quase diário com ele e nas comunicações que transmite, sempre de forma mental.

Há algum tempo, ele me permitiu conhecer sua aparência. Leonel mostrou-se para mim na casa espírita, em um momento de profundo recolhimento e reflexão. Fisicamente, é um rapaz bonito. Cabelos negros, cheios, com feições delicadas e olhos azuis. Estatura mediana, magro, veio vestido com calça e bata brancas, descalço e com ar tranquilo. Tinha um rosto tão sereno, que me contagiou. Ali, ele me disse coisas que modificaram para sempre o meu modo de encarar certos aspectos da vida.

Sua proposta é o crescimento e a disseminação do amor. É para isso que trabalha, é nisso que acredita e me faz também acreditar. Sem a esperança e a certeza na consolidação do amor, a vida não tem razão de ser. E o instrumento que ele encontrou para a realização desse propósito, no momento, foi a psicografia. Assim como eu, Leonel escreve por amor a si mesmo e ao próximo.

Considero Leonel mais um batalhador do invisível. Um espírito com enorme sabedoria e inigualável capacidade de amar. Um ser em evolução que conhece o caminho para o crescimento e sabe onde está a fonte do discernimento e da moral. Uma alma que cresce por meio do esforço próprio, do reconhecimento de suas imperfeições e da busca incessante do domínio sobre si mesmo. E é nisso, acima de tudo, que reside o seu valor.

Capa e Projeto Gráfico: Priscila Noberto
Diagramação: Cristiane Alfano
Revisão: Maria Glória Nolla Pires e Melina Marin

1ª edição — 7 impressões

2ª edição — 3ª impressão
5.000 exemplares — março 2012

Dados Internacionais de Catalogação na Publicação (CIP)
(Câmara Brasileira do Livro, SP, Brasil)

Leonel (Espírito).
Uma história de ontem / pelo espírito Leonel [psicografado por] Mônica de Castro -- 2. ed atual.
São Paulo : Centro de Estudos Vida & Consciência Editora.

ISBN 978-85-7722-157-8

1. Espiritismo 2. Psicografia 3. Romance espírita I. Castro, Mônica de. II. Título.

11-01102 CDD-133.9

Índices para catálogo sistemático:
1. Romances espíritas psicografados: Espiritismo 133.9

Este livro adota as regras do novo acordo ortográfico (2009).

Editora Vida & Consciência
Rua Agostinho Gomes, 2.312 – São Paulo – SP – Brasil
CEP 04206-001
editora@vidaeconsciencia.com.br
www.vidaeconsciencia.com.br

Dedico este livro ao meu avô, Edmundo, cujo amor e a lembrança em muito me incentivaram a escrevê-lo.

Agradeço à minha mãe e a meus amigos, Luiz Antônio e Mônica, que sempre se colocaram disponíveis para elogiar, criticar e estimular cada capítulo.

E, em especial, agradeço ao meu filho, Luiz Matheus, que acendeu em meu coração a chama do verdadeiro amor.

Mônica de Castro

pelo espírito Leonel

Uma história de ontem

Prefácio à segunda edição

O tempo transforma a vida, sempre para melhor. É nisso que acredito. À medida que os anos se sucedem, as experiências vão-se somando, nossas crenças e valores sofrem várias transformações. Caminhamos em direção ascendente. Somos seres talhados para o conhecimento e a liberdade. Mesmo que custemos a compreender ou despertar para essa verdade, o fato é que nossa alma está sempre em busca de aprimoramento para uma vida mais feliz.

As leis divinas, porém, jamais se alteram. Por mais que os séculos passem, a lei de Deus será sempre a do amor. Mas como buscar esse amor dentro de nós, para que possamos levar adiante essa mensagem sem tropeçar na fatalidade e no sofrimento? O ser humano parece acostumado à dor, à derrota, aos castigos. Essa era a leitura que fazíamos dos nossos processos de amadurecimento, porque, até então, o propósito de nossa existência era a expiação de nossas culpas.

Hoje não acredito mais nisso. Penso que a vida só pode ser feliz se nos desapegarmos das dificuldades que impedem o nosso espírito de se libertar. Fomos criados para a felicidade, temos todo o potencial para realizar na matéria o que antes só parecia possível em sonhos. É preciso, porém, não nos deixarmos levar pelas ilusões do mundo, que invertem os verdadeiros valores e nos aprisionam, muitas vezes, aos desejos inconsequentes e irrefreáveis.

Só o amadurecimento espiritual pode nos levar a isso. Somente conhecendo a nós mesmos estaremos aptos a aceitar nosso lado sombra e trabalhar para transformá-lo em luz. E podemos fazer isso sem sofrer, sem buscar para nossas vidas experiências traumáticas, difíceis de superar. Devemos evoluir por amor a Deus. Penso que a maior gratidão que podemos demonstrar a Ele é a nossa felicidade.

Por tudo isso foi que *Uma história de ontem* ganhou uma nova roupagem. Foi esse o livro que me iniciou na psicografia (e eu nem sabia que psicografava!). Naquela época, mais de dez anos atrás, eu ainda pensava em regras e padrões, em certo e errado, em bom e mau. Pacientemente, o Leonel ficou à espera de que eu alcançasse uma compreensão que há muito ele já possuía. Hoje acredito em liberdade e discernimento, bom senso e ignorância, harmonia e desequilíbrio. Sobretudo, acredito no prazer como fonte da vida e no respeito como limite às tendências mais daninhas do espírito.

Uma história de ontem continua com a mesma trama, os mesmos personagens, os mesmos ensinamentos e valores. O que muda é a linguagem, a forma de compreender a vida, o foco das coisas. Acho que traz uma visão mais otimista, mais compreensiva e menos rígida sobre o espírito humano. O modelo de adequação aos dogmas e costumes deixou de existir.

O que ficou foi a esperança de que nós comecemos a ver o mundo com olhos menos críticos, mais amorosos e sutis, para que a humanidade conquiste, de uma vez por todas, seu lugar no planeta que ajudaremos a construir.

Mônica de Castro

Apresentação

Uma vez eu estive nessa vida e aprendi com o sofrimento que não sabia como viver. Então sofri, chorei e amarguei uma dor que pensei que jamais findaria. Morri e continuei a sofrer, pensando com meus instintos, misturando minhas dores às dores de meus irmãos perdidos no umbral. Foi terrível. Como sofri e como foram longos aqueles dias, que mais pareciam noites intermináveis.

Chorei e chorei, até que um dia, não sei por quê, alguém me disse que Deus existia. Fiquei confuso e transtornado. Deus era demais para mim. Imagine se ele se dignaria a voltar a uma criatura tão insignificante o seu olhar grandioso? Aí, deixei de pensar em Deus, e continuei a sofrer e a sofrer. Novamente, o tempo foi passando. As trevas eram sufocantes e eu não conseguia largar aquela vida... ou aquela morte.

Então, novamente, alguém me lembrou que Deus existia, e tanto fez, tanto fez, que eu acabei me convencendo. Pensei, então, que ele não devia ser assim tão ocupado, tão superior, tão distante de seus filhos que não pudesse perder uma ínfima fração de seu tempo para me ouvir. Meio em dúvida ainda, volvi meus olhos para o céu, que, de onde estava, era negro e só negro, e arrisquei uma tímida oração. Foi curta e singela, mas com tanta fé, com tanto sentimento, com tanta sinceridade, que no mesmo instante aquelas trevas se iluminaram e uma pessoa (mais parecia um anjo a iluminar e clarear aquela imundície toda) apareceu e, sem dizer nada, sorriu para mim e estendeu-me a mão. Eu, temeroso, segurei-a com força; ou melhor, me agarrei a ela, com medo de que sumisse e eu ficasse ali. Mas essa mão era amiga, e soube me acariciar com um amor tão grande e tão puro que eu jamais pensei existir. Foi muito lindo! Eu estava extasiado, feliz, confortado.

Voltei a chorar, mas dessa vez minhas lágrimas eram de gratidão. Deixei-me levar por aquele ser tão alvo, e fui recolhido em um lugar de repouso e refazimento. Mais alguns anos se passaram e eu me modifiquei. Tive oportunidade de reencarnar, mas preferi ficar ainda mais algum tempo na colônia que habitava. Tinha ainda muito a aprender.

De lá para cá, fui ficando, e passei a buscar alguém com quem pudesse me comunicar para escrever. E achei você. Não que a tenha encontrado por acaso. Absolutamente não, eu já a conhecia, mas o lugar, o tempo, isso não posso ainda lhe revelar. Com o tempo você ficará sabendo de tudo. Mas agora não. Tenha calma e aquiete a impaciência e a ansiedade. Contente-se em saber que eu existo e felicite-se por ter a oportunidade de partilhar dessas experiências todas que tivemos: as suas e as minhas, dessa vida e de outras. Com o tempo, você irá se acostumar, assim como eu também já estou me acostumando.

Bom, recebi autorização para inspirá-la com esse romance, um romance que há muito você desejava. A história é real, mas situa-se em época e em lugar diversos daqueles em que realmente aconteceu. Os nomes... alguns são os mesmos, outros são fictícios. Em seu íntimo, você sabe de quem estou falando. Fui escritor em vida, não daqueles famosos, mas dos boêmios, que perdem a vida entre a bebida e versos românticos que ninguém jamais lerá. Vê como temos muitas afinidades?

Não se preocupe comigo, em saber o meu nome. Você sabe que os nomes não têm a menor importância, e eles são trocados da mesma forma como trocamos a roupagem carnal. Eles são efêmeros e somente servem para nos identificar e, por vezes, nos individualizar, mas não demonstram nem definem o que realmente somos. No entanto, como é de seu desejo, vou ditar um para você, com o qual você poderá me invocar e através do qual poderá me conhecer:

Leonel.

Rio de Janeiro, 12 de março de 2000.

Prólogo

Fazia frio, muito frio. Contra a vontade do vento, dobrou a esquina, tentando ocultar as faces no manto que, teimosamente, insistia em ceder passagem à neve que enregelava seus músculos. Silenciosamente adentrou o castelo, penetrando por uma passagem lateral, quase invisível, por detrás dos arbustos de hera. Com passos rápidos e assustados, seguiu pelos corredores escuros, buscando trilhar os recantos mais isolados e secretos do castelo, evitando o encontro com pessoas indesejáveis.

Ante uma enorme porta de ferro, estacou e apurou os ouvidos. Silêncio. Vagarosamente, empurrou a pesada porta e passou para o aposento, do outro lado da parede, fechando-a em seguida para esconder a passagem secreta por detrás da imensa estante de livros. Caminhando cautelosamente, dirigiu-se a uma enorme mesa de cedro, parando em frente a um homem, jovem ainda, que, absorto na leitura, a princípio não percebeu sua entrada. Subitamente, movido mais pela intuição do que pela audição, ele largou a leitura e levantou os olhos negros para ela que, lívida, fitava-o cheia de admiração.

— O que está fazendo aqui? — perguntou. — Já não lhe disse que não viesse sem que eu a chamasse? Alguém a viu entrar?

Levantou-se apressado e foi em direção à porta, a fim de averiguar se alguém havia notado a presença dela. Mas, dado o adiantado da hora, todos já estavam dormindo, à exceção dele mesmo, entretido que estava na leitura.

— Não, meu senhor. Ninguém me viu entrar. A neve cai impiedosa, e ninguém se atreve a sair com um tempo destes.

— O que veio, então, fazer aqui?

— Pedir auxílio — disse enquanto afastava o manto, descobrindo o ventre, já bem avolumado. — Não posso mais continuar assim. Não tenho recursos, sequer roupas para vestir o pequeno. Que fazer? Você me prometeu ajuda, mas até agora nada fez por mim, por nós, por nosso filho.

O homem, bastante irritado, pôs-se a esbravejar, fazendo com que a moça se encolhesse e desatasse num choro carregado de ressentimento.

— Não pode tratar-me assim — queixou-se ela. — Nada fiz para merecer tamanho desprezo, senão amá-lo. Por você abandonei minha família, meu lar. Meu pai virou-me as costas, envergonhado por ver a filha desonrada, sem marido. Acusa-me de mundana, não quer me ver.

Receoso, o homem indagou, tentando aparentar um carinho que não possuía.

— Você disse a ele quem é o pai da criança?

— Não. Fiz como você me pediu e nada revelei a ninguém, embora ele desconfie de você... Francamente, não sei por quanto tempo poderei guardar este segredo — olhou para ele com certa malícia, deixando entrever que não estava disposta a suportar sozinha tão pesado fardo. — Até agora nada disse a ninguém. Contudo, se você não me auxiliar, como farei para viver? Já disse que meu pai me voltou as costas, expulsou-me de casa.

O homem, certo de que aquela mulher, cedo ou tarde, acabaria por levar a todos o conhecimento da verdade, dissimulou a voz e retrucou:

— Quando você me conheceu, já sabia que eu era casado e que, dada a minha posição, não poderia assumir abertamente esse romance.

— Mas você disse que me amava e que cuidaria de mim...

— E não venho fazendo isso? Por acaso não providenciei um teto para você, não mando levar alimento a você a cada semana?

— Deu-me apenas uma tosca choupana perdida no meio da floresta. As roupas já não me servem, e a comida mais parece resto da sua mesa. E você não vem mais me ver, não se importa com o bebê, que sequer possui enxoval. Afinal, você é o pai, tem responsabilidades. Se não quiser assumi-las por bem, serei obrigada a tomar minhas próprias providências. Estou certa de que o bispo...

O homem, visivelmente enfurecido, desferiu-lhe sonoro tapa no rosto e gritou, enquanto a vermelhidão se alastrava pela pálida face da menina:

— Meu filho? Como ousa desafiar-me, a mim, um conde?

A moça, chorando copiosamente, retrucou, humilde e receosa:

— Perdoe-me. É o desespero que me faz agir assim. Jamais me atreveria a levantar qualquer suspeita sobre seu nobre caráter. Mas, o que fazer? Que fazer com a criança, uma criança que sequer desejei? Não tenho recursos, não tenho nada nem ninguém, apenas você. Por favor, não me abandone!

A mulher estava descontrolada e começou a elevar a voz, entrecortada por soluços sentidos e desesperados.

— Acalme-se, pelo amor de Deus! Encontrarei uma solução — durante alguns segundos, quedou-se silente, até que, com um sorriso indecifrável nos lábios, finalizou: — Não se preocupe. Dentro de dois dias, à meia-noite, volte aqui e tudo se resolverá.

— Como? O que pretende fazer?

— Deixe tudo por minha conta. As coisas se arranjarão da melhor forma possível. Ou será que não confia em mim?

— Confio cegamente. Apenas tenho receio...

— Pois não receie. Eu estou aqui e vou protegê-la. Agora vá e deixe-me só. Preciso organizar meus pensamentos e tomar algumas providências.

Decorridos os dois dias, a mulher retornou à hora aprazada, sozinha e cheia de esperanças.

— Venha — ordenou o conde sem delongas.

Saíram ocultos do castelo e tomaram um coche desprovido de qualquer ornamento, que os aguardava escondido entre as árvores. Seguiram em silêncio, encobertos pelas sombras, e pararam cerca de uma hora depois às portas de uma imensa e sóbria abadia. Ainda sem dizer palavra, penetraram por uma passagem secreta, acompanhados de uma freira, e foram descendo até os subterrâneos do convento. A freira os deixou quando chegaram a uma câmara pouco iluminada, com paredes de pedra, que mais parecia uma masmorra, onde se via, ao centro, uma espécie de maca coberta por um lençol encardido e grosseiro. No interior, a abadessa já os esperava, acompanhada de um homem de aspecto grave e pouco amistoso que não escondia o nervosismo.

— Meu caro conde — disse o homem. — Já não era sem tempo. Vamos depressa com isso, já estou impaciente.

— Calma — respondeu ele, segurando-o pelo braço. — Sei ser generoso com os amigos, principalmente com aqueles que me servem fielmente.

A moça, sem entender o que se passava, olhou ao seu redor e perguntou:

— O que é isso, meu senhor? Quem são essas pessoas? Que viemos fazer aqui?

— Sossegue, minha querida — disse-lhe carinhosamente a abadessa. — Está entre amigos. Siga-me.

A abadessa conduziu a moça até a cama, fazendo-a deitar-se de costas. De forma suave e apaziguadora, acariciou seus cabelos, transmitindo-lhe palavras de conforto e segurança.

— Não se aflija. Tudo vai acabar bem. Verá que, ao terminarmos, poderá continuar seguindo com sua vida como se nada tivesse acontecido. Esquecerá o ocorrido e poderá até mesmo se casar. Quem sabe? Ou, se preferir, poderá ficar aqui e dedicar sua vida a Deus.

— Mas... — gaguejou a moça — não compreendo. Terminar o quê? Esquecer o quê? Por favor, meu senhor, explique-me o que está acontecendo.

— Silêncio! — ordenou o conde. — Basta de choramingos e perguntas. Não percebe o que está para acontecer? Este homem é um cirurgião, vai examiná-la e libertar-nos, a você e a mim, desse fardo indesejável. Essa criança não pode nascer. Será a minha ruína. Não se preocupe. O médico é experiente e, depois, você será regiamente recompensada.

A moça silenciou. Talvez ele tivesse razão. Para que continuar com aquilo, deixar vir ao mundo uma criança que não desejava, enterrar sua vida e a de seu senhor no lodaçal da vergonha e do escândalo? Além do mais, ele prometera recompensá-la. Com o dinheiro, poderia ir-se embora dali, esquecer aquilo tudo e recomeçar em algum lugar.

O médico iniciou o trabalho nela. Afastou-lhe as pernas sem qualquer constrangimento e introduziu os dedos em sua vagina. Após alguns segundos, durante os quais a moça não conseguia esconder sua vergonha, retirou a mão e chamou o conde a um canto:

— Creio que não é aconselhável tentarmos retirar o feto. A gravidez já se encontra muito adiantada, e há riscos para a mãe.

— Não importa — replicou o conde. — Livre-me dessa criança de qualquer jeito. Se a mãe não resistir, bem... Será uma pena, mas nada poderemos fazer. Além disso, ela é ainda muito jovem, e há de possuir forças para suportar a dor e as consequências.

A solução foi prosseguir com a cirurgia que, a essa altura, seria mesmo um parto, seguido da morte do bebê. Manipulando instrumentos cirúrgicos precários, o médico tentou puxar, para fora do útero da mãe, o feto de quase seis meses de gestação. Foi um fracasso. Inconscientemente apegado ao instinto de sobrevivência, o bebê fugia aos aparelhos, até que os instrumentos conseguiram fixar-se em seu corpinho e o cirurgião o puxou, retirando-lhe o tronco sem um dos membros superiores. A criança veio ao mundo ainda com vida e estertorou por alguns poucos segundos, morrendo logo em seguida e deixando no útero da mãe o bracinho decepado. Tamanha violência desencadeou séria hemorragia, e o médico, atarantado, não sabia o que fazer para extrair o braço da criança do ventre materno.

— Pelo amor de Deus! — implorou ela, sentindo dores terríveis. — Salvem-me! Não quero morrer, tenho medo! Salvem-me! Salvem-me!

— Jesus... — evocou a abadessa, coberta de pavor.

Banhada em sangue, a moça urrava feito animal ferido, prestes a morrer, e os presentes, assustados, entraram em pânico, vendo aproximar-se o fim da paciente. Esta, transtornada pela dor, pela revolta e pelo ódio, passou a acusar o conde, a abadessa e o cirurgião de assassinos, julgando haver, entre eles, um complô para matá-la e à criança. Os três, apavorados, permaneceram imóveis, assistindo paralisados à vida da moça se esvaindo aos borbotões, sem que nada pudessem fazer. E ela, ainda em um último alento, juntou forças e bradou, fazendo estremecer os presentes ante a carga de ódio contida em suas palavras:

— Malditos sejam, todos vocês que tramaram covardemente o meu fim e de meu filho. Eu juro que não encontrarão sossego enquanto viverem, pois minha alma, que julgo eterna, não descansará enquanto não concluir a terrível vingança que tramarei contra vocês. Que os demônios do inferno os amaldiçoem a todos! E que o meu ódio, bem como o do meu filho, recaia sobre as suas consciências, trazendo para suas vidas somente doenças, misérias e infelicidades, por séculos e séculos à frente...

E assim, levando em seu coração o ódio desmesurado e o desejo de vingança, cerrou os olhos para sempre, deixando os três figurantes entre atônitos e confusos, cada qual remoendo em sua consciência os fatos ocorridos naquela noite.

Para a abadessa, acostumada a ceder os subterrâneos do convento para aqueles eventos, as palavras da moribunda soaram como uma maldição. Já havia presenciado muitos abortos e condoeu-se do desespero daquela moça, quase menina, arrependendo-se de haver compactuado, tantas vezes, com aquela mortandade infantil em troca dos favores que os nobres tão gentilmente lhe concediam.

Para o cirurgião, que julgava apenas exercer o seu ofício, aquelas palavras o fizeram refletir sobre o valor da vida, e uma pontinha de arrependimento assomou-se ao seu íntimo. A ambição desenfreada, contudo, suplantou o alerta da consciência, e ele eximiu-se de qualquer responsabilidade sob o argumento de que fora apenas um instrumento a serviço do conde, a quem alertara sobre os riscos daquela operação. Ele sim fora o verdadeiro e único responsável pelo falecimento da moça.

Para o conde, as palavras daquela que um dia tomara como amante o assustaram num primeiro momento, levando-o a temer ser assombrado por ela ou perseguido por algum tipo de maldição. No entanto, depois de algum tempo, a vida retomou a normalidade, e ele não mais se preocupou com a moça, sentindo-se até mesmo aliviado por ter se livrado daquele estorvo.

A jovem, por sua vez, perdida na treva de mundos inferiores, consorciou-se a espíritos ignorantes e presos à ilusão do mal, alimentando em seu coração o ódio e o desejo de vingança não só pelo conde, o médico e a abadessa, mas também pelo pequeno abortado. Até que a vida lhe trouxe novas oportunidades, e outra jornada se iniciou...

Primeira Parte

1

O sol ia alto quando Rosali acordou. A noite mal dormida, cuidando da avó enferma, fizera com que perdesse a hora e dormisse até mais tarde. Assustada, levantou-se e foi buscar a mãe.

— Bom dia — cumprimentou ela, após longo bocejo.

— Bom dia — respondeu a mãe, dando-lhe um sorriso.

— Dormi demais. Por que não me acordou mais cedo?

— A noite anterior foi exaustiva para todos, e achei melhor deixá-la dormir mais um pouco. Afinal, você é ainda uma criança.

— Ora, mamãe. Já sou uma moça. Tenho quase dezesseis anos.

— Eu sei, filha. Ainda assim...

Subitamente, a conversa foi interrompida por gemidos que vinham do andar de cima, e Rosali correu na frente, deixando a mãe parada no mesmo lugar.

— O que houve, vovó? — indagou, assim que entrou no quarto. — Sente alguma coisa?

A avó, demonstrando certa exaustão, respondeu num sussurro:

— Não houve nada. Estou apenas com sede.

Rosali foi buscar um pouco de água fresca e, encostando a caneca em seus lábios, auxiliou-a a sorver o líquido refrescante.

— Obrigada. Sinto-me melhor agora. Onde estão todos?

— Mamãe está na cozinha, e papai já foi para a loja com Alfredo.

O pai de Rosali, Osvaldo Mendonça, era dono de uma pequena loja de fazendas, herança de família. Casado com Helena, tivera dois filhos: Alfredo, hoje com dezenove anos, e Rosali, já beirando as dezesseis primaveras. Homem rígido e de poucas palavras, estava sempre atento aos valores morais e aos bons costumes. Era um conservador, indignado com os rumos que o Império tomara, deixando-se tombar em nome de uma república instaurada sem o derramamento de uma gota de sangue de homens bravos e heroicos.

Adepto do respeito ilimitado, que por vezes beirava o despotismo, não admitia contradições em sua casa. Sua palavra era sempre a última, e não podia ser contestado em suas decisões, embora, por vezes, se deixasse levar pelos dengos e manhas de Helena e da filha; considerava-as frágeis, requeriam sempre atenção. Mantinha os filhos sob constante vigilância, principalmente Rosali, que principiava a demonstrar uma certa tendência à libertinagem, já que uma vez a flagrara lançando olhares significativos para o filho mais velho de um vizinho. Desde então, proibiu-a de sair sozinha, somente fazendo-o em companhia da mãe, da avó ou de sua prima Elisa, filha de uma irmã de sua mulher, dois anos mais velha do que Rosali e moça de total confiança.

Helena, acostumada à submissão da mulher, raramente ousava discutir as ordens do marido e não possuía vontade própria, agindo de acordo com os desejos de Osvaldo. Vivia para cuidar do lar, como era costume na época, e não questionava seus métodos de educação, muito embora, por vezes, os considerasse um pouco rígidos demais. Vestia-se de acordo com o gosto do marido, cozinhava apenas os pratos de que ele gostava, tudo fazendo para agradá-lo.

Alfredo, jovem e idealista, queria ser doutor, mas fora impedido pelo pai, para quem estudar era "luxo de gente rica". Seria mais útil ajudando a cuidar da loja que um dia passaria a gerir sozinho.

Rosali, por sua vez, bonita e arrebatadora, desde cedo demonstrara uma sensualidade exacerbada, embora ainda não se desse conta de seu poder de sedução sobre os homens. Aonde ia, era alvo das atenções do sexo oposto, e até mesmo as mulheres a olhavam com certo ar de inveja. Alegre e extrovertida, falava com todos, ria de tudo e sonhava casar-se com um homem rico e bonito, que lhe proporcionasse uma vida luxuosa e confortável. De bom coração, ajudava a mãe com os afazeres domésticos e apreciava a boa leitura, devorando os romances que a prima Elisa lhe emprestava regularmente.

Elisa, por sua vez, era uma menina quieta e reservada, talvez em função de sua aparência não muito atraente. Não é que fosse feia. Mas estava longe de possuir a beleza estonteante de Rosali.

A avó, Maria do Socorro, mãe de Osvaldo, era uma mulher extraordinária. Tinha o olhar sereno daqueles que alimentam o coração com sentimentos nobres e a mente com pensamentos edificantes. Amorosa e compreensiva, era dotada de fantástica sensibilidade, que usava, mesmo sem saber ou perceber, na orientação da conduta de seus semelhantes.

Rosali ajeitava os travesseiros da avó quando ouviu a campainha soar.

— Quem será a essa hora? — indagou a velha senhora.

— Deve ser Elisa. Combinamos um passeio e um refresco na confeitaria.

— Antes do almoço?

— O que é que tem? Não vai me tirar a fome.

Com um beijo, Rosali se despediu e desceu correndo as escadas. A prima estava na cozinha, conversando com Helena, e ambas saíram em seguida. No caminho, Elisa ia comentando:

— Estou ansiosa pelo meu aniversário. Papai me prometeu uma bela festa este ano, para comemorar os meus dezoito anos.

— Faltam quase dois meses.

— Eu sei. Mas já estou me preparando. Mamãe vai me fazer um vestido lindo. Papai prometeu fazer a festa lá na chácara do Andaraí. O almoço será servido ao ar livre, e à noite... à noite, o grande baile. Será um sucesso!

— Até eu estou ansiosa. Não vejo a hora de poder dançar livremente. Quem sabe até conheça um belo e rico rapaz.

— Pare de sonhar, Rosali. Apenas os amigos de sempre estarão presentes. Só meu primo Alberto, filho de um irmão de papai, é que será novidade esse ano.

— Alberto, Alberto... Creio que já tenha ouvido falar nesse nome.

— Claro que sim. Nós éramos ainda crianças quando ele partiu para Coimbra a fim de concluir os estudos. E, após quase oito anos, voltou formado em medicina.

Rosali, visivelmente interessada, e desconhecendo os motivos pelos quais ao soar daquele nome seu coração disparava, indagou:

— Não me lembro direito de sua fisionomia. Qual a idade dele agora?

— Hum, deixe-me ver. Deve estar com vinte e quatro anos.

— Bonito?

— Não sei, Rosali, faz tempo que não o vejo.

Nesse momento, alcançaram a confeitaria e se distraíram com os refrescos e guloseimas que enfeitavam as vitrines. Embora não tocassem mais no assunto, Rosali não conseguia tirar Alberto da cabeça. Não parava de pensar nele, ansiosa por rever aquele rosto, já quase perdido nas reminiscências de sua infância.

De volta à sua casa, a lembrança remota do primo de Elisa ainda a perseguia. Rosali foi para o quarto e debruçou-se à janela, para afugentar o calor. Foi quando a porta se abriu, e Maria do Socorro entrou a passos vagarosos, indo sentar-se à beira da cama e atraindo a atenção de Rosali.

— Posso saber em que pensa minha netinha do coração? — indagou afetuosa.

Rosali se virou e abraçou a avó, por quem sentia um afeto genuíno e desinteressado.

— Em nada de especial. Sonhava apenas com a festa de aniversário de Elisa. Parece que vai ser maravilhosa.

— Ah! Sim, a festa de Elisa.

— Vou pedir à mamãe que me faça um vestido novo. O baile, à noite, está prometendo...

— Prometendo o quê?

Rosali riu novamente e olhou para a avó.

— Não consigo esconder nada da senhora, não é mesmo? É o primo de Elisa, Alberto, que chegou da Europa após oito anos.

— Alberto. Lembro-me bem dele. Um rapaz bonito, inteligente, um tanto quanto arrogante. Certa vez ouvi um comentário da mãe de Elisa de que ele havia se metido em encrencas por lá, flertando abertamente com a jovem esposa de um nobre de Lisboa. O pai dele, escritor influente em Portugal, conseguiu, depois de apresentar muitas escusas, desfazer o mal entendido, alegando que o interesse dos jovens se resumia a uma preferência literária em comum, e que o alegado flerte nada mais seria do que mexericos de invejosos que desejavam denegrir sua imagem de médico promissor. O tal nobre aceitou as desculpas e esqueceu o ocorrido, talvez temeroso de perder a esposa que os seus quase sessenta anos não conseguiriam reconquistar.

Embora Rosali percebesse um certo tom de alerta nas palavras da avó, não deu importância, não fez qualquer comentário. Esperou até que a avó saísse e foi em busca do pai. Osvaldo estava com a cabeça baixa, a atenção presa nos livros de contabilidade que trouxera da loja, quando Rosali entrou na sala e foi logo indagando:

— Papai, seria possível que o senhor me desse uma fazenda, para mamãe me costurar um vestido novo para o baile de aniversário de Elisa?

O pai olhou a filha com ar de dúvida e, após alguns instantes, respondeu:

— Você não tem mais nenhum que lhe sirva?

— Por favor, papai. Não se trata disso. É que a festa será especial, e eu não tenho nada à altura para vestir.

— Não sei, não. Os tempos andam difíceis, e não podemos esbanjar...

— Mas papai, são apenas alguns metros de tecido. Além disso, o que dirão as pessoas ao verem a filha de um comerciante de fazendas apresentar-se malvestida?

— Ela tem razão, Osvaldo — interrompeu Helena que, nesse momento, acabava de entrar, acompanhada de Alfredo. — Que dirão os outros? Afinal, você é dono de uma loja de fazendas e artigos de costura. Seria imperdoável que justo a sua família comparecesse à festa trajando roupas velhas e surradas. Creio que todos merecemos roupas novas.

Osvaldo olhou para a mulher. Quando ia falar, Alfredo o interrompeu:

— Todos não, papai. Não me importo de ir ao baile com o que tenho. Rosali é quem só pensa nessas futilidades.

Rosali fuzilou-o com o olhar. Por que seu irmão tinha sempre que dar razão ao pai apenas para agradá-lo? Era um bajulador, isso sim. Já ia rebater quando Helena, conciliadora como sempre, interveio:

— Você é rapaz e não compreende essas coisas, Alfredo. Sua irmã já é uma mocinha e precisa de coisas que não são necessárias para você. É natural que queira se vestir adequadamente. Afinal, a vaidade é própria do sexo feminino, e até você, Osvaldo, não teria sequer olhado para mim se eu não estivesse bonita naquele baile em que nos conhecemos. Lembra-se?

Osvaldo fitou a esposa já meio derrotado, pesando suas palavras, e terminou por concordar:

— Tem razão. É aconselhável que, ao menos vocês, mulheres, vistam-se com apuro e elegância. O pai de Elisa é homem rico e culto, e seus amigos são membros da boa sociedade. Não quero que digam que somos pobretões nem que eu sou um sovina.

— Obrigada, papai! — exclamou Rosali, estalando-lhe um beijo na face, que o deixou corado.

Feliz da vida, Rosali saiu correndo da sala e foi contar a novidade à avó, não sem antes fazer uma discreta careta para Alfredo, que permaneceu imóvel, remoendo em seu interior uma pequena inveja da irmã, que acabava sempre por conseguir o que queria.

Maria do Socorro acordou sobressaltada. Pensou ter escutado um grito partindo do quarto da neta. Em silêncio, dirigiu-se para lá, abriu a porta bem devagar e olhou. Rosali dormia placidamente. No entanto, algo parecia errado. Olhou em todas as direções, mas não pôde perceber nada de anormal.

— Devo estar mesmo caducando — divagou. — Não há nada aqui.

Já ia se afastar quando um arrepio súbito percorreu todo o seu corpo. Imediatamente, virou-se e viu, nitidamente, uma forma escura debruçada sobre o corpo de Rosali. Sem compreender, pensou que se tratava de alguém que, furtivamente, ali penetrara. Ia gritar, chamando pelo filho, quando o vulto, voltando-lhe as costas, desapareceu, deixando ao redor de Rosali uma massa escura, que pairava no ar alguns centímetros acima de sua garganta. Na mesma hora, a menina inspirou com dificuldade, engasgou e tossiu, sentindo-se sufocar. Abriu os olhos, assustada, e deu de cara com a avó ali parada.

— Vovó! — exclamou. — O que houve? O que faz aí parada?

— Nada. Pensei haver escutado ruídos no seu quarto e vim ver. Devo ter sonhado.

Para não a assustar, Maria do Socorro ocultou a terrível visão que tivera, e Rosali disse confusa:

— Tive um sonho esquisito. Sonhei com a sombra de um homem que me acusava de assassina e tentava apertar minha garganta. Foi muito estranho. Senti até mesmo suas mãos ao redor do meu pescoço e acordei sufocada. O que será que isso significa?

— Não sei. Um pesadelo, talvez. No entanto...

— No entanto...

— Não tenho certeza. Mas penso que devemos orar a Deus para que nos proteja. Você tem feito suas orações?

Rosali, um tanto quanto envergonhada, confessou:

— Faz tempo que não rezo.

— Aconselho-a, então, a recomeçar. Ore a Deus com fervor, para que você não seja vítima de nenhum espírito das trevas.

— Espírito das trevas? A senhora acredita nessas bobagens?

— Não acredito nem desacredito.

Maria do Socorro, lembrando-se daquele vulto, convenceu-se de que alguma alma do outro mundo visitara a neta. Sentiu medo, vendo naquela presença algo de ruim, uma certa malignidade que não conseguia identificar com clareza. Lembrou-se de Olinda, uma escrava que seu pai tivera, que costumava fazer oferendas aos seus deuses, invocando as almas dos mortos, que ela chamava de eguns. Maria do Socorro, embora não levasse a sério aquelas crendices, não deixava de ter um certo respeito, carregando no íntimo a dúvida de ser possível ou não que os mortos não só se comunicassem com os vivos, mas também influíssem em seus pensamentos e em suas vidas. Fosse como fosse, estava segura de que aquela visão não era deste mundo e de que suas intenções junto a Rosali não eram das melhores. Assim, pensativa, arrematou:

— Reze, Rosali. Se esse pesadelo voltar, não se esqueça de rezar. Aliás, reze sempre. A fé e a oração são armas seguras contra os males e os inimigos.

— Está bem, vovó. Não esquecerei.

Rosali, ainda sob o impacto daquele vulto tenebroso, intimamente pediu a proteção de Deus para si e toda a família. Nesse momento, uma luz branca e intensa irradiou por todo o ambiente, tornando-o claro e limpo, purificando-o da energia de ódio que ali deixara aquele ser menos esclarecido, que trazia no coração desejos de vingança contra a moça.

No dia seguinte, Rosali mal se lembrava do episódio da noite anterior, embora a avó não se esquecesse das vibrações que captara no ambiente antes e depois da oração. Convencida de que algum ser maligno espreitava sua neta, procurou

Helena para contar-lhe de seus temores. A nora ouviu-a com respeito, contudo, não lhe deu crédito.

— A senhora deve ter imaginado coisas — afirmou com benevolência. — Estava sonolenta, viu as sombras da noite.

— As sombras da noite queriam fazer mal à minha neta.

— Deixe disso, dona Maria do Socorro. Rosali está bem. E depois, não existe essa coisa de seres malignos. Foi apenas imaginação.

— Você pensa que estou caduca, não é? Pois não estou.

— Não é nada disso. Talvez a senhora tenha ficado sugestionada pelo sonho de Rosali e imaginou ter visto o que viu.

— Mas eu vi o vulto antes de ela acordar! Como poderia saber o que ela estava sonhando?

— A senhora estava com sono e misturou as coisas.

Maria do Socorro não disse mais nada. Ninguém acreditaria mesmo nas palavras de uma velha, e todos a julgariam senil ou esclerosada. Preferiu guardar suas desconfianças para si e resolveu orar com mais fervor ainda do que usualmente fazia.

2

Finalmente, após quase dois meses de expectativas, chegou o dia do aniversário de Elisa, e a família partiu animada para a chácara do Andaraí. Alfredo foi o primeiro a descer da carruagem, tão logo avistou Elisa correndo ao seu encontro, seguida de Marialva, filha de um ex-barão, amigo de seu pai. Alfredo, ao pousar os olhos na moça, mal pôde esconder a admiração ante sua beleza. Marialva era esbelta, cabelos cheios e dourados, pele branca e acetinada, olhos de um azul límpido e sonhador. Atrás delas, vinham os pais de Elisa. A mãe, Rosamaria, irmã de Helena, e o marido, Edmundo, professor de letras.

Elisa apresentou-os a sua amiga Marialva, e Maria do Socorro sentiu uma certa antipatia por ela. Rosali, por sua vez, tratou-a com indiferença, não se deixando intimidar por sua beleza. Mas Alfredo encantou-se pela jovem, beijando-lhe a mão com um gesto cavalheiresco que os demais não puderam deixar de notar. Elisa e Rosali se entreolharam, sorrindo irônica e disfarçadamente, enquanto Maria do Socorro, de imediato, sentiu aquela apreensão que sempre a assaltava nos momentos de perigo.

Quando o relógio da sala deu as doze badaladas, os convidados desceram para o almoço, dirigindo-se para o jardim, onde diversas mesas haviam sido dispostas para acomodar os comensais. Rosali e Alfredo foram colocados junto a Elisa, tendo ainda a seu lado Alberto, Eulália e Gustavo, primos de Elisa por parte de pai. Alberto era o tão famoso médico que retornara da Europa havia pouco; Eulália, sua irmã, moça alegre e simpática, e Gustavo, o irmão mais moço, rapaz magro e espinhento, todos filhos de Fabiano, viúvo e conhecido escritor em terras portuguesas.

Após a refeição, os jovens se reuniram para as brincadeiras, e embora não fosse Alberto mais nenhum jovenzinho, impressionado com os encantos de Rosali, reuniu-se ao grupo, seguindo-a por todos os cantos e tudo fazendo para agradá-la. Tamanha atenção não passou despercebida por Rosali, que sentia pelo rapaz uma forte atração e retribuía seus galanteios.

Também interessada em Alberto, Marialva lançava-lhe olhares discretos, porém significativos, provocando em Alfredo um ciúme irracional e desmesurado. Embora não demonstrasse, Alfredo se remoía por dentro e só se acalmou quando percebeu que Alberto não tirava os olhos de sua irmã.

Os jogos prosseguiam animados, e a brincadeira da cabra-cega contou com a participação de todos. Alberto, a venda mal colocada sobre os olhos, fingindo nada ver, correu na direção de Rosali, enlaçando-a pela cintura num gesto natural, simulando acaso. A menina corou, desembaraçando-se dos braços dele e, pretextando cansaço, afastou-se do grupo para sentar-se debaixo de uma figueira, cerrando os olhos momentaneamente. Foi o tempo necessário para que Alberto a alcançasse, e, antes que ela o visse, exclamasse:

— Um doce por seus pensamentos!

Rosali sobressaltou-se e abriu os olhos, encontrando os de Alberto, que a fitavam com paixão.

— Você me assustou — queixou-se ela com amuo.

— Desculpe-me, não foi minha intenção. É que, vendo-a assim, tão linda e distraída, não pude evitar de me aproximar.

— Não seja tão galanteador. Aposto como diz isso para todas as moças que conhece.

— Apenas para aquelas que me encantam. Devo admitir que, dentre todas as que conheço, e olha que são muitas, você é a mais, senão a única, realmente encantadora.

Alberto fitou-a com expressivos olhos azuis, sorrindo francamente. Rosali, cada vez mais envolvida por ele, retrucou:

— Falando desse jeito, você me deixa envergonhada.

— Não acredito. Deve haver dezenas de rapazes querendo lhe fazer a corte.

— Engano seu. Ninguém me corteja. Meu pai é muito severo.

— Mas não pode esconder tamanha beleza, e os admiradores devem ser muitos.

Rosali silenciou. Estava por demais embevecida com as palavras dele para dizer qualquer coisa. Alberto, de forma um tanto ousada, segurou a sua mão e declarou, cheio de desejo:

— Jamais conheci alguém como você. Gostaria que aceitasse ser meu par no baile de hoje à noite.

Após alguns minutos de meditação, fingindo hesitar, Rosali acabou por aquiescer:

— Está bem, serei seu par. Mas deve me prometer que não terá olhos para nenhuma outra moça.

— Prometo. Prometo que só terei olhos para você.

Ambos riram abertamente e retornaram ao grupo, reintegrando-se às brincadeiras. Marialva, que de longe acompanhara os acontecimentos, encheu-se de ciúme e inveja, enquanto Alfredo, intimamente, torcia por um romance entre Rosali e Alberto, pois isso deixaria livre o caminho para cortejar Marialva.

A noite chegou coberta de estrelas, e o salão da chácara do Andaraí iluminou-se todo para o baile. Rosali adentrou os salões buscando Alberto com o olhar, encontrando-o em animada conversa com Marialva. De tão encantada, Rosali não percebeu o clima de simpatia que, de repente, fluíra entre os dois. Segurando-o pelo braço, foi logo cobrando suas atenções, ingenuamente lembrando-o da promessa que lhe fizera de não olhar para nenhuma moça além dela. Alberto sorriu e falou:

— Tem razão, desculpe-me. Mas você não deve se preocupar. Eu estava apenas cumprindo o meu papel de cavalheiro, entretendo a jovem Marialva enquanto você não chegava.

Rosali retribuiu o sorriso com outro, encantando Alberto de tal forma que ele logo se esqueceu de Marialva e concentrou nela toda a sua atenção.

— Desta vez, está desculpado — retrucou dengosa. — A sua sorte é que não costumo ser ciumenta, mas não vá se fiando muito.

— Você não tem motivos para sentir ciúmes. Sua beleza ofusca qualquer outra, e eu posso me orgulhar de ser alvo da inveja dos demais rapazes.

— Não é verdade. Há tantas beldades aqui presentes...

— Nenhuma delas se compara a você.

Tomando-a pela mão, Alberto a puxou para o meio do salão e dançou com ela a noite toda. Durante pequeno intervalo da orquestra, Rosali sentou-se num canapé perto da porta, a fim de se refrescar, enquanto Alberto foi buscar ponche para ambos.

— Vejo que você e Alberto estão se dando muito bem — era a voz de Elisa, que se aproximou da prima.

— É verdade — concordou Rosali, embevecida. — Ele é encantador. E você também não se saiu mal, visto que o jovem Leonardo parece muito interessado em você.

Elisa enrubesceu e abaixou os olhos. Afinal, não estava acostumada a ser cortejada pelos rapazes, e o interesse de Leonardo, estudante de advocacia e filho de um advogado amigo de seu pai, deixara-a confusa e lisonjeada.

— Leonardo é um rapaz muito educado e respeitoso. Mas não foi para falar dele que vim até você.

— E para que foi, então?

— Além de minha prima, você é minha melhor amiga, e eu a amo como a uma irmã. Por isso é que me sinto no dever de alertá-la sobre Alberto.

— Se veio me avisar sobre o passado dele em Portugal, perdeu seu tempo. Já sei da história toda.

Embora surpresa, Elisa prosseguiu cautelosa:

— Não é só isso. Alberto também é meu primo e gosto dele. Mas não posso fingir que não conheço o seu caráter. Ele não é mau, todavia, o seu comportamento com as mulheres deixa um pouco a desejar.

— Pare com isso, Elisa. Agradeço sua preocupação, mas não estou interessada no comportamento de Alberto com as mulheres. Isso é passado, aconteceu na Europa, onde as moças são dadas à libertinagem. Ele não é culpado se elas o assediam e são oferecidas. Alberto é homem, e você sabe como os homens são. Essas mulheres é que não são dignas nem honestas, não merecem o respeito da sociedade.

— Não fale assim. Você não conhece a verdade. Essas mulheres foram enganadas, iludidas...

— Basta, Elisa! Já disse que agradeço a sua preocupação mas, em nome da nossa amizade, não diga mais nada. Sei muito bem me cuidar e saberei evitar qualquer avanço de Alberto. Preocupe-se com Leonardo e volte para junto dele, que parece estar procurando por você.

Elisa calou-se e levantou-se magoada, indo em direção a Leonardo que, vendo-a chorosa, indagou preocupado:

— O que houve, Elisa? Sente-se mal?

— Não é nada. Não adianta tentarmos abrir os olhos de quem está cego de paixão.

— De quem você está falando?

— De ninguém. Deixe estar.

A orquestra recomeçou a tocar e eles retomaram a dança, deixando em Elisa uma certa amargura que ela soube bem disfarçar.

Alfredo tanto fez e tanto insistiu, que acabou conseguindo dançar uma música com Marialva que, por sua vez, não tirava os olhos de Rosali e Alberto. Ela mal lhe dava atenção, e ele se roía de ciúmes e despeito, desejoso de que Marialva endereçasse a ele aqueles olhares de paixão.

— Por que olha tanto para minha irmã e seu acompanhante? — indagou, mal contendo a raiva. — Por acaso está interessada nele?

— Eu!? — ela fingiu indignação. — De jeito nenhum. Estou apenas admirando a delicadeza do vestido de sua irmã.

— Ora vamos, Marialva. A quem quer enganar? Pensa que não notei a forma como olha para Alberto?

— Não sei do que você está falando — ela começou a irritar-se. — E, além do mais, se estiver interessada em Alberto, o que você tem com isso? Por acaso ele tem algum compromisso com Rosali?

— É claro que não. Mas o interesse dele por ela é patente. Todos já perceberam.

— Pouco me importa, ele não me interessa em nada. Por que você me aborrece?

Ele olhou para ela confuso e retrucou com embaraço:

— Você é muito bonita. Não percebeu que estou apaixonado por você?

— Não seja ridículo. Você mal me conhece.

— É verdade, eu juro. Desde que a vi, não consigo pensar em outra coisa a não ser você. Mas parece que só existe Alberto aqui nesse salão.

— Pare com isso, já disse. Não estou interessada nele. Muito menos em você.

— Não fale assim. Meu sentimento por você é verdadeiro. Gostaria de namorá-la e, se você permitir, pedirei autorização a seu pai.

Mal crendo no que ouvia, Marialva retrucou, a voz carregada de desprezo:

— Você não passa de um garotinho insignificante e ridículo. Não vê que não está à minha altura? Imagine se meu pai permitiria que um joão-ninguém, o filho de um comerciantezinho qualquer, fizesse a corte a mim. Deixe de ser idiota e não me aborreça mais — arrematou, voltando-lhe as costas, indignada ante o seu atrevimento.

Humilhado, Alfredo sentiu as faces arderem e teve vontade de matá-la. Mas estava apaixonado e não se daria por vencido. Marialva se fazia de difícil, como toda mulher mimada, e ele iria conquistá-la a qualquer preço.

3

No dia seguinte, a volta transcorreu sem quaisquer anormalidades. Osvaldo e Helena dormiam recostados no banco da carruagem, e Rosali e Alfredo iam absortos em seus próprios pensamentos.

— Alfredo — chamou, carinhosa, Maria do Socorro. — O que tem? Está triste? Alguém o aborreceu?

— Não foi nada — retrucou aborrecido. — Estou apenas cansado.

Saindo de seus devaneios, Rosali não perdeu a oportunidade de dar uma espetadela no irmão e acrescentou sarcástica:

— Ora, vovó, então não sabe? Alfredo apaixonou-se por Marialva, mas parece que não foi correspondido.

— Cale a boca! — rosnou Alfredo entre dentes. — Você não tem nada que ver com a minha vida. Ocupe-se da sua e deixe-me em paz.

— Ai meu Deus, que medo! Até parece que vai morder...

— Cale-se ou eu...

— Já chega! — interrompeu Maria do Socorro. — O que está acontecendo com vocês? Rosali, por acaso há necessidade de tratar seu irmão desse jeito? E você, Alfredo, perdeu o respeito?

— Desculpe — falou Alfredo acabrunhado. — Mas é que às vezes Rosali me tira do sério.

— Deixe, meu filho. Ela é apenas uma criança.

— Não sou, não — contestou Rosali, irritada.

— O que está acontecendo aqui? — era Osvaldo, que despertara com aquela discussão. — Por que estão brigando?

— Por nada, papai. Não estamos brigando.

— O que é isso então? Uma conferência de guerra?

Com medo da reação do filho se soubesse do envolvimento de Rosali com Alberto, Maria do Socorro resolveu intervir, antes que Alfredo a delatasse:

— Os meninos estão apenas conversando e, como todos os irmãos, costumam se alterar um com o outro, dada a impaciência própria da juventude. Volte a dormir; não houve nada.

Ela olhou para Alfredo, esperando que ele dissesse ou insinuasse qualquer coisa sobre a irmã e Alberto mas, estranhamente, ele nada falou.

No transcorrer da viagem, Maria do Socorro começou a sentir-se mal. O peito parecia que ia explodir, e uma dor aguda despontou no coração. Durante algum tempo tentou ocultar o que sentia, para não preocupar os demais. Contudo, à medida que o tempo passava e o calor aumentava, a dor foi crescendo, até que se tornou insuportável. Sentiu a cabeça girar e girar, e a dor não parava. Osvaldo e Helena, extremamente alarmados, não sabiam o que fazer. Parar não era aconselhável, pois no lugar em que se encontravam não havia onde buscar auxílio.

Subitamente, Maria do Socorro soltou um gemido, levou a mão ao coração, como se quisesse impedi-lo de saltar do peito, e sua cabeça tombou, olhos arregalados e sem brilho a fitar o nada. Rosali gritou assustada e começou a chorar, enquanto Alfredo, em estado de choque, fitava a avó com olhos esbugalhados, recusando-se a acreditar no que estava acontecendo. Helena, impotente, chorou baixinho, ao passo que Osvaldo, mortificado, segurou-a e repetia incessante:

— Mamãe! Mamãe, por favor, fale comigo!

Maria do Socorro não se mexia. Osvaldo largou seu corpo inerte e olhou para a mulher, como a suplicar-lhe ajuda. Helena, já agora refeita, vendo que o marido, roído pela dor, não achava o que fazer, tomou a frente e afirmou entre lágrimas:

— Osvaldo, sua mãe se foi. Está morta, não vê? Nada mais podemos fazer, senão aguardar a chegada à casa para tomarmos as devidas providências.

Logo que chegaram, Alfredo correu a chamar um médico para examinar a defunta e passar o atestado de óbito. Depois, foi buscar o padre Bento que, piedoso e condoído da dor da família, chamou a si o encargo de avisar os amigos e familiares, providenciando velório, funeral e tudo o mais que se fizesse necessário para o sepultamento de Maria do Socorro.

Elisa e os pais, ainda na chácara do Andaraí, não chegaram a tempo para o enterro. Somente no dia seguinte é que Elisa pôde unir-se a Rosali que, desconsolada, não parava de chorar. Elisa sabia o quanto a prima amava a avó.

Edmundo lamentou profundamente a morte daquela que considerava uma amiga, mas procurou levar algum conforto para os Mendonça, proferindo palavras de paz e esperança. Aconselhou-os a se unirem mais e a buscarem na oração conforto para os momentos difíceis. Ofereceu sua casa e sua amizade, e orientou Elisa para que não abandonasse Rosali, apesar da indiferença com que a prima passara a tratá-la após aquela noite no baile.

Passados quase três meses da morte de Maria do Socorro, a rotina da família Mendonça foi retomando a normalidade. Alfredo continuava implicando com Rosali, que, temendo que o irmão revelasse seu namoro com Alberto, passou a tratá-lo com mais cordialidade. Alfredo nada dissera ao pai, pois pretendia incentivar aquele romance e, com isso, afastar o rival, conquistando definitivamente o coração de Marialva.

Rosali saía às escondidas para ir ao encontro de Alberto e mentia, dizendo que estava na companhia de Elisa. A prima, embora se sentisse mal em quebrar a confiança dos tios, nada revelou a ninguém, atendendo ao que lhe pedira Rosali.

Para seus encontros, escolheram uma sorveteria numa rua um pouco mais afastada que nenhum de seus conhecidos costumava frequentar. Sentada a uma mesa, Rosali havia acabado de saborear o sorvete de frutas quando ouviu a conhecida voz de Alberto:

— Alô, querida. Estava me esperando?

Rosali voltou-se e abraçou o namorado.

— Que saudades! Por que demorou tanto?

— Atrasei-me apenas um pouquinho por causa de um paciente. Espero que não se zangue.

— É claro que não. Sei o quanto você é ocupado. Afinal, um médico de seu gabarito tem sempre muitos afazeres.

Alberto sorriu e estreitou-a contra o peito. Mentia descaradamente. Rosali não sabia, mas ele nunca exercera a medicina, cujo curso só concluíra por insistência do pai. Fabiano, sempre em Portugal, não se interessava muito pela sorte dos filhos, preocupando-se mais com as aparências do que com as atitudes deles.

— Que tal um passeio à beira-mar? — convidou ele.

— Ótima ideia, mas não podemos nos demorar, porque meu pai pode desconfiar. Aliás, tudo isso poderia ser evitado se você fosse falar com ele.

— Que ideia, Rosali. Não foi você mesma quem disse que seu pai é muito severo, que não consentiria em nosso namoro?

— Mas podemos tentar. Talvez ele goste de você. Afinal, é médico...

Alberto não estava nem um pouco interessado em assumir um compromisso com Rosali, mas, temendo perdê-la, dissimulou:

— Vamos ver, querida. Você sabe que minha reputação não é das melhores, e seu pai não acreditaria em mim. Precisamos dar tempo ao tempo, para que eu possa provar a seus pais que me modifiquei e que sou digno de pedir a sua mão.

— Fala sério? Pretende casar-se comigo?

— É claro! Por que acha que estamos namorando? Por acaso me toma por algum aproveitador? Meus sentimentos por você são verdadeiros, e minhas intenções, das mais sérias. Mas prefiro esperar a arriscar-me a perdê-la caso seu pai não consinta em nosso namoro.

— Isso jamais aconteceria. Ainda que ele proibisse, eu daria um jeito de burlar a sua vigilância. Como o amo, Alberto. Mais do que tudo neste mundo!

— Então deve concordar em esperar um pouco mais.

— Sim, meu amor. Esperarei o quanto for preciso.

Saíram abraçados e fugindo aos olhares alheios. Em sua ingenuidade, Rosali sequer imaginava o que ia na alma de Alberto, devotando-lhe um amor arrebatador, despertando nele uma sensualidade que mulher alguma conseguira ainda atingir. Por isso, Alberto decidira que Rosali seria sua.

Naquela noite, novamente, Rosali acordou sufocando. Sonhara novamente com aquela sombra negra pairando sobre seu corpo, como a sugar sua vitalidade. O sonho era tão real que ainda sentia falta de ar, e gotículas de suor brotaram em sua testa e seu rosto. Lembrou-se das palavras da avó e tentou rezar, mas a imagem de Alberto surgiu em sua mente, insistindo em se impor, até que a dominou e, impedindo-a de concatenar as ideias, afastou a oração. Pensando no namorado, novamente adormeceu, presa de um desejo incontrolável de estar junto dele.

Enquanto Maria do Socorro estava viva, conseguia, com suas singelas, porém sinceras, orações, manter afastada aquela alma que ali fora em busca de vingança. Com o seu desenlace, não havia mais ninguém que se preocupasse em rezar e manter o ambiente familiar purificado de energias densas. A cada dia mais e mais envolvida com Alberto, Rosali se esquecia dos conselhos da avó, facilitando o acesso do ser invisível que se julgava no direito de vingar-se de Rosali.

4

Foi com serenidade que Maria do Socorro abriu os olhos, vendo duas contas azuis a fitá-la com simpatia. Espantando as brumas do que denominou de sono, reparou que as contas azuis eram os olhos celestiais de um rapaz com seus quatorze anos, todo vestido de branco, alto e muito louro, com ares de estrangeiro, dada a alvura de sua pele. Ficou a mirá-lo durante alguns minutos, sem dizer palavra, tentando imaginar o que teria acontecido e onde estaria. O rapaz também não se movia, contemplando-a com afeição.

Voltou os olhos pelo aposento e percebeu que as paredes eram pintadas de branco, branco era o chão e estava deitada sobre uma cama que parecia de hospital, igualmente coberta por lençóis brancos e macios. Ao lado da cama, apenas uma mesinha, sobre a qual se via um jarro de água e um copo. Sentiu sede, esticou a mão, e o rapaz prontamente serviu-lhe um copo de água fresca e cristalina. Saciada a sede, indagou:

— Olá, meu rapaz. Pode me dizer onde estou? Este lugar parece um hospital mas, com certeza, você é ainda muito jovem para ser enfermeiro.

— Tem razão. Você está em um hospital, e eu não sou propriamente um enfermeiro, mas estou aqui para ajudá-la.

Maria do Socorro estranhou a intimidade com que ele a tratara. Contudo, havia tanta doçura em sua voz, que ela percebeu não se tratar de falta de respeito, mas de tratamento íntimo e afetivo.

— Ajudar-me em quê? — estranhou. — Não compreendo. Onde estão meus familiares? Não vêm me ver? O que tive, afinal?

— Calma, uma coisa de cada vez.

— Por favor, gostaria de falar com o meu filho. Ele sabe que estou bem?

— Sua família está em casa.

— Em casa? — tornou com desânimo. — Mas que falta de consideração. Não estão preocupados comigo?

— Eles a amam muito e ficaram muito preocupados com o que lhe aconteceu. Mas não puderam acompanhá-la.

— Por quê? O que é que eu tenho? É muito grave?

— Você sofreu um ataque do coração.

— Ataque do coração? E quem me tratou?

— O médico encarregado deste hospital, doutor Mariano.

— Doutor Mariano? Não conheço, não. De qualquer forma, gostaria de falar com ele, agradecer-lhe por ter salvado minha vida... — Maria do Socorro interrompeu a fala, e com uma leve sensação de desconforto, mudou o tom de voz e continuou com nervosismo: — Você não me respondeu se esse ataque do coração foi muito grave.

Medindo as palavras, sem contudo perder a calma que até ali vinha demonstrando, o rapaz respondeu com naturalidade:

— Ele foi fatal.

— Fatal? Como assim? Se fosse fatal, eu estaria morta... — Maria do Socorro silenciou e sentiu um leve aperto no coração, temendo fazer a pergunta cuja resposta, intimamente, já conhecia. — Por acaso eu morri? Mas, se morri, como estou aqui falando com você? Será você um anjo, que Deus mandou para me buscar?

— Você não morreu, Maria do Socorro. Apenas abandonou a veste que lhe serviu durante sua estada na vida física. E agora, seu espírito, que não se encontra mais tolhido pelas limitações da matéria, retornou ao plano invisível.

— Que quer dizer com isso? Não compreendo bem. A Igreja nos ensina que, após a morte, nossa alma somente possui três caminhos: inferno, purgatório ou céu. Em qual deles me encontro, então?

— A concepção de céu e inferno é uma criação da mente humana e não foi instituída por Deus. Cada um vive o céu ou o inferno de acordo com aquilo que projeta para si mesmo. Tudo não passa de criação da mente presa às culpas, ao medo, ao ódio e à dor.

— Agora é que não sei mesmo onde estou.

— Você está numa cidade astral acima de sua cidade natal, invisível aos olhos humanos comuns. É um lugar de paz e tranquilidade, onde é possível entreter-se com estudo, boa leitura, palestras elucidativas, enfim, tudo aquilo que auxilia o ser a reacender sua luz interior.

— Não entendo quase nada do que você diz. Confesso que estou bastante confusa.

— Não se preocupe com isso agora. Ainda há muito tempo para aprender. Trate de se fortalecer e se recuperar. Deixarei você descansar agora. Mais tarde falaremos.

— Espere um instante. Não sei ainda o seu nome.

Sorrindo jovialmente, ele parou ao chegar à porta e respondeu simplesmente:

— Henri.

O doutor Mariano era uma pessoa maravilhosa. Devotado e amigo, tudo fazia para que Maria do Socorro se sentisse bem e à vontade em seu novo lar. Passados quase dez meses desde o seu desenlace, ela já se encontrava mais refeita, seu corpo fluídico livre de qualquer sequela do enfarto de que fora vítima. Dado seu desprendimento das coisas materiais e sua fé em Deus, logo se acostumou à vida fora do corpo, interessando-se por tudo que contribuísse para seu autoconhecimento.

A sensação de paz e bem-estar, contudo, não foi suficiente para desligar dos pensamentos de Maria do Socorro a vida dos entes queridos que deixara na terra. Sentia saudades da família, preocupava-se com o seu destino, principalmente com Rosali e Alfredo, e uma certa inquietação passou a acompanhá-la diuturnamente. Não se contendo mais, chamou Henri e pediu sua intervenção, a fim de que pudesse visitar os seus.

Após alguns dias, Henri voltou com a notícia de que a autorização havia sido dada. Além deles dois, o doutor Mariano também os acompanharia. Antes, porém, seria prudente que Maria do Socorro relembrasse alguns fatos de vidas passadas, a fim de compreender e suportar os acontecimentos que estavam por vir.

Aos poucos, as lembranças afloraram à sua mente, e várias imagens de Rosali foram surgindo, mostrando-a em diversas situações de envolvimento com amores escusos e abortos provocados. Foi uma breve sessão, mas suficiente para que Maria do Socorro compreendesse certos aspectos do temperamento da neta.

— Que coisa triste — desabafou ela. — Será que Rosali vai fazer tudo isso de novo?

— Esperamos que não — respondeu Mariano —, mas a escolha é dela. Temos que respeitá-la.

— Não podemos ajudar?

— Foi para isso que nos permitiram ir até ela. Para ajudar, não intervir.

— Esses homens... Muitos hoje são espíritos, não são? — Mariano assentiu. — E onde se encontram?

— Em vários lugares. Alguns já se desligaram dela, outros clamam por vingança. Como o vulto que você viu debruçado sobre ela certa vez. Trata-se de um espírito impedido de reencarnar por causa de um aborto cometido por Rosali. Em sua ignorância, pensa que ela lhe deve algo e lhe cobra a vida perdida. Não sabe que o aborto não foi provocado por ela ao acaso.

— Sempre pensei que aborto fosse crime, um ato condenado pela justiça dos homens e a de Deus.

— Crime é uma palavra dura demais para usarmos aqui. Digamos que o aborto é um ato impensado e inconsequente de quem o pratica. Todavia, se a mulher chega ao ponto de realmente abortar, é porque o espírito que ali está não lhe é caro. Quando há afinidade entre ambos, mesmo que a mulher não tenha desejos de ser mãe, o amor acabará se impondo e será mais forte do que a ideia do aborto.

— Você fala como se não fosse errado abortar. Acho que é um pecado, isso sim. E Rosali cometeu esse pecado inúmeras vezes.

— Pecado é outra palavra que não usamos aqui. Ninguém peca, para usar o seu termo, se compreende o que faz. Então, os atos de desequilíbrio são gerados pela ignorância. E as consequências desastrosas derivam da culpa que essa ignorância traz. A falta de perdão e de amor é causa de muitos infortúnios. E amor e perdão devem começar por nós mesmos. É preciso tentar compreender e aceitar a nossa ignorância para que possamos nos perdoar. Isso é um ato de amor.

— Perdoar-nos, você diz. Mas e o outro? O que fazer quando o outro não nos perdoa, como o vulto que está ligado a Rosali?

— O outro só não nos perdoa quando não perdoamos a nós mesmos. Se há na nossa energia resquícios de culpa, o outro a percebe, ainda que disso não se dê conta, e se julga no direito de nos cobrar. Quem consegue verdadeiramente perdoar a si mesmo facilita o perdão da suposta vítima, pois esta não encontra mais afinidade vibratória para cobrar ou se vingar. Acabará contaminada pela energia de amor e, por sua vez, perdoará também o ofensor. É parte da lei de causa e efeito, que não deve ser entendida apenas em seu lado difícil. Quem atira amor recebe de volta o amor. Quem dá causa ao perdão tem por consequência o retorno do perdão. É muito simples, porém poucos são os que vivenciam isso.

— É por isso que o vulto se encontra ligado a Rosali? Porque ela não se perdoou?

— Exatamente. Ela não sabe, mas a alma compreende e reconhece as culpas, aceitando, sem necessidade, as consequências dolorosas como parte de seu merecimento.

— Céus! O que fazer para mudar isso?

— Você mesma já deu a resposta. É preciso mudar, sobretudo as nossas crenças. Temos que acreditar e sentir que não merecemos sofrer. Erramos? Não. Experienciamos. Experiências que trazem dor, na vida física ou depois, são aquelas que precisamos transformar. As que nos fazem genuinamente felizes já foram conquistadas e incorporadas ao nosso patrimônio moral. São inalienáveis, invencíveis, eternas.

— Entendo que Rosali precisa se modificar. Mas será que conseguirá isso nessa vida?

— Ela reencarnou para tentar. Se não conseguir, terá ainda outras reencarnações para fazê-lo.

— E aquele espírito?

— Marcel. Espírito empedernido, recusa-se a ouvir a voz da razão e foge todas as vezes que nos aproximamos. Também nos interessamos por ele e queremos ajudá-lo a compreender. É verdade que Rosali tomou a decisão de abortá-lo, contudo, muitos foram os assassínios que ele cometeu em vidas passadas, sobretudo com crianças. Não foi por outro motivo que ele atraiu o aborto. Mas isso pode parar, tem que parar. Quando um dá o primeiro passo no caminho do perdão, todos que estão ligados a ele o seguem, e o elo de ódio que costuma se repetir por vidas e vidas transforma-se em elo de amor, que também prossegue por encarnações à frente. E o amor não é melhor?

Maria do Socorro entregou-se à reflexão, reconhecendo a verdade nas palavras de Mariano. Tudo parecia fácil vindo de um espírito iluminado, envolto na aura de paz e harmonia que pairava ali. Mas o que dizer da vida na matéria, sujeita às oscilações do desejo e dos sentimentos desencontrados, toldada pelo véu do esquecimento que acompanha os encarnados? Todos reconheciam essas dificuldades, mas, se fosse fácil, o mundo estaria vazio.

A transformação pode ser difícil, mas não é impossível e, com certeza, deve se processar sem cobranças nem culpas. Não é por outro motivo que sempre podemos recomeçar.

5

O grupo seguiu em direção à Terra em uma manhã morna e ensolarada, e chegou ao casarão no momento em que a família fazia a primeira refeição do dia. O desjejum corria silencioso, pouco ou nada possuindo os presentes para dizerem uns aos outros. Maria do Socorro parou ao lado do filho e notou em seu semblante uma certa preocupação. Auxiliada por Henri, pousou a mão na testa de Osvaldo e perscrutou-lhe os pensamentos:

"Não sei mais o que fazer", pensava ele. "Sinto que a família se degenera. Rosali anda distante, Alfredo também não quer mais conversar. Que se passa, meu Deus?" De repente, como que sentindo a presença da mãe, falou em voz alta:

— Que saudades sinto de mamãe. Gostaria muito que ainda estivesse aqui conosco.

— Que engraçado, papai — acrescentou Rosali espantada. — Eu estava agora mesmo pensando nela. Não é muita coincidência?

— Sem dúvida — concordou o pai. Virou-se para a mulher e prosseguiu: — Não acha Helena, que mamãe faz falta nesta casa?

— É claro, meu querido. Também sinto falta dela. Sua mãe era uma pessoa maravilhosa, e sabia, como ninguém, manter unida a família.

Rosali abaixou os olhos, temendo que alguém descobrisse seu segredo, e Alfredo continuou alheio, fitando o vazio.

— Sim, Helena — continuou Osvaldo —, nossa família se degenera. É como se, de repente, passássemos a estranhos convivendo na mesma casa. Não acha, meu filho? — indagou, dirigindo-se a Alfredo. Como este não respondeu, insistiu: — Alfredo. Não me ouve?

— Desculpe-me papai — tornou Alfredo embaraçado —, é que eu estava distraído...

— Em que pensava, meu filho? — era a vez de Helena.

— Em nada de especial. Estava aqui a imaginar o aumento das vendas em função do Natal.

Maria do Socorro ouvia aquela conversa, percebendo, porém, que Alfredo não se preocupava nem um pouco com os negócios do pai. Parou ao lado dele e tentou escutar-lhe o coração, muito se espantando ao perceber a quantidade de ódio e de ciúme que lhe ia na alma. Surpreendeu-se ao ver que o neto pensava com rancor em Marialva, e que esse sentimento crescia a cada dia, misturando-se ao amor que ele julgava sentir por ela. Notou que Alfredo ainda nutria esperanças de possuí-la e amargava, no silêncio de sua dor, todo o ressentimento causado pela rejeição. Indignada, Maria do Socorro fitou Henri e o doutor Mariano, que corresponderam ao seu olhar com outro de encorajamento e compreensão.

Terminada a refeição, todos se levantaram e cada qual foi cuidar de seus afazeres. Rosali subiu para o quarto e desceu logo em seguida. Pensando que o pai já se ausentara, dirigia-se para a porta quando foi por ele interpelada:

— Aonde vai, Rosali? Não devia estar ajudando sua mãe?

Surpresa, Rosali estacou e levou a mão ao peito, denotando o efeito que aquela abordagem lhe causara.

— Que susto, papai! Pensei que o senhor já tivesse ido para loja.

— Não respondeu à minha pergunta.

— Eu ia apenas dar uma volta com Elisa.

— A essa hora? Primeiro deve auxiliar sua mãe.

— Mas, papai...

— Não discuta, Rosali. Primeiro a obrigação, depois a distração. Ande, obedeça-me e vá ajudar sua mãe nos afazeres domésticos.

— Sim, senhor — terminou por dizer, sem coragem de contrariá-lo.

Maria do Socorro aproximou-se de Rosali e nitidamente percebeu suas intenções. Auscultando-lhe a mente, descobriu que a neta se encontrava às escondidas com Alberto, e que ele a aguardava para um piquenique na Floresta da Tijuca. Ficou perplexa com a audácia de Rosali. Saindo sozinha com um homem que mal conhecia, ainda mais para lugares ermos e pouco frequentados. Como podia ser?

Depois de uma hora, Osvaldo se despediu da mulher e da filha e partiu em direção à loja. Rosali, por sua vez, pediu licença à mãe para se ausentar também, a pretexto de que Elisa a aguardava. Helena, embora desconfiasse de que alguma coisa estava errada, não deu ouvidos à advertência íntima de seu coração de mãe e consentiu na saída da filha, que imediatamente se foi.

Maria do Socorro, juntamente com seus dois acompanhantes, seguiu no encalço da neta que, penetrando por vielas secundárias, alcançou a taverna em que costumava se encontrar com Alberto. A avó estava cada vez mais preocupada, pois Rosali, efetivamente, não andava por bons caminhos, não sendo aquele lugar, em definitivo, próprio para uma mocinha de família. Rosali, contudo, não se importava. Ao contrário, parecia até bem à vontade naquele ambiente, o que deixou a avó horrorizada.

— Tenha calma — interveio Henri. — Rosali apenas segue seu destino. No entanto, devo adverti-la de que os acontecimentos que se desenrolarão a seguir podem ser um pouco fortes para você. Se desejar, podemos partir daqui.

— Não, Henri, muito obrigada. Sua preocupação é louvável, mas não posso abandonar minha neta à própria sorte.

— Não se esqueça de que nada poderemos fazer contra a vontade dela. Mesmo que queira, você não conseguirá intervir, pois ela não a escutará.

— Não posso intuí-la para que abandone esse moço e volte para casa?

— Creio que ela não lhe dará ouvidos — disse Mariano. — Rosali está fascinada por Alberto e não escutará ninguém.

— Ela vai me escutar, tem que escutar. Preciso impedi-la de cometer essa loucura.

A conversa entre eles foi interrompida pela voz de Alberto, já impaciente de tanto esperar.

— Meu Deus, Rosali, o que houve? Por que demorou tanto?

— Desculpe-me, meu amor. Meu pai custou a sair para o trabalho e me mandou auxiliar mamãe.

— Eu já estava quase desistindo de esperá-la — a voz de Alberto demonstrava forte irritação. — Mas vamos lá, depressa. Estou ansioso por esse piquenique.

Rosali sorriu abertamente. Alberto tudo fazia para ficar junto dela. Pensou em quanto ele a amava e discretamente o beijou, sussurrando ao seu ouvido um agradecimento carregado de paixão.

— Está bem, já chega. Vamos logo ou só chegaremos ao anoitecer.

Tomando o coche que se encontrava parado à porta da taverna, Alberto disse alguma coisa ao cocheiro, que riu e tocou o carro à toda brida. Rosali olhou interrogativamente para ele, que retribuiu o sorriso e confidenciou-lhe:

— Hoje lhe farei uma surpresa. Chegou a hora de demonstrar o quanto me ama.

— Como assim? O que quer dizer?

— Espere e verá.

Em silêncio, Rosali notou que a carruagem se afastava do centro da cidade, sem contudo se dirigir para a Floresta da Tijuca, conforme o combinado. Curiosa e desconfiada, perguntou:

— Para onde estamos indo?

— Acalme-se. Não confia em mim?

— Confio, mas isso não estava em nossos planos. Íamos fazer um piquenique.

— E ainda vamos, só que em outro lugar, mais sossegado.

— Ora, Alberto, você bem sabe que a Floresta da Tijuca é um lugar praticamente deserto. Quer sossego maior do que esse?

— Quero algo mais confortável.

— Não entendo o que quer dizer.

Rosali calou-se. No fundo sabia para onde Alberto a estava levando. Apesar de temerosa, internamente, seu corpo ansiava por aquilo. Cada palavra do amado somente servia para atiçar o fogo que queimava dentro dela, e ela ardia de desejo de ser possuída por ele. Sem contar que, se resistisse, Alberto poderia deixá-la. Fazia tempo que tentava convencê-la a entregar-se a ele, alegando que seu amor era maior do que tudo e que ninguém iria descobrir. O medo era grande, mas o desejo era maior. E, pensando bem, que mal faria? Ninguém descobriria e, depois, iam mesmo se casar.

Absorta em seus pensamentos, mal se dava conta dos conselhos que Maria do Socorro que, à beira do desespero, soprava em seus ouvidos:

— Rosali, atente no que vai fazer. Isso é uma insensatez. Esse moço não serve para você. Ele não a ama de verdade. E se ele a deixar, o que será da sua vida?

Rosali parou para pensar: e se Alberto a abandonasse? Não, isso era impossível, ele a amava.

A carruagem chegou ao seu destino: uma mansão em uma rua de pouco movimento no bairro do Rio Comprido, com as janelas cerradas e o portão trancafiado. Saltaram, e Alberto puxou a sineta que servia de campainha. Logo apareceu uma mulatinha de seus dezenove anos, reconheceu Alberto e abriu o portão. Rosali estava amedrontada, não conhecia aquele lugar.

— Não tenha medo — tranquilizou Alberto. — Estamos entre amigos.

— Você já esteve aqui antes? Que lugar é esse?

— Como você é ingênua. Estamos no salão de uma amiga minha, que me deve alguns favores. Ela me cedeu um quarto, para que pudéssemos estar a sós.

— Mas... mas... Estou com medo. Não sei o que dizer.

— Não diga nada, apenas siga-me.

Entraram num salão amplo, pintado de pêssego, onde se viam inúmeros sofás e mesas de jogo. Ao fundo, uma imensa escada coberta por um tapete vermelho, ao pé da qual se encontrava uma senhora de seus quarenta e poucos anos, de feições ainda jovens, em cujo semblante se vislumbravam traços de rara beleza.

— Seja bem-vindo, Alberto — cumprimentou a cortesã. — Espero que gostem das acomodações que lhes reservei.

Em seguida, deu ordens à mocinha para que acompanhasse o casal até o quarto que fora especialmente preparado para eles.

O grupo de amigos invisíveis seguia o desenrolar dos acontecimentos, e Maria do Socorro tudo fazia para demover a neta daquele intento desvairado. Rosali, todavia, dominada pelo desejo, fez-se surda aos conselhos da avó, julgando-os apenas bobagens de sua mente de menina, temerosa ante a iminência de tornar-se mulher. Assim, o casal subiu abraçado as escadas, penetrando a penumbra do quarto. Alberto, cerrando a porta, voltou-se para Rosali e a tomou nos braços, seu corpo tremendo de desejo.

— Rosali, amada. Mal via a hora de poder tê-la em meus braços e fazê-la mulher.

Rosali deixou-se abraçar passivamente, sentindo o sangue ferver, a face ruborizada. Maria do Socorro, em luta desesperada, dizia ao seu ouvido:

— Desista, Rosali. Ainda há tempo. Saia daqui. Esse homem só vai fazê-la sofrer.

A neta, já aturdida por aquela insistência, ainda tentou protestar:

— Pare, Alberto, por favor. Não sei se isso é certo. Afinal, não somos casados. Sou uma moça direita, nem deveria estar aqui, na casa de uma cortesã...

— Ora, meu amor. Deixe de bobagens. Então não vê que a amo e que preciso de você? Tudo o que faço é pelo nosso amor.

— Não podemos esperar até nos casarmos?

Alberto, fingindo-se magoado, queixou-se, adoçando a voz:

— Vejo que quem não me ama é você.

— Como pode dizer uma coisa dessas? Pois se o amo mais do que tudo.

— Então prove.

Alberto novamente a abraçou, dessa vez tentando carícias mais ousadas que Rosali, a princípio, tentou repelir.

— Alberto, por favor...

Mas Alberto não parava. Ao contrário, começou a acariciá-la cada vez mais, e a excitação foi tomando conta dela e enfraquecendo sua resistência. Maria do Socorro, no auge da aflição, implorou pela última vez:

— Rosali, pare enquanto é tempo. Não prossiga nessa loucura. Abra os olhos. Alberto não a ama. Só o que quer é se aproveitar de você.

Ela já não mais distinguia o apelo da avó. Com o frenesi crescente dos amantes, o grupo, já constrangido, deixou o recinto, não querendo violar a intimidade do casal com sua presença, ainda que despercebida.

— Não lamente o ocorrido — considerou Henri. — Nada acontece por acaso e, muitas vezes, o que parece um mal acaba se transformando num bem.

— Por que tivemos que presenciar isso?

— Para que você compreenda os mecanismos da vida, que dá a cada um o direito de escolha. Conselhos são úteis e ajudam, mas você não pode pretender retirar de Rosali o direito à experiência. É o caminho dela, o percurso que ela escolheu.

Maria do Socorro compreendera bem. Não lhe cabia intervir na vida daqueles que amava, pois retirar-lhes o direito de viver suas próprias experiências não lhes daria o aprendizado necessário à evolução do espírito. E cada um precisava viver.

6

Oculto pelas sombras, Alfredo não tirava os olhos da imensa porta de vidro que dava para o jardim da mansão de Marialva. Enchendo-se de coragem, seguiu mansamente para a porta da frente e experimentou a fechadura. A porta não estava trancada, e ele entrou. Passou os olhos brevemente pelo recinto e avistou Marialva dando ordens a uma das criadas. Aproximando-se dela, tocou em seu ombro gentilmente.

— Você? — bradou ela, voltando-se bruscamente para ele. — O que quer aqui? Como entrou?

— Por favor, Marialva, preciso falar com você.

— Como ousa vir me incomodar em minha casa? Já falei mais de mil vezes que nada tenho a dizer a você. Vá embora, antes que eu chame meu pai.

— Não faça isso, eu suplico. Rogo apenas um minuto de sua atenção. Serei breve.

Ela refletiu por alguns instantes e, com ar amuado, acabou concordando:

— Está bem, se isso vai fazer com que me deixe em paz. Mas seja rápido.

Alfredo, um tanto hesitante, acrescentou com voz humilde:

— Você bem sabe que a amo... Desde aquele dia no baile de Elisa venho tentando me declarar. No entanto, você não atende aos meus chamados e sempre me evita. Não posso mais suportar.

Marialva olhou para ele com um olhar entre piedoso e escarnecido, e revidou, cheia de sarcasmo:

— Ora, ora. Então o filho do fazendeiro insiste em me assediar. Não se enxerga?

— Não me trate assim, por favor — suplicou ele.

— Pare com isso, detesto choramingas de homem. Mas já que insiste, vamos esclarecer as coisas de uma vez por todas. Eu não o amo, você me dá nojo. Pare de me perturbar ou serei obrigada a levar o caso a meu pai, e ele saberá colocá-lo em seu devido lugar.

Disse isso e foi indicando-lhe o caminho da porta. Alfredo, mais uma vez humilhado, já ia saindo quando voltou e arrematou, cheio de ressentimento:

— Vai se arrepender, Marialva. O homem que você deseja já está preso ao coração de outra. Pode me rejeitar e humilhar o quanto quiser, mas Alberto jamais será seu.

Ouvindo o nome do amado, Marialva estacou e perguntou bruscamente:

— Que quer dizer com isso? O que você sabe de Alberto?

Alfredo fingiu desinteresse e voltou-lhe as costas, saindo apressadamente. Marialva, porém, foi atrás dele, alcançando-o na calçada.

— Espere, Alfredo, não se vá ainda — pediu, dissimulando a voz. — Temos muito que conversar.

— Agora quer conversar, não é? Há pouco quis me escorraçar daqui.

— Mudei de ideia. Não posso?

— Você disse que não me ama e que sente nojo de mim.

— Não é bem assim. É que não estou acostumada a tanta insistência. E você não foi nada cavalheiro.

Por mais que ela fingisse, e mal, Alfredo se deixou levar pela paixão cega e, enchendo-se de esperança, atirou-se a seus pés e balbuciou em tom servil:

— Perdoe-me, querida. Não quis ofendê-la. Mas meu amor por você é maior do que tudo. Quase chego à loucura.

— Está bem, está bem. Pare de choramingar. Vamos nos sentar aqui — chamou ela impaciente, sentando-se com ele nos degraus do alpendre da entrada. — Bem, Alfredo, o que foi mesmo que você disse sobre Alberto?

Percebendo a intenção de Marialva, Alfredo teve vontade de esganá-la. Por outro lado, regozijou-se de sua esperteza, pois ela caíra direitinho na armadilha que lhe preparara. Com um sorriso maroto nos lábios, respondeu:

— Disse que Alberto já está preso ao coração de outra.

— Quem disse isso? Pelo que sei, Alberto nem seu amigo é.

— Acontece, minha querida, que Alberto está se encontrando com minha irmã.

Marialva estremeceu. Então Alberto ainda continuava a ver Rosali? Mal podia crer. Recuperando-se do susto, indagou com voz trêmula:

— Por que está me contando isso?

— Porque a amo e me preocupo com você. Alberto não é um rapaz sincero nem é digno de seu amor.

— No entanto, está namorando sua irmã, e você parece não se importar.

— Não é que não me importe. Mas Rosali é uma moça rebelde e não ouve os conselhos de ninguém, muito menos os meus. Sei que ele a fará sofrer, contudo, nada posso fazer.

— O que lhe dá essa certeza?

— Sou homem, entendo dessas coisas. E a reputação de Alberto não é das melhores. Se meu pai descobrir que ele anda se encontrando com Rosali, nem sei do que será capaz.

— Por que você não conta?

— Está louca? Quer que aconteça uma desgraça? Ou que eles fujam?

Marialva não respondeu, remoendo aquela revelação odiosa. Não sabia que Alfredo usava a irmã para manter Alberto afastado da vida dela. Alfredo era um idiota, mas servira para alguma coisa. E agora, caberia a ela separar aqueles dois. Só não sabia como. Pensando na melhor maneira de se aproximar de Alberto, concluiu que Elisa poderia ajudá-la. Estreitaria amizade com ela e, com o tempo, acharia um meio de conquistar o coração do rapaz.

Ao lado deles, Maria do Socorro acompanhava cada palavra e cada gesto, só agora percebendo o caráter de seus netos. Se Rosali enveredava pelo caminho da sensualidade, Alfredo despencava no abismo da mentira e da dissimulação, dando mostras de um caráter vil, ardiloso, subserviente e dissoluto. Sem lutar abertamente contra o inimigo, ele vai minando-lhe as forças sorrateiramente, através de artimanhas traiçoeiras, sem qualquer escrúpulo ou vergonha.

Apesar de tudo, Alfredo era seu neto e, assim como Rosali, agia movido pela imaturidade do espírito, e ela faria tudo que estivesse ao seu alcance para livrá-los do sofrimento.

— Vejo que você ainda pensa em salvar-lhes a felicidade — observou Henri, que a acompanhava.

— Talvez consiga influenciá-lo de alguma forma — aventou ela. — Alfredo e Rosali estão caminhando para o sofrimento.

— Não nos cabe intervir em suas vidas, já que ambos possuem liberdade para tomar o rumo que melhor lhes convier. Não é dado a nós, espíritos desencarnados, que conhecemos suas fraquezas e dificuldades, interferir, de modo a orientá-los sempre pelo caminho da luz e da felicidade. Se assim o fizéssemos, onde estaria o aprendizado que decorre da experiência? Podemos aconselhá-los através da intuição e da inspiração, mas não nos compete tomar o leme de suas vidas, visto que não somos comandantes de seus destinos.

— Acho que você tem razão — concordou Maria do Socorro, desanimada. — É que o amor que tenho por eles me faz esquecer que não sou dona de suas vidas. Não quero que sofram, mas compreendo que cabe a eles essa decisão.

Henri não disse mais nada. Limitou-se a sorrir e assentir, tomando-a pela mão para, juntos, seguirem rumo a sua cidade astral, deixando para trás Alfredo e Marialva.

Pouco depois, Marialva deu um jeito de despachar o rapaz e começou a agir. Arrumou-se com apuro e partiu apressada para a casa de Elisa.

Entretida ao piano, Elisa não ouviu as batidas na porta nem percebeu a entrada de Marialva, que em silêncio sentou-se ao sofá para escutá-la. Finda a música, aplaudiu-a entusiasticamente, e Elisa, que não havia notado sua entrada, virou-se de costas e fitou-a com ar espantado.

— Marialva! — estranhou, pois aquela era a primeira vez que fora visitá-la. — Que surpresa. O que a traz aqui?

— Vim convidá-la para um chá em minha casa no sábado, às cinco horas. E pode levar sua prima Rosali. Posso contar com vocês?

Embora surpresa, Elisa respondeu polidamente:

— Irei com muito prazer. Mas não posso falar por Rosali.

— Rogo que fale com ela e insista para que compareça. Ando tão sozinha, cercada dos amigos de papai, que só me aborrecem. Preciso estar em companhia de moças da minha idade.

A surpresa não levou à desconfiança; o coração sincero de Elisa não reconheceu o subterfúgio da outra e acabou concordando:

— Está bem. Falarei com Rosali. Talvez consiga convencê-la.

Mais tarde, em casa de Rosali, Elisa fez de tudo para que ela a acompanhasse ao chá de Marialva.

— Não sei não, Elisa — objetou a prima, deveras desconfiada. — Não tenho nenhuma intimidade com Marialva. Além do mais, muito me espanta um convite desses, partindo de alguém tão esnobe feito ela.

— Não fale assim. Marialva é uma boa moça, apesar de levar uma vida de ostentação à qual não estamos acostumadas. — Elisa olhou ao redor e sussurrou bem baixinho: — E não lhe faria mal um programa inocente em minha companhia. Ou seu pai pode acabar desconfiando.

— Ficou louca? — protestou Rosali, também olhando ao redor. — Quer que alguém a escute?

— Não tem ninguém por perto. Então, o que me diz? Você vai ou não?

— Está bem! — concordou Rosali, no fundo dando razão à prima. — Mas só para desviar a atenção de papai.

— Ótimo. E como vai indo o romance de vocês?

— Como um conto de fadas — confessou com olhar sonhador, em tom quase inaudível. — Alberto é uma pessoa maravilhosa. Em breve iremos nos casar.

— Não quero decepcioná-la, mas não acha que Alberto já deveria ter pedido sua mão? Ao menos autorização para namorá-la?

— Meu pai não aprovaria. Não enquanto Alberto não mudar sua fama de libertino.

— E como ele vai fazer isso? Quando?

— Não sei ao certo. Mas será para breve. No momento está ocupado com seus clientes e não tem tempo para mais nada.

Elisa balançou a cabeça e rebateu transtornada:

— Você está sendo ingênua, Rosali. Não vê que Alberto a está enganando? Eu o conheço. Ele sequer...

— Basta, Elisa! Se preza nossa amizade, não volte a tocar nesse assunto. Alberto e eu nos amamos e vamos nos casar. Muito obrigada por se preocupar, mas está enganada. Ele mudou, é outro homem. Você não o conhece tão bem como pensa... não tão intimamente quanto eu.

Apesar de as palavras de Rosali terem deixado um tom bastante significativo no ar, Elisa preferiu não acreditar em suas desconfianças e se calou. Não podia crer que Rosali cometesse uma loucura, ainda mais com um homem tão sem moral como Alberto. Enfim, ela estava cega de amor, e a razão se fazia surda a qualquer advertência.

No dia marcado para a pequena reunião, Elisa passou na casa de Rosali para seguirem juntas. Ao chegarem, Marialva foi logo as cumprimentando com exagerada afetação:

— Elisa, querida, que bom que veio e trouxe consigo sua adorável prima.

— Obrigada — respondeu a outra.

Marialva apresentou-as a suas amigas, e o chá foi servido às cinco em ponto. A conversa girava em torno de futilidades, até que Marialva, propositalmente, começou a falar sobre rapazes e fez indiscreta observação:

— E então, Elisa? Ouvi dizer que você e o jovem e promissor Leonardo estão se saindo muito bem.

Ruborizada, Elisa respondeu com timidez:

— É verdade. Ele frequenta a minha casa e demonstra as melhores intenções. Papai e mamãe estão muito satisfeitos, pois Leonardo é de boa família e realmente gosta de mim.

— Oh! Sim, você tem muita sorte — concordou Lenita, uma das moças presentes. — Hoje em dia é realmente difícil encontrar um bom partido.

— É verdade — acrescentou Ana. — Mamãe vive me alertando sobre os rapazes atualmente, e papai se preocupa com os aproveitadores. Diz que os homens só querem uma coisa...

As meninas abafaram um risinho mordaz, e Marialva considerou maliciosamente:

— Vocês estão exagerando. Nem todos os rapazes são assim. Vejam Elisa, por exemplo: deu sorte e encontrou o par ideal. Leonardo não é como os muitos aproveitadores que andam à solta por aí. E, por falar nisso, como vai o seu primo, Alberto?

Rosali estremeceu e lançou a Marialva um olhar fulminante, enquanto Elisa respondia em tom lacônico:

— Alberto vai muito bem, obrigada.

— Também ouvi falar de histórias a seu respeito.

— Que histórias? — quis saber Rosali, ignorando o olhar de alerta de Elisa.

— Fofocas — disse Marialva com ironia. — Fala-se por aí que Alberto possui um romance secreto.

— As pessoas falam demais — desaprovou Elisa. — Não devemos dar ouvidos a falatórios. Ademais, Alberto é solteiro e tem o direito de envolver-se com quem desejar.

— Com a reputação que ele tem, duvido que alguma moça direita corresponda aos seus galanteios. Dizem que tem uma amante, que deve ser ou casada ou uma cortesã.

De soslaio, olhou para Rosali, que não movia um músculo sequer.

— Que horror! — exclamou Ana.

Mantendo a serenidade e o equilíbrio, Elisa ponderou:

— Seja como for, não devemos nos intrometer em assuntos que não nos dizem respeito. Meu primo está mudado, amadureceu, e aquela vida dissoluta que levava ficou lá em Portugal. Tenho certeza de que, se Alberto mantém um romance, há de ser com uma moça de família, e ele deve ter os seus motivos para não tê-la ainda apresentado à sociedade. Talvez temendo comentários desse tipo, Marialva, que poderiam comprometer séria e injustificadamente a reputação da moça. Não devemos julgar ninguém e, muitas vezes, uma observação maldosa pode contribuir para desencadear uma série de consequências danosas.

De forma imperceptível, Rosali dirigiu-lhe um olhar de admiração e agradecimento, enquanto Marialva, confusa, abaixou a cabeça, mordendo os lábios e apertando a xícara de chá entre os dedos trêmulos. A conversa tomou novo rumo, e Rosali e Elisa tentaram se distrair da melhor forma possível. Visivelmente irritada e transtornada, Marialva quase não falava, limitando-se a responder às perguntas de suas amigas com monossílabos mal-humorados.

Terminado o chá, as duas primas se retiraram, agradecendo a hospitalidade da anfitriã. Rosali ia indignada, certa de que nunca mais tornaria àquela casa, e Elisa claramente percebera que Marialva não apenas sabia do romance entre Alberto e Rosali, mas também estava apaixonada por ele.

7

Como a vida dispõe das coisas à sua maneira, no dia seguinte, ao caminhar pelas ruas do Passeio com sua amiga Lenita, Marialva encontrou Alberto casualmente, bem na hora em que ele chamava um tílburi para ir ao encontro de Rosali. Vendo-as se aproximarem pela calçada, ele estacou com um pé no estribo, sem saber se entrava ou não. Resolveu não entrar e esperou até que elas estivessem a seu lado.

— Senhorita Marialva — falou ele cheio de admiração. — Há quanto tempo!

Mal contendo a euforia diante da grata surpresa, Marialva respondeu com voz melíflua:

— Realmente. Como está?

— Muito melhor agora que a encontrei.

Marialva corou e endereçou a ele um olhar enigmático, que convidava ao envolvimento. Cheia de si e certa da forte impressão que causara no outro, retrucou, fazendo beicinho:

— Você é um homem muito gentil.

— É a mais pura verdade. Sua beleza é admirável — vendo que havia causado efeito, Alberto convidou: — Que tal um refresco?

— Não sei — hesitou Lenita, que não queria ser vista em companhia dele.

— É claro que iremos — concordou Marialva, dando um leve beliscão no braço da amiga.

Rumo à confeitaria, Alberto esqueceu-se por inteiro do compromisso com Rosali, encantado que estava com a presença marcante de Marialva. Passaram a tarde em agradável conversa, embevecidos um com o outro, deixando Lenita de fora dos galanteios e indiretas. De tão envolvido, Alberto não viu a hora passar e só se lembrou de Rosali quando Lenita, cansada de seu papel de figurante, resolveu ir embora, forçando Marialva a acompanhá-la.

Alberto correu o mais que pôde ao encontro de Rosali, o corpo ardendo de desejo por Marialva, certo de que se saciaria nos braços da namorada. Rosali, contudo, há muito havia ido embora, irritada com a falta de Alberto. De tão aborrecida, preferiu não ir para casa e foi à procura de Elisa.

— Quem ele pensa que sou? — bradou furiosa. — Deixar-me à espera, assim, como uma de suas amantes!

— Acalme-se, Rosali. Quer que alguém a ouça? Vai ver que houve algum imprevisto.

— Que imprevisto? E não poderia mandar avisar-me?

— Não sei. Talvez algum paciente, alguma emergência.

Rosali pensou por alguns instantes e concordou:

— É, pode ser. Mas mesmo assim, ele deveria dar um jeito de me avisar.

— Sinceramente, não vejo motivo para tanta raiva só porque Alberto faltou a um encontro... Onde era mesmo que se encontrariam?

Rosali emudeceu assustada e desatou a chorar.

— Oh! Elisa! Será que posso confiar em você?

— Você sabe que sim.

— Não sei se agi corretamente. Não devia ter me entregado assim.

— Entregado? Quer dizer que você e Alberto...

— Foi uma insanidade, um momento de fraqueza. Vivo assustada, com medo de que Alberto me deixe. E se meu pai descobrir, nem quero pensar no que fará.

— Você foi muito imprudente, mas tudo tem solução. O que temos a fazer agora é conversar com Alberto e convencê-lo a reparar o erro, casando-se com você. Deixe comigo. Vou procurá-lo pessoalmente.

— Você faria isso por mim?

— É claro. Não se preocupe com nada. Apenas ore para que tudo se resolva da melhor forma.

Parada em frente a Alberto, Elisa esperava uma resposta.

— E então? O que me diz?

— Não tenho que lhe dizer nada. Esse assunto não lhe compete.

— Engano seu. Rosali é minha prima e minha amiga. Você a conheceu em minha casa, sinto-me responsável.

— Não precisa se preocupar. Nada acontecerá a ela.

— Será que não percebe o mal que lhe fez? Você tem um compromisso de honra de salvar-lhe a reputação. E Rosali é menor de idade.

— O que você quer que eu faça? — tornou ele, agora com um pouco de medo.

— Case-se com ela. É a solução mais digna.

— Não seja tola! Não amo Rosali, não posso casar-me com ela.

— Mas ela o ama!

— Sinto muito.

— Como pode ser tão insensível? Você se aproveitou da ingenuidade dela, fazendo-lhe promessas e juras de amor. Rosali acredita que você a ama, entregou-se a você achando que se casariam.

— Não se deixe enganar, querida priminha. Rosali não é essa menina pura que você imagina. Ela estava louca por aquilo.

— O que está insinuando? — horrorizou-se, levando a mão ao coração, indignada. — Que ela não era mais virgem quando o conheceu?

— Não foi isso que eu disse. Disse apenas que Rosali não foi enganada. Eu não a forcei. Ela se entregou porque quis.

— Foi por amor!

— Por amor... — desdenhou. — Você e eu sabemos muito bem que moças honestas não se entregam antes do casamento. Você não o faria.

— Você é desprezível. Como pode falar assim de Rosali? Não deixarei que estrague a sua vida. Se você não quer reparar o mal que lhe fez, serei obrigada a procurar meu pai e contar-lhe tudo. Certamente, ele interferirá por Rosali junto a tio Fabiano.

A menção ao tio e ao pai assustou Alberto, que mudou de postura.

— Não é preciso envolver nossos pais nisso — dissimulou. — É claro que não vou abandonar Rosali. Sinto apenas que não estou preparado para o casamento.

— Devia ter pensado nisso antes de fazer o que fez.

— Devia... mas não pude evitar. Rosali é uma bela mulher, e eu pensei estar apaixonado.

— E agora não está mais. Depois de conseguir o que queria sua paixão acabou, não é mesmo?

— Não tenho culpa. Ninguém tem. Por favor, Elisa, pense bem. Não tome nenhuma atitude precipitada. Se o pai dela souber...

— Agora o pai dela vai ser a desculpa? Se você conversar com tio Osvaldo, aposto que ele consentirá no casamento.

— Pensarei nisso. Só não quero me precipitar. Vou procurar Rosali e tranquilizá-la, assegurando-lhe de que não fugirei às minhas responsabilidades.

— Está bem, Alberto. Por ora não farei nada. Todavia, se você não tomar nenhuma atitude, eu o farei. E você sabe bem do que estou falando.

Elisa saiu com o coração confrangido, certa de que Alberto não tencionava casar-se com Rosali. Efetivamente, não era esse o seu plano. Seu coração estava agora preso a Marialva que, além de linda, era rica e nobre. E Marialva parecia corresponder-lhe. Estava certo de que seria muito fácil conquistá-la.

Marialva, contudo, não lhe permitiria as mesmas intimidades que Rosali. Ardente e voluptuosa, precisava dela para satisfazer seus desejos, ao menos enquanto não pudesse consumar o casamento com Marialva. E, depois, daria um jeito de livrar-se dela. Não seria assim tão difícil quanto Elisa supunha. À exceção da cortesã, ninguém nunca os vira juntos. Por que acreditariam na palavra de uma jovem perdida, que nenhuma prova possuía de que fora ele quem a deflorara? Seria a palavra dela contra a dele.

Reconhecia que seria difícil para Rosali arranjar marido depois daquilo. Nenhum homem decente haveria de querê-la, o que seria uma pena para ela. Só lhe restaria o lugar de amante. Essa ideia o encheu de euforia. Quem sabe não poderia casar-se com Marialva e manter Rosali como amante?

Com esses pensamentos, aguardou ansiosamente o momento de ir ao encontro dela novamente. Chegou cedo, contudo, Rosali já o esperava no quarto, esfregando as mãos com nervosismo. Quando ele entrou, ela se atirou em seus braços e, soluçando, desabafou:

— Alberto! Graças a Deus. Tive tanto medo de que me deixasse. Por que faltou ao nosso encontro de ontem?

— Tenha calma, meu amor. Eu precisei atender um paciente e não tive como avisá-la. Não precisava ter mandado Elisa a minha casa fazer-me ameaças.

— Ameaças? O que quer dizer?

— Você contou a ela sobre nós, não foi?

Ela adotou uma posição defensiva e rebateu:

— O que queria que eu fizesse? Estava desesperada. Mas não se preocupe. Elisa é de inteira confiança.

— No entanto, ameaçou contar tudo a seu pai e ao meu. Como pensa que me senti, ouvindo ameaças de minha própria prima como se fosse um cafajeste?

— Não é nada disso.

— Eu sei, você sabe, mas Elisa, não. Ela pensa que não a amo, só porque ainda não me casei com você.

— Você me ama?

— Claro que sim. Como pode duvidar disso?

— Às vezes, fico em dúvida, sinto-me insegura. Tenho medo de que você me abandone.

— Já disse que a amo e não farei isso. Falando assim você até me magoa. Pensei que confiasse mais em mim.

— É claro que confio. Mas ontem, quando você não veio, receei que não me quisesse mais, que estivesse farto de mim. Desde que começamos a fazer amor, você não é mais o mesmo.

— Não é nada disso. Amo-a hoje ainda mais do que antes e quero regularizar nossa situação. Antes, porém, devo firmar-me na profissão. Quero sustentá-la sozinho, sem necessitar do auxílio de meu pai. Já lhe disse isso mais de mil vezes.

— Eu sei, meu amor — falou ela, cobrindo-o de beijos e carícias. — Por favor, perdoe-me. Perdoe a minha insegurança. Amo-o muito, não quero perdê-lo por nada neste mundo.

— Você não vai me perder. Deve confiar em mim e só em mim. Você confia?

— Claro que sim.

— Então me prometa que não comentará mais nada com Elisa. Ela não entende o nosso amor.

Rosali hesitou:

— Não posso fazer isso. Elisa é minha amiga e só quer o meu bem. Além do mais, meu pai pensa que saio com ela.

— Ser amiga dela não quer dizer que tenha que lhe fazer confidências.

— E se ela perguntar?

— Diga-lhe que está tudo bem.

— Só isso?

— Só isso.

— Está bem. Farei como me pede.

Alberto encerrou a conversa com um longo e demorado beijo, que Rosali correspondeu com ardor. Logo estavam se amando.

Nesse mesmo momento, sem de nada saber, Maria do Socorro recebia a visita de Henri que, calmo e sereno, abraçou-a e disse:

— Vim me despedir.

— Vai a algum lugar?

— Vou voltar à matéria. Preciso me preparar.

— Você vai reencarnar? — espantou-se ela. — Assim, tão de repente?

— É o momento certo.

— Para onde vai? Em que família?

— Serei filho de Rosali e de Alberto.

— De Rosali e Alberto? Eles vão mesmo se casar?

— Não. Contudo, a oportunidade vai surgir em breve e não quero desperdiçá-la. Aceito de bom grado o que a vida me oferece, certo de que será uma experiência única.

— Mas se eles não vão se casar, como você poderá ser filho deles?

— Casamento não é requisito para a maternidade ou paternidade, é?

Ela o olhou estupefata. Não podia sequer supor que Rosali teria um filho sem estar casada. Naquela época, além de um escândalo, era também uma indignidade e uma desonra para a mulher.

— Mas Henri, você não pode. Você vai sofrer, ambos vão sofrer.

— Tenha calma, Maria do Socorro. Ninguém vai sofrer se não quiser.

— Não compreendo.

— O sofrimento é decorrência de nossa imaturidade diante da vida. Rosali e eu já sofremos muito, justamente porque não tínhamos essa maturidade. O tempo agora é outro. Sinto que já estamos preparados para resolver nossas pendências sem termos de vivenciar a dor.

— Como assim?

— A maternidade dissolve muitos ressentimentos e aproxima os homens do amor. Contudo, há coisas que são difíceis de esquecer. Rosali e eu, infelizmente, passamos por coisas desse tipo. Em minha ilusão de poder, dei causa a muitas de suas dores, e talvez ela não as tenha esquecido, porque eu mesmo não pude esquecê-las. É possível, portanto, que tente evitar o meu nascimento.

— Que coisa horrível!

— Para tudo há uma razão. Sei que corro esse risco, mas quero assumi-lo.

— Ela já sabe?

— Sabe. No começo, relutou, mas acabou aceitando, embora, de volta à matéria, acabe se esquecendo desse compromisso. Já estou preparado.

Com os olhos rasos d'água, Henri partiu. Apesar do medo de uma nova rejeição, procurou encher os pensamentos de alegria e confiança. Rosali agora estava mais amadurecida, e a chance de conseguir levar a gravidez até o fim era muito grande. Se tudo corresse bem, sua nova encarnação seria coroada de êxito e amor.

8

O namoro de Elisa e Leonardo corria bem. Os jovens estavam apaixonados, uma paixão mansa de almas que, juntas, já haviam alcançado a maturidade. Sentados em poltronas separadas, mantinham, contudo, uma conversa séria, em tom moderado:

— Você não devia se meter nessa história — repreendia Leonardo. — Rosali sabe o que faz. E tem família. Cabe a eles a preocupação.

— Mas Rosali e Alberto são meus primos.

— Rosali não é mais moça, e Alberto é homem. Não fica bem você ir procurá-lo para tratar de assuntos tão íntimos. Logo você, que é uma moça solteira.

— Deixe de bobagens. Não estou nem um pouco preocupada com o que fica bem ou não. Importa-me apenas a felicidade de Rosali.

— Muito louvável de sua parte. Mas creio que Rosali não anda assim tão interessada nisso. Caso contrário, não se entregaria ao primeiro que apareceu.

— Minha prima não se entregou ao primeiro que apareceu, mas ao homem que ela ama e que diz amá-la.

— Acho que devemos encerrar esse assunto. Essa não é uma conversa para se ter com mocinhas de família. Deixe isso de lado. O problema não é seu.

— Você me decepciona. Era de se esperar que um jovem que vai formar-se advogado tivesse uma mente mais avançada.

— Uma coisa nada tem a ver com outra. Advocacia não é sinônimo de falta de vergonha. Onde já se viu? Então, só porque se forma em leis, um homem deve abandonar seus princípios e entregar-se a certas liberalidades?

Elisa achou melhor não prosseguir com aquela conversa, mas deixou visível sua decepção. Não esperava que ele fosse tão preconceituoso.

— Espero que você saiba guardar segredo de tudo que lhe contei — arrematou friamente.

— Quanto a isso, não se preocupe. Posso não aprovar o que Rosali fez, mas não se trata da minha vida nem da sua. Não sou homem de mexericos.

A entrada súbita de Rosali interrompeu a conversa, pois ela irrompeu na sala com olhos vermelhos e gestos nervosos.

— O que houve, Rosali? — perguntou Elisa assustada, dando um salto e pondo-se de pé. — Você está bem? Aconteceu alguma coisa em sua casa?

— Não — apressou-se em dizer, à beira do descontrole. — Lá em casa está tudo bem. É que... — ela olhou de soslaio para Leonardo e puxou a prima para um canto. — Elisa, por favor, preciso muito conversar com você. Poderia ir à minha casa mais tarde?

— Por quê? Aconteceu alguma coisa?

— Depois conversaremos.

Ela esfregava as mãos nervosamente, e Elisa não insistiu. Apertou entre as suas as mãos trêmulas da prima e tentou tranquilizá-la:

— Está bem. Mais tarde estarei lá.

Rosali deu-lhe um sorriso forçado e se despediu dela e de Leonardo, que a olhava com desconfiança. O nervosismo da prima deixou Elisa deveras preocupada, e não tardou muito até que ela arranjasse uma desculpa para livrar-se de Leonardo. Mesmo desaprovando aquela amizade, o rapaz compreendeu o recado de Elisa e foi embora. Não adiantava insistir com ela. Apesar de doce e tímida, Elisa tinha personalidade forte e não se deixava manipular por ninguém.

Ao chegar à casa de Rosali, nem teve tempo para falar direito com os tios. A prima a pegou pela mão e subiu logo com ela, correndo escada acima e quase derrubando Alfredo, que vinha descendo com uns livros de contabilidade.

— Cuidado meninas — advertiu Helena. — Desse jeito podem cair.

— O que há com elas? — indagou Alfredo.

— Coisas de moças. Nada que lhe interesse.

Alfredo, olhar desconfiado, sentiu que algo extremamente grave devia estar acontecendo e, sem ser percebido por Helena, voltou e subiu as escadas, indo parar à porta dos aposentos de Rosali.

Rosali sequer escutara a voz da mãe ou notara a presença do irmão, tamanha era a sua aflição. Assim que entrou no quarto, trancou a porta e foi logo dizendo:

— Aconteceu uma desgraça!

— Que desgraça? — Rosali andava de um lado a outro, esfregando as mãos como antes fizera. — Fale logo, Rosali, pelo amor de Deus! Não me deixe nessa angústia.

— Estou grávida — foi a resposta direta e seca.

— Você o quê?

— Você ouviu. Estou grávida.

Lívida feito uma boneca de cera, Elisa tornou aturdida:

— Tem certeza?

— Tenho. Meu incômodo não vem há dois meses, e isso nunca aconteceu. Sinto-me mal, tenho tonteiras, acordo enjoada, e há dias não consigo comer praticamente nada, sem falar nos seios, que estão doloridos. E agora, Elisa, o que farei?

Elisa emudeceu. Embora, mais do que possível, aquilo fosse algo provável de acontecer, ela não esperava.

— Você já falou com ele? — perguntou, tentando conter a aflição.

— Ainda não.

— Então essa é a primeira coisa a fazer. Você tem que lhe contar.

— Tenho medo. E se Alberto me deixar?

— Nem pense nisso. Vamos acreditar que ele se transformou num homem digno, como você mesma disse.

— Não sei em que acreditar. Estou desesperada! Meu pai me mata. E, mesmo que não o faça, eu me matarei. Não poderei suportar a dor ou a vergonha de ser abandonada com um filho a crescer no meu ventre.

— Não pensemos no pior. Fale primeiro com Alberto. Mas tem que ser logo, pois em breve você não poderá mais ocultar a gravidez. É preciso que o casamento se realize às pressas.

— Que desgraça! Um filho, vou gerar um filho, que horror!

— Você não deve falar assim. Bem ou mal, é uma criança que você traz aí, um inocente que nada sabe do mundo.

— Eu o odeio!

— Você não sabe o que diz. Mais tarde, quando tudo estiver resolvido e você estiver casada e com seu filho nos braços, tenho certeza de que pensará diferente. E agora, acalme-se. Pare de chorar, lave o rosto e vá falar com Alberto.

— Não combinamos de nos encontrar hoje.

— Então eu mesma irei à sua casa e acertarei tudo. Direi que você o espera no lugar de sempre, à mesma hora, e que é urgente.

— Você faria isso?

— Não disse que vou fazer? E agora venha, vamos lavar esse rosto.

Ouvindo essas últimas palavras, Alfredo afastou-se rapidamente, ocultando-se nas sombras do fim do corredor. Elisa e Rosali entraram no banheiro, e Alfredo aproveitou para descer correndo as escadas. Estava exultante.

Desde que lhe contara sobre Rosali e Alberto, Marialva voltara a destratá-lo e a esquivar-se dele. Tanta rejeição levou-o à beira da loucura. Obcecado por ela, passou a segui-la por todos os lugares, inventando desculpas na loja para sair e pôr-se de guarda em sua porta. Aonde ela ia, lá ia ele atrás. Não foi difícil, portanto, descobrir seus encontros com Alberto. A princípio, encontravam-se em sorveterias e confeitarias. Mas, depois, ele passou a frequentar sua casa, dando mostras de que um romance estava em andamento.

Mesmo apaixonado por Marialva, Alfredo não pôde deixar de sentir raiva pelo que Alberto fazia à sua irmã. Estava claro que ele não a amava, mas a usava para satisfazer sua lascívia. Mesmo assim, era seu dever de honra casar-se com ela e reparar o mal que lhe fizera. Só que Alberto não parecia disposto a casar-se.

Ao menos até aquele momento. A descoberta da gravidez de Rosali parecia que ia pôr um ponto final em sua angústia. Premido pela família e pela sociedade, Alberto não teria outra saída senão o casamento, e Marialva ficaria livre para ele.

Elisa não hesitou um minuto sequer. Deixou Rosali em casa e foi sozinha falar com Alberto. Ao ver a prima tão assustada, parada na porta da biblioteca, ele largou o periódico que tinha em mãos e fitou-a com ar interrogador:

— Aconteceu alguma coisa?

— Aconteceu. Você deve ir ao encontro de Rosali imediatamente.

— Impossível. Tenho um compromisso ao qual não posso faltar.

— A situação é grave, e Rosali precisa urgentemente falar com você.

— Desde quando você virou menina de recados?

— Desde que Rosali está desesperada, e você a trata feito sua amante particular.

— Você não sabe do que está falando — tornou ele com irritação.

— Sei muito bem. Mas agora não é hora disso. Você tem que ir ao encontro dela, no mesmo lugar de sempre.

— Já disse que agora é impossível.

— Mas é urgente!

— Seja o que for, pode esperar.

— Pelo amor de Deus, Alberto, pense. Eu não estaria aqui se o assunto não fosse realmente sério.

— Isso só pode ser mais uma invenção de Rosali. Aposto como é mais uma de suas artimanhas para me levar ao altar.

— Rosali está grávida! — bradou Elisa, o rosto vermelho de raiva.

Tomado de surpresa, Alberto deixou-se cair na poltrona, estupefato.

— O que foi que disse?

— Você ouviu muito bem. Rosali espera um filho seu.

— Como isso é possível?

— Você e eu sabemos muito bem como isso é possível.

Durante alguns minutos, ele ficou de cabeça baixa, sentindo que sua vida se acabava antes mesmo de começar, enterrada no meio das fraldas e das reclamações domésticas.

— E agora? — disse para si mesmo. — O que farei?

— A única solução digna é o casamento — afirmou Elisa, convicta.

Alberto olhou-a como se ela não estivesse ali o tempo todo e não tivesse sido a portadora de tão funesta notícia.

— Casamento... — desdenhou. — Como posso casar-me com ela se não a amo?

— Devia ter pensado nisso antes. Ou você se casa com ela, ou cumpro a promessa que lhe fiz no outro dia. Vou procurar meu pai, para que ele interceda junto a tio Fabiano e o force a assumir suas responsabilidades. Seu pai não ficará nada satisfeito em saber a forma vergonhosa como você vem tratando as moças honestas de nossa sociedade.

— Ora, Elisa, não me faça rir. Nós dois conhecemos bem a honestidade de Rosali. Se ela fosse tão honesta como você diz, não se entregaria a mim com tanta facilidade.

— Pare, Alberto, não diga mais nada! Já conheço essa ladainha.

Foi nesse exato momento que Maria do Socorro e o doutor Mariano adentraram o recinto. Imediatamente, partículas de uma luz branca e reconfortante foram espargidas no ambiente, e tanto Elisa quanto Alberto, cada um à sua maneira, absorveram o que puderam daquela luminosidade.

Elisa sentiu-se mais confiante, e Alberto, mais receptivo. Maria do Socorro então se aproximou da moça e, gentilmente, foi intuindo-a sobre o que dizer. Sem de nada desconfiar, Elisa adotou nova postura e, com um tom amoroso que cativou Alberto, foi repetindo sem pensar:

— Não veja em minhas palavras nenhuma cobrança. Cada um é livre para fazer o que quiser. Contudo, pense nas suas atitudes. Se você não ama Rosali, não devia ter se deitado com ela. Há muitas mulheres de vida fácil que você poderia escolher. Rosali se entregou a você por amor, acreditando que você também a amava. Pode ser que para você isso não tenha nenhuma importância. Mas na sociedade de hoje, é quase um pecado ou um crime.

Alberto fitou-a confuso, começando a refletir sobre o que ela dissera.

— Pode ser que eu tenha exagerado — admitiu. — Mas eu não a amo. Nenhum de nós seria feliz com esse casamento.

— Não é possível que você não tenha nenhum sentimento por ela.

— Tenho. Gosto dela, mas não o suficiente para me casar.

— Pois, então, apegue-se a esse sentimento para dar início a uma nova vida. Rosali vai ser mãe do seu filho. Será que essa não é a chance que você queria para mudar? Um filho transforma os corações, porque oferece aos pais a oportunidade de amar. Você, Rosali e essa criança podem ainda ser muito felizes, levar uma vida tranquila e respeitável. Não é isso que, no fundo, você deseja?

Por pouco, Alberto não se deixou convencer pelas palavras de Elisa, que haviam tocado fundo a sua alma. Pensando no que fora a sua vida até ali, reconheceu que ele era mais um parasita da sociedade, que se alimentava de orgias e bebedeiras, sem nada produzir de útil que pudesse engrandecer-lhe o espírito. Uma pontinha de arrependimento começou a despontar em seu íntimo, e ele se sentiu tentado a ceder ao apelo da prima.

Sua essência, contudo, estava ainda muito impregnada das ilusões do mundo, e a mente, ao mesmo tempo em que evocava a imagem de Rosali grávida, delineou também a figura esbelta e loura de Marialva. O apelo da razão cedeu lugar ao poder do desejo, e ele rapidamente refez-se daquele primeiro impacto. Recuperando o controle sobre si mesmo, proferiu em tom de escárnio:

— Ora, ora, se a minha querida priminha não virou, de uma hora para outra, uma santinha a fazer pregações como se fosse Maria. Quem a investiu no papel de salvadora das almas pecaminosas?

A sonora e debochada gargalhada que ele soltou fez com que Elisa se assustasse e perdesse a sintonia com Maria do Socorro.

— Se você pensa assim — revidou decepcionada —, então, só me resta lamentar. Pensei que você fosse apenas irresponsável, mas agora vejo que não passa de um canalha.

Sem esperar resposta, Elisa rodou nos calcanhares e saiu, remoendo a revolta ante a frieza do primo. Não podia esperar. Precisava falar com Rosali urgentemente. Encontrou-a prostrada no leito, a face pálida e os lábios descorados, mais parecendo um boneco de cera.

— Cruzes, Rosali! — espantou-se. — O que você tem?

Os olhos semicerrados, Rosali juntou forças e respondeu, a voz quase sumida:

— Nunca me senti tão mal em toda a minha vida... Parece que vou morrer.

— Você não vai morrer — objetou a prima, com uma pontada de irritação. — Isso são apenas os sintomas da gravidez.

— Estou terrivelmente enjoada. Sinto um sono incontrolável, uma vontade de só estar deitada, de dormir...

Sem que Elisa soubesse, Maria do Socorro e o doutor Mariano a haviam acompanhado até a casa de Rosali. Logo na entrada do quarto, o vulto de Marcel se fez visível a seus olhos, parado ao lado da moça, exalando ódio e inveja. Ódio pela mulher que, segundo ele, tirara-lhe a chance de uma nova vida. Inveja daquele feto prestes a usufruir da oportunidade que um dia lhe fora roubada.

Como a energia em que Marcel estava envolto era por demais densa, não foi possível, para ele, ver Maria do Socorro e

Mariano. Intuiu-lhes, contudo, a presença, registrando as ondas de bem-estar que subitamente se espargiram no ambiente. Aquilo era sinal de que espíritos mais iluminados se encontravam por ali. Sentiu o pânico dominá-lo. Se fosse capturado, na certa os seres da luz o levariam a um lugar onde não seria capaz de articular seus projetos de vingança.

Percebendo as intenções de Marcel, Maria do Socorro tentou intervir, mas foi impedida por Mariano que, sereno, afirmou:

— Deixe-o ir. Ele ainda não está pronto para nós. O desejo de vingança o aprisiona a sentimentos que só fazem aumentar o seu sofrimento, embora ele não perceba e atribua sua dor a Rosali. Em breve se dará conta de que ele é o único responsável pela prisão em que se encontra e, quando isso acontecer, chamará por nós.

Aproximaram-se de Rosali, e o doutor Mariano ministrou-lhe passes revigorantes que alcançaram não apenas a moça, mas também o feto em seu ventre. Na mesma hora, Rosali adormeceu, e Elisa retirou-se em silêncio, fechando a porta com cuidado. Desceu as escadas procurando não fazer barulho, mas não passou despercebida por Helena. Sentada na sala, a tia a aguardava e interrogou-a com veemência:

— Então, Elisa, não vai me contar o que está acontecendo? — indagou Helena, entre desconfiada e aflita.

— Como assim, titia?

— Sei que algo está errado. Rosali não me parece bem, não saiu do quarto, mal se alimentou. E vocês duas estão cheias de segredos. Posso saber o que se passa?

— Não se passa nada. Rosali deve ter exagerado nos doces, é só.

— Não sou criança, Elisa, muito menos uma tonta. Tenho certeza de que você está me escondendo alguma coisa.

— Eu? Imagine...

— Meu coração de mãe não se engana. Algo de muito sério está acontecendo, e você vai me dizer o que é.

Helena estava pressionando-a, e Elisa achou que talvez fosse melhor contar-lhe toda a verdade. Como mãe, ela saberia o que fazer. Já ia abrindo a boca para falar quando a entrada súbita de Alfredo e Osvaldo a fez mudar de ideia. A tia lançou-lhe um olhar bastante significativo, que ela entendeu como um pedido de cautela.

Elisa cumprimentou os recém-chegados e pediu licença aos tios para se retirar. Ao se virar para sair, percebeu que os olhos de Alfredo a acompanhavam e olhou de soslaio para ele. Havia uma fúria insana naquele olhar, um misto de medo e ódio tão intensos que ela se sentiu mal. Ali, naquele momento, teve certeza de que o primo sabia de tudo.

No dia seguinte, Rosali foi despertada pela voz preocupada da mãe, que a chamava, insistente:

— Acorde, Rosali. Já passa das nove horas.

Zonza de sono, Rosali abriu os olhos e os fechou em seguida, a vista ardendo devido à claridade que penetrava pela janela. Tornou a abri-los bem devagar, até que, completamente acordada, sentou-se na cama e espreguiçou-se.

— Nove horas? — perguntou espantada. — Mas como? Será que dormi tanto assim?

— Você está dormindo desde ontem à tarde. Sente-se melhor agora?

— Obrigada, mamãe. Sim, estou bem melhor.

— O que houve?

— Apenas um mal-estar. Acho que foi alguma coisa que comi. O estômago doía, a cabeça girava. Mas agora passou.

Embora o coração de mãe de Helena inconscientemente a alertasse para a causa daquele mal-estar, ela desconhecia o envolvimento da filha com Alberto, e não deu importância a seus temores. Alisando carinhosamente seus cabelos, falou:

— Ótimo. Não sente fome?

Rosali, que não podia ouvir falar em comida, torceu o nariz e retrucou:

— Não, mamãe. Creio que ainda não esteja curada de todo.

— Está bem, descanse então.

Já ia saindo, quando Rosali perguntou:

— E Elisa?

— Não sei. Não veio ainda hoje. Mas sossegue. Logo ela estará aqui.

9

Sentado na biblioteca, Alberto pensava na melhor maneira de se livrar de Rosali, quando escutou batidas na porta.

— Entre — ordenou maquinalmente.

A porta se abriu, dando passagem à criada, que viera avisá-lo de que se encontrava ali uma moça de nome Rosali, pedindo para lhe falar. Alberto, que não esperava aquela visita, permaneceu calado durante alguns segundos, ao fim dos quais mandou que a criada a fizesse entrar. Ao vê-la, ele sentiu certa repulsa, pois Rosali, agora grávida, deixara de ser objeto de seu desejo, transformando-se em um estorvo indesejável.

— O que faz aqui? — indagou, tentando manter o controle sobre sua irritação. — Já não lhe disse que não viesse à minha casa? É perigoso.

— Não me mande embora, por favor. Eu não estaria aqui se a situação não fosse realmente grave. — Ele não disse nada, e ela prosseguiu hesitante: — O assunto que me traz aqui é deveras embaraçoso... Creio que você ainda não sabe, mas é que eu... eu...

A angústia se fez visível, e Rosali desatou a chorar. Mal disfarçando a aversão que sentia, Alberto atalhou rispidamente:

— Seja clara, Rosali. Deixe de delongas e diga logo a que veio.

Surpresa com a aspereza do namorado, ela, choramingando, retrucou:

— Por que me trata desse jeito?

— Não tenho tempo para tolices. Fale logo, ande.

Após poucos segundos de hesitação, ela revelou com voz sofrida:

— Espero um filho seu.

Calou-se, engolindo um soluço, e Alberto retrucou com impassível frieza:

— Corrigindo, Rosali: você espera um filho, mas ninguém garante que seja meu.

Devido à fraqueza que sentia pela falta de alimentação, e tomada pelo choque inesperado, Rosali caiu desmaiada no chão, e Alberto tocou a sineta para chamar a criada. A moça levou um susto ao ver Rosali caída no chão, mas logo se recompôs ante a ordem impaciente de Alberto:

— Corra! Vá chamar minha irmã.

A criada saiu correndo e, passados alguns instantes, Eulália apareceu com o olhar sério e preocupado:

— O que se passa? Quem é essa moça?

— É Rosali, prima de Elisa. Não se lembra? Estava na festa, lá na chácara do Andaraí.

— Ah! É mesmo. Mas está diferente. Falta-lhe cor...

— Por favor, Eulália, deixe as brincadeiras para depois. Ajude-me a levá-la para o quarto de hóspedes e cuide dela.

— Eu?!

— É um favor que lhe peço.

Auxiliados pela criada, levaram Rosali para o aposento indicado, deitando-a na cama. Eulália correu a buscar um pouco de sais, não sem antes inquirir o irmão:

— O que você fez para ela desmaiar assim?

— Nada.

— Ora vamos, Alberto, eu o conheço muito bem. Por acaso está flertando com ela?

— Eu diria mais do que isso.

— Então, tomou-a como amante?

— Nossa, Eulália, como você é direta e perspicaz!

— Não me venha com essa. Conte-me logo.

— Ela está grávida.

— Meu Deus! E é seu?

— Ela diz que sim.

— Ela diz ou é mesmo?

Sem poder mentir para a irmã, e sentindo a consciência incomodá-lo, Alberto confessou:

— Tenho certeza de que é. Rosali era virgem quando a conheci, e estou certo de que fui o único homem em sua vida. Ela está apaixonada por mim.

— E agora, o que pretende fazer?

Levantando os ombros num gesto de dúvida, Alberto retrucou:

— Não sei. Só sei o que não pretendo fazer.

— E o que é?

— Casar-me com ela.

— Conte comigo no que for preciso.

Alberto não deixou de se surpreender com a reação da irmã, que dele se afastou e foi passar o frasco com sais sob as narinas da desfalecida que, pouco a pouco, voltava a si.

— O que houve? Onde estou? — indagou ela receosa.

— Fique calma, querida — tranquilizou Eulália. — Você desmaiou e nós a trouxemos para o quarto de hóspedes.

Lentamente, Rosali foi recobrando a consciência. Lembrou-se das últimas palavras de Alberto e sentiu um aperto no coração. Como podia ele duvidar de sua honestidade? Por acaso pensava que ela andava se deitando com outros homens? Ainda tonta, voltou os olhos pelo quarto à procura dele e encontrou-o parado junto à cômoda, olhando-a com ar de indiferença.

— Alberto, meu amor — chamou baixinho —, aproxime-se.

Aproximando-se, ele perguntou com voz gélida:

— Como se sente?

— Um pouco melhor, obrigada.

— Não fale, Rosali — censurou Eulália, com falsa doçura. — Quando se sentir melhor, eu chamarei um tílburi para levá-la até sua casa.

— Não é preciso se preocupar. Posso ir sozinha.

— Faço questão. E agora, com licença. Vou mandar preparar-lhe um chá.

Já ia saindo, acompanhada pelo irmão, quando Rosali o chamou:

— Por favor, Alberto, fique. Precisamos conversar.

— Agora não, Rosali. Uma outra hora. Tenho um compromisso.

— Compromisso? O que pode ser mais importante do que nosso filho e nosso amor?

Alberto estava enojado. Aquele mulher, que outrora lhe dera tanto prazer, agora não passava de um trapo usado e gasto do qual ele precisava se livrar. Virando-lhe as costas, disse simplesmente adeus e saiu.

— Por que está chorando, Rosali? — quis saber Eulália, fingindo interesse. — Não melhorou?

— Melhorei sim — respondeu ela enxugando as lágrimas com as costas das mãos. — Mas estou tão nervosa...

— Nervosa com o quê?

— Posso confiar em você, Eulália?

— Claro, meu bem. Sou um túmulo e quero ser sua amiga.

— Eu... estou grávida de Alberto.

— E ele sabe?

— Acabei de lhe contar, mas ele não ficou nada satisfeito.

— Não se preocupe. Os homens são assim mesmo. A princípio, temem assumir um compromisso sério, mas depois acabam percebendo que o que sentem é amor e voltam atrás.

— Acha mesmo?

— Tenho certeza. Já vi isso antes. Tive uma amiga que passou pela mesma situação, e tudo acabou se resolvendo da melhor forma. Confie e espere. Pode contar comigo no que precisar.

— Você é tão boa, Eulália!

Sem desconfiar de nada, Rosali confidenciou sua vida a Eulália que, intimamente, ria do próprio cinismo. Não tinha a menor intenção de colaborar com aquela mulherzinha, a quem considerava indigna de se casar com seu irmão.

Alberto ia cabisbaixo, a cabeça fervilhando de ideias, até chegar à casa de Marialva, onde a encontrou andando de um lado a outro, nervosa e esbravejando feito louca.

— Meu Deus, o que é isso? — perguntou assustado. — O que se passa aqui?

— Ah! Então não sabe? — redarguiu ela furiosa. — Aquele atrevido do Alfredo veio me procurar com uma história de que você em breve iria desposar outra moça. Será isso verdade?

— Por que Alfredo veio procurá-la? — surpreendeu-se ele.

— Ele vem visitar-me de vez em quando — mentiu envergonhada.

— Por quê? Está interessado em você?

— É claro que não! Onde já se viu? Mas não mude de assunto. Quero saber tudo sobre esse suposto casamento, sabe-se lá com quem.

Temendo que Alfredo pudesse desmascará-lo, Alberto achou melhor contar tudo a Marialva, revelando-lhe apenas meia verdade. Fingindo-se de ofendido e carregando na voz uma falsa tristeza e um arrependimento dissimulado, afirmou:

— Não é bem assim, Marialva. Creio que Alfredo só entendeu metade da história.

— O que quer dizer?

Alberto segurou-lhe as mãos com ardor e, lançando-lhe um olhar cheio de paixão, disse em tom de súplica, como a implorar sua compreensão e seu perdão:

— Marialva, meu amor, fui enganado.

— Como assim? Por quem?

Simulando o papel de vítima, ele respondeu com amargura:

— Por Rosali.

— Rosali? O que tem ela a ver com isso? Vocês ainda estão namorando?

— Mais ou menos.

— Como alguém namora mais ou menos? Você jurou que havia rompido com ela.

— Fui procurá-la para terminar tudo, dizer-lhe que estava apaixonado por você e que íamos assumir um compromisso sério. Rosali, no entanto, começou a chorar, atirou-se em meus braços, implorando meu amor. Foi deprimente.

— E daí?

— E daí que ela se jogou aos meus pés e desatou a falar uma porção de sandices, dizendo-se louca de paixão, ameaçando matar-se caso eu a deixasse, fazendo-me juras de amor. Prometeu-me o que quisesse, começou a me provocar, do jeito que nenhuma moça de família seria capaz de fazer. Ofereceu-se para mim feito uma... feito uma... Oh! Desculpe-me, Marialva, não posso mais continuar. Isso não é assunto para uma donzela honesta como você.

Não precisava dizer mais nada. O silêncio valia mais do que mil palavras. Marialva, desfigurada pelo ódio, bradou descontrolada:

— Aquela infame! Então pensou que poderia prendê-lo atirando-se em sua cama como uma rameira?

— Sou homem — prosseguiu ele. — É difícil recusar certas facilidades... facilidades que uma moça honesta feito você jamais me ofereceria. Rosali me provocou ousadamente. Como evitar? Entregou-se como se fosse minha mulher...

— Pare, não quero mais ouvir essa história sórdida! Não sou uma qualquer a quem você possa contar suas conquistas amorosas.

— Rosali não foi propriamente uma conquista amorosa. Ela se insinuou de um jeito que você não compreende. Fiquei tentado, foi um erro, mas sou homem! Que homem recusaria o prazer fácil?

— Quantas vezes se encontraram?

— Algumas. Rosali me enviava recados, falava-me que estava deprimida, quase a morrer. Sabe como é, tenho o coração mole, senti piedade, tive medo de que ela se matasse.

— E precisava dormir com ela por causa disso?

Alberto ficou envergonhado. Marialva era francamente ríspida e direta. Falava sobre esses assuntos com pouco ou nenhum constrangimento, o que o embaraçava sobremaneira. Fingindo-se arrependido, acrescentou súplice:

— Por favor, Marialva, acredite em mim. Não sinto nada por Rosali. O que houve entre nós é passado.

— Vai casar-se com ela por causa disso?

— É claro que não.

— Alfredo disse que sim. E estava tão seguro quando veio me procurar que até parecia saber de algo mais.

— Talvez saiba mesmo.

— O que há mais para saber?

— Marialva, meu bem, procure não ficar brava.

— Não ficar brava com o quê? — repetiu ela, quase espumando.

— Rosali está grávida.

— Como é que é?

— Rosali está grávida — repetiu ele, engolindo em seco. — E pensa que pode me obrigar a casar.

Ele não sabia qual seria a reação de Marialva. Havia o risco de ela considerá-lo um canalha por abandonar uma moça grávida à própria sorte, como também era possível que se irritasse ante a iminência de ver desfeito o próprio casamento. A segunda opção era a verdadeira. Marialva jamais aceitaria perder o noivo para outra mulher e, por isso, afirmou com cautela:

— Se não a ama, não vejo por que deva ser obrigado a casar-se com ela.

— Não pretendo casar-me com ela — falou às pressas, aliviado com a resposta de Marialva. — Não a amo, nunca a amei. Mas não sei o que fazer. Rosali é menor de idade, pode me comprometer.

— Ela não pode provar que o filho é seu.

— Aí é que você se engana. Nós nos encontrávamos nos salões de uma velha conhecida minha, no Rio Comprido. Ela pode testemunhar.

— Pode, se você não souber ser convincente e generoso.

— O que quer dizer?

— Que não há nada que o dinheiro não possa comprar.

— Está sugerindo que eu compre a cortesã?

— Por mais que Rosali diga que o filho é seu, ela não pode provar. Será a sua palavra contra a dela, e com uma considerável importância, podemos comprar o silêncio de sua amiga do Rio Comprido e de quem mais se fizer necessário, assim como podemos contratar um amante para Rosali, que jurará, perante Deus e a Justiça, que já se deitava com ela bem antes de vocês se conhecerem.

— E o escândalo? Certamente haverá um, e minha reputação pode ser desfavorável a mim. Todos conhecem a vida que eu levava em Portugal.

— Não creio. Pelo que ouvi dizer, o pai de Rosali é um homem muito ligado aos costumes e aos valores morais. É claro que não vai querer se expor à desonra e ao ridículo, tornando público o estado da filha, arriscando-se a macular sua própria reputação de homem digno. Não. Vendo que Rosali será desmascarada publicamente, com certeza se recolherá e, quem sabe, enviará a filha para ter a criança longe daqui, onde ninguém possa testemunhar sua vergonha.

— A ideia parece boa. Mas e Elisa... e tio Edmundo? Certamente não acreditarão.

— É um risco que devemos correr. Mesmo que não acreditem, o que poderão fazer? Empenhar a palavra em prol de uma moça cuja honestidade ninguém pode atestar?

— Tem razão, mas, e se eles cortarem relações comigo?

— Será o seu preço. Você terá que escolher quem é mais importante para você: ou eles, ou eu.

— Você, claro.

— Então, não há o que temer. Tudo dará certo, e você se livrará dessa mulher mais cedo do que imagina.

Agora mais confiante, Alberto retornou ao lar pronto para enfrentar as lamúrias de Rosali. Ao chegar, porém, não a encontrou, e foi direto aos aposentos de Eulália:

— Onde está Rosali? — indagou.

— Foi-se.

— Para onde?

— Para casa. Para onde mais poderia ter ido?

— E saiu mais conformada?

— Um pouco.

Alberto sentiu-se mais aliviado e, detalhadamente, narrou à irmã o ardil que Marialva preparara para Rosali. Parecia perfeito, e ele se livraria daquele estorvo de uma vez por todas.

Logo que pôde, Rosali correu à procura de Elisa, confusa e desnorteada com a reação de Alberto. Encontrou a prima ainda em trajes de dormir, sentada defronte à penteadeira a desembaraçar os cabelos. Vendo-a entrar esbaforida e pálida, Elisa percebeu que as coisas não iam bem.

— Alberto não quer se casar comigo — Rosali foi logo dizendo, dispensando os cumprimentos.

— Você esteve com ele? — surpreendeu-se a outra.

— Estive. Ele me destratou e me maltratou. Não fosse sua irmã, nem sei o que seria de mim. Ela foi muito amiga e compreensiva.

— Não confie em Eulália, Rosali — tornou Elisa acabrunhada.

— Por que não?

— Porque, provavelmente, ela fingiu ser sua amiga. Mas nunca ficará contra Alberto.

Rosali, cuja confiança em Elisa ia além dos limites do parentesco que as unia, sentindo-se enganada, esbravejou:

— Aquela lambisgoia, falsa e intrometida! Onde já se viu meter-se em assuntos que não lhe dizem respeito só para defender o irmão, que age como um patife?

— Deixe isso para lá. Você não precisa da amizade de Eulália.

— Sei que não preciso. Mas ela precisava ser tão falsa? E como finge bem! Enganou-me direitinho. Eu, a tonta, pensando que ela era minha amiga. Ainda bem que tenho você para me alertar, você é a única que realmente é minha amiga, a única em quem posso confiar. É por isso que a amo.

— Ora, deixe disso — contestou a outra, enrubescendo.

— É verdade, Elisa. Amo-a como a uma irmã. E é por isso que preciso me desculpar com você.

— Desculpar-se? Mas pelo que, se não me fez nada?

— Não lhe dei ouvidos quando você tentou me alertar sobre Alberto.

— Você estava apaixonada. Era natural que não escutasse ninguém.

— Senti raiva de sua intromissão. Não conseguia perceber que você só queria me ajudar. Cheguei ao ponto de atender ao pedido de Alberto para não comentar mais com você sobre nosso romance.

— Alberto pediu isso?

— Hoje percebo que ele tinha medo de sua influência sobre mim. Medo de que você me abrisse os olhos e me fizesse ver quem ele verdadeiramente é. Como fui tola, acreditando nele, em lugar de crer em você e na sua amizade sincera e desinteressada. Pode me perdoar?

— Não há o que perdoar.

— Há, sim. A verdadeira amizade nunca é abalada por nada, nem pela paixão. Paixão e amizade devem conviver harmonicamente. Se isso não acontece, uma das duas é falsa. Por favor, diga que me perdoa.

— Está bem, Rosali, se é tão importante assim para você, está perdoada.

— Obrigada. Isso é realmente importante para mim. Talvez, no futuro, você seja a única amiga a me restar.

— Mas o que é isso? Por que tanto pessimismo? Tudo vai acabar bem.

— Não sei, Elisa. Tenho um pressentimento...

— Não pense mais nisso. Pensemos apenas no presente, na forma como devemos agir para resolver essa situação.

— Sim, é verdade. Não quero pensar em coisas ruins. Deixemos que elas aconteçam se tiverem mesmo que acontecer.

10

Deitado em sua cama, Alberto via, pela janela do quarto, o sol que inundava o jardim. Durante toda a noite não conseguira dormir. A preocupação o matava. Se, por um lado, não desejava casar-se com Rosali, nutrindo por ela uma aversão que antes não tinha, por outro, sentia um certo remorso em abandoná-la naquele estado. Afinal, era seu filho que ela carregava no ventre. Contudo, havia Marialva. Como desistir dela? E aquele plano sórdido... Será que era direito?

Tudo isso ele pensava, misturando seus próprios pensamentos aos conselhos que Maria do Socorro lhe inspirava. Agora, ao amanhecer, quando seu espírito se encontrava descansado e desarmado frente às turbulências de sua vida desregrada, longe dos vícios e do álcool, Maria do Socorro tentava incutir-lhe algum senso de justiça e de equilíbrio. Sem que ele se desse conta, ela sussurrava ao seu ouvido palavras de reflexão, que ele traduzia como pensamentos titubeantes em face da inusitada situação.

— Pense bem, Alberto. Rosali deixou-se iludir por suas falsas promessas de amor. Sei que você não é responsável por ela, mas pense na criança.

— Afinal — pensava ele —, eu fui o primeiro homem na vida de Rosali. E ela só se entregou a mim porque jurei que me casaria com ela. Todavia, se fosse mesmo honesta, teria resistido...

— E o amor? E a confiança? Rosali estava certa de que você a amava e que cumpriria a sua promessa, casando-se com ela.

— É certo que ela me ama de verdade. Disso não posso duvidar. E eu a fiz acreditar que também a amava. Não sei. Fui falso, é verdade, mas como agora estragar a minha vida, unindo-me a uma mulher por quem já não sinto mais nada?

— Pense na criança. Embora cada um seja dono do seu destino, a alma que ali está confiou em você. Como você olhará para si mesmo mais tarde, sabendo que abandonou seu filho à própria sorte? O homem que sabe se conduzir na vida de acordo com sua dignidade não se arrepende jamais. Ser digno é manter-se fiel aos princípios do amor e do respeito. Faça isso.

A sugestão, contudo, vibrou muito acima do que a moral de Alberto conhecia, de forma que ele não conseguiu captá-la.

— Quem sabe não poderíamos encontrar uma solução mais fácil? — imaginou ele, agora preso a pensamentos mais empedernidos. — Conheço cirurgiões que fariam o serviço por uma boa importância.

— Você é médico, fez um juramento de defender a vida. Não se comprometa com o aborto. De novo, não!

— É, talvez seja uma boa saída.

— A saída mais fácil não pode ser o crime!

Nesse momento, Mariano resolveu intervir. Pôs a mão no ombro de Maria do Socorro, que se virou abruptamente.

— Você está interferindo demais — afirmou ele.

— Estou dando-lhe conselhos.

— Não. Está tentando conduzi-lo segundo seus valores.

— Por acaso falei algo que não devia? Disse alguma barbaridade?

— Barbaridade, não. Mas não sei se devia falar com tanta veemência. Está deixando Alberto confuso. Aconselhar é uma coisa. Conduzir é outra. O que você está fazendo é tentar pressioná-lo para que mude de opinião e aja da forma que você acha que é certa.

— E por acaso não é certo evitar o aborto?

— Essa decisão tem que partir dele. Você pode aconselhar, mas não pressionar. Assim, quer ver?

Mariano se aproximou de Alberto e falou com incrível maciez na voz, sem qualquer tom de cobrança ou de censura:

— Por que pensa em aborto quando a vida é muito mais gratificante? Não será melhor contribuir para que um novo espírito venha ao mundo, ao invés de colaborar com o seu fracasso? O que você quer levar na consciência? O sucesso ou a derrota? Ambos são faces do mesmo caminho de crescimento, mas não seria melhor se antecipar e aproveitar a vitória de sua alma, vencendo suas próprias dificuldades e tendências?

Alberto pôs os dedos na testa, provocando a reflexão, e disse para si mesmo:

— Não, isso já é demais. Deve haver outros meios de me livrar de Rosali sem provocar a morte da criança.

Maria do Socorro olhou espantada para Mariano, no exato momento em que Eulália bateu à porta. Entreabrindo-a, indagou:

— Ainda não se levantou? Tem uma surpresa esperando-o para o café.

— Surpresa?

— Marialva está lá embaixo. Não vem?

Ao ouvir o nome de Marialva, Alberto rompeu a sintonia com Mariano, o corpo e os pensamentos presos na figura da amada.

— Vamos deixá-lo agora — sugeriu o espírito. — Ele já absorveu de nós o máximo que podia.

— Ele ouviu sua sugestão! — exultou Maria do Socorro. — Ao menos desistiu da ideia do aborto.

— Ele fez a parte dele. Mas não lhe cabe, sozinho, essa decisão. Se Rosali vai fazer o aborto ou não, essa escolha é dela. Alberto, contudo, já não terá mais participação nisso. Bom para ele, que trará a consciência tranquila nessa questão.

— E nas demais?

— Não sei. Tudo vai depender do grau de maturidade de cada um.

— Mas é Henri que está ali!

— Ele já sabia o que podia acontecer. Aceitou as dificuldades porque quis viver a experiência. Nada irá surpreendê-lo.

Embora um pouco entristecida, Maria do Socorro compreendeu que a cada um compete direcionar e delimitar o seu destino. Ninguém tem o poder de escolher ou guiar a vida de outro. Muito menos de interferir. A vida é para ser vivida por cada ser, individualmente. A cada um pertencem suas escolhas, ainda que delas surjam consequências que possam atingir seus semelhantes. Porque ninguém é vítima, e todos sofrem a ação cuja força magnética atraem para si.

Sem perceber o que se passava no mundo invisível, Alberto correu ao encontro de Marialva.

— Minha querida, que surpresa! — exclamou ele, ao adentrar a sala de refeições, onde ela o aguardava. — Acompanha-nos ao desjejum?

— Não, obrigada — respondeu ela, endereçando-lhe um olhar de fúria. — Será que podemos conversar?

— Claro. Pode nos dar licença, Eulália?

— À vontade. Se não se importam, vou tomar meu café.

Alberto meneou a cabeça e conduziu Marialva até a biblioteca. Assim que ele fechou a porta, ela começou a falar nervosamente:

— Vou ser direta. Vim aqui para lhe antecipar que já encontrei a pessoa certa para aquele serviço.

— Já? Tão depressa?

— Não costumo perder tempo quando minha felicidade está em jogo.

— E quem é, posso saber?

— Você não o conhece. Mas já acertei o preço, e ele está somente à espera de que o autorizemos a agir.

— Calma, querida. Ainda é cedo, e Rosali não voltou a me procurar. Acho que não devemos nos antecipar aos acontecimentos. Não seria prudente darmos início ao plano se ela não me acusar. Podemos provocar um escândalo à toa. Quem sabe ela não desiste e assume a criança sozinha, por medo ou vergonha?

— Tem razão. No entanto, já está tudo arranjado. No momento oportuno, só o que temos de fazer é lhe dar um sinal.

Pouco depois, Marialva deixava a casa de Alberto. Já ia entrar no tílburi que a aguardava quando foi abordada por Alfredo.

— Espere, Marialva, não vá ainda. Preciso falar-lhe.

— Você!? Mas o quê... então anda a me seguir?

— Não, claro que não. Eu apenas a vi passando.

— Deixe de fingimentos. Pensa que sou idiota? Deixe-me passar. Nada tenho a falar com você.

— Marialva, por favor. Não vê que me preocupo com você? O que faz aqui na casa de Alberto?

— Não é da sua conta. Agora, deixe-me ir.

Alfredo segurou-a pelo braço e não a soltava, impedindo que subisse no tílburi.

— Por que você não me ouve? Por que não acredita em mim?

— Solte-me, não preciso de seus conselhos.

— Mas Marialva, eu a amo.

— Só que eu não o amo, mas sim a outro.

— Não vê que Alberto a está enganando? Ele jamais será seu. Tem um compromisso com minha irmã. Vão se casar.

Soltando forte gargalhada, Marialva respondeu irônica:

— Você me faz rir. Quem lhe disse tamanha bobagem?

— Rosali está grávida. Não há outra solução.

— É o que você pensa — concluiu ela, puxando bruscamente o braço e entrando apressada no carro, que saiu em disparada.

Alfredo ficou ali parado na rua, com o olhar patético a acompanhar o coche de Marialva se afastando. Uma raiva súbita subiu-lhe pelas faces, queimando-lhe o corpo como ferro incandescente. Sua intuição lhe dizia que Marialva e Alberto estavam tramando algo, mas o que seria? Vendo que seus planos estavam prestes a ruir, e receoso de perder aquela que considerava a mulher de sua vida, tomou uma decisão que poria um fim naquela história, precipitando, por assim dizer, o desfecho dos acontecimentos.

Ao final de uma semana, Rosali tornou a procurar Alberto. Como não o encontrou em casa, correu à mansão do Rio Comprido, na esperança de que ele lá estivesse, mas foi informada de que ele já não aparecia há tempos.

Retornou à casa de Alberto e se pôs a aguardar sua chegada. Já passava das sete da noite quando ele voltou e encontrou Rosali sentada no alpendre.

— Enlouqueceu de vez, Rosali? — desdenhou ele, não sem ocultar uma pontada de raiva. — Que faz aí, sentada feito uma mendiga?

— É exatamente nisso que você me transformou, Alberto. Numa mendiga que precisa implorar uma migalha de seu amor para salvar a vida!

— Não seja dramática.

— Não estou sendo dramática. Estou sendo realista.

— Eu não tenho tempo para perder com chantagens.

— Nosso filho agora virou chantagem?

— Ouça de uma vez por todas, Rosali: não vou me casar com você. Ofereço-me, contudo, para lhe dar uma compensação, digamos, pelos serviços...

Alberto nem teve tempo de concluir a frase, sentindo o rosto arder com o sonoro tapa que Rosali lhe desferiu. Cega de ódio, ela gritou:

— Como ousa me tratar feito uma rameira, uma mulher da vida? Não quero o seu dinheiro, quero apenas o seu amor, a sua compreensão! Pensei que você fosse um homem digno, mas nem sei se pode ser chamado de homem!

Estarrecido, Alberto agarrou-a pelos ombros, sacudindo-a com violência, ao mesmo tempo em que esbravejava:

— Sua cadelinha, vagabunda, prostituta! Quem pensa que é? Por acaso se julga digna de um marido que lhe encubra a vergonha de gerar um filho bastardo, cuja paternidade não se pode atestar?

— Atreve-se a duvidar que é seu filho?

— Por certo que sim. Como posso ter certeza de que sou o pai? Você se deitava comigo sem ser minha esposa; quem me garante que não fazia o mesmo com outros?

— Canalha, pulha, gostaria de matá-lo...

— Pelo amor de Deus, parem com isso! — interveio Eulália nervosa, atraída pela gritaria. — Breve, toda a vizinhança estará à nossa porta.

— Fique fora disso, sua peste! — berrou Rosali. — Não quero assunto com você, sua falsa, mentirosa!

— O quê? Agora se atreve a insultar também minha irmã, que a acolheu com dedicação?

— Dedicação! Era só o que me faltava, pois se não é outra tão sem escrúpulos como você!

— Cale-se, sua vadia. Não permitirei...

— Deixe, Alberto, Rosali está fora de si — atalhou Eulália. E, voltando-se para ela, concluiu serenamente: — Creio, senhorita, que deva deixar esta casa imediatamente. Não é bem-vinda aqui. Saia, ou serei forçada a chamar a guarda.

— Não se dê esse trabalho — protestou Rosali em tom de desprezo. — Não lhes darei o prazer de me ver expulsa daqui feito uma criminosa. Mas cuidado, Alberto. Tenho minhas armas contra você.

Depois dessa ameaça, Rosali voltou-lhes as costas e saiu dali às pressas, caminhando a passos largos. Alberto, que já não aguentava mais tamanha pressão, entrou em casa abatido e jogou-se exausto na poltrona. Olhando para Eulália, indagou:

— Diga-me, minha irmã, quando é que isso tudo vai terminar?

— Não sei, Alberto. Mas a situação está ficando crítica.

— Talvez seja melhor casar-me com ela e encerrar tudo isso.

— Case-se com ela e será infeliz pelo resto de sua vida.

Ele não respondeu. Não tinha a menor intenção de se casar com Rosali. Apenas dissera aquilo num desabafo.

Rosali, por sua vez, tomou o rumo da casa de Elisa, lá chegando justamente no momento em que a família, acompanhada de Leonardo, terminava o jantar. Quando ela entrou, desgrenhada e ensandecida, os presentes não deixaram de se assustar.

— Rosali, o que houve com você? — indagou Rosamaria, preocupada. — Foi atacada no caminho?

A moça, que até então não se dera conta de seu estado lastimável, aproveitou-se da pergunta da tia e respondeu ofegante:

— Sim, titia. Fui abordada por malfeitores quando chegava aqui. Queriam minha bolsa.

— Mas que horror! Eles a agrediram?

— Não. Saí correndo. Foi só o susto.

— As ruas estão ficando perigosas — observou Edmundo. — Já não se tem mais segurança.

— Venha, querida — chamou Rosamaria. — Sente-se e tome um prato de sopa. Vai acalmá-la.

Rosamaria deu ordens para que a criada esquentasse um pouco de sopa para Rosali, que, de tão enjoada, tentou recusar. A tia, contudo, insistiu, e ela não teve alternativa, senão experimentar um gole. Ao levar o caldo quente aos lábios, teve uma sensação de bem-estar tão grande, que só então percebeu que estava realmente com fome.

À exceção de Leonardo e Elisa, os demais acreditaram na história que Rosali contara, e a conversa se concentrou nos bandidos que infestavam as ruas da capital. Abalada por profunda tristeza, Rosali fitava a prima com olhar de súplica, enquanto uma chuvinha fina começava a cair do lado de fora, fazendo com que as meninas, juntas, deixassem escorrer discretas lágrimas pelos cantos dos olhos.

11

Em casa, Osvaldo, sentado à mesa da sala, não parava de consultar o relógio.

— Onde diabos se meteu essa menina? — dizia de si para si. — Já é noite, Rosali está fora desde cedo.

— Vai ver está com Elisa — arriscou Helena preocupada.

— Mas até essa hora? E sem mandar avisar?

— A chuva deve tê-la retido.

— Não sei, não. Algo deve ter acontecido.

— Não pense no pior, Osvaldo. Sabe como é Rosali, livre feito um passarinho. Em breve surgirá, lépida e faceira, como se nada tivesse acontecido.

— Rosali é moça solteira, não devia andar por aí sozinha a essas horas.

Alfredo acompanhava o diálogo entre os pais com um estranho brilho no olhar, até que falou:

— Papai, preciso falar com o senhor.

— Pois fale, meu filho. O que é?

— Aqui não.

Osvaldo e Helena se entreolharam, estranhando aquela atitude.

— Agora tem segredos para sua mãe? — perguntou Helena curiosa.

— Claro que não, mamãe. Mas é que o assunto que tenho a tratar deve ser apenas de homem para homem.

— Está bem. Já ia mesmo subir. Osvaldo, por favor, avise-me quando Rosali chegar, está bem?

— Claro que sim. Fique sossegada. Depois de ouvir o que Alfredo tem a dizer, se ela não houver chegado, irei até a casa de Elisa.

— Faça isso.

— E então meu filho? — iniciou Osvaldo, vendo a mulher subir as escadas. — O que há de tão importante?

— É sobre Rosali.

— O que tem ela?

Alfredo titubeava. Temia a reação do pai. Talvez não fosse assim uma ideia tão boa contar-lhe a verdade. Só que agora não podia mais voltar atrás. O pai ia querer saber do que se tratava. Hesitante, balbuciou:

— Creio que Rosali se encontra em maus lençóis.

— Que quer dizer com isso? Por acaso sua irmã anda se encontrando com alguém?

— Sim.

— Eu bem que desconfiava. Quem é?

— É Alberto, primo de Elisa.

— O médico, filho de Fabiano?

— Esse mesmo.

— Isso não é bom. Esse rapaz não goza de boa fama. Dizem que vivia metido em intrigas amorosas lá em Portugal. Preciso falar com Rosali logo que ela chegar. Não quero minha filha metida com gente desse tipo.

— Penso que agora já é tarde.

— Como assim?

— Rosali está grávida.

Um raio não teria atingido Osvaldo de forma tão fulminante. Paralisado, olhar perdido, fitava o filho, como que tentando digerir o que ouvira.

— O que foi que disse? Acho que não ouvi direito.

— Disse que Rosali está grávida.

— De onde tirou essa ideia? Sua irmã é uma moça honesta. Um pouco doidivanas, mas honesta. Não se entregaria a um homem antes do casamento!

— Sinto decepcioná-lo, mas é verdade. Eu mesmo a ouvi dizer.

— Ela lhe contou?

— Não, senhor. Escutei quando conversava com Elisa.

O sangue começou a ferver nas veias de Osvaldo, que se levantou e indagou:

— Quer dizer que Elisa sabia de tudo? — Alfredo assentiu. — Estavam me enganando? Quando Rosali saía e dizia que ia ao encontro da prima, na verdade era com ele que se encontrava?

— Receio que sim.

Aos poucos aceitando a realidade, Osvaldo foi se transfigurando, a face, outrora pálida, adquirindo um rubor excessivo, as bochechas ardendo em fogo, até que esbravejou:

— Isso não vai ficar assim! Onde já se viu? Crio uma filha com todo cuidado para acabar se entregando ao primeiro marginal que aparece? É uma vergonha, uma desonra!

Atraída pelos gritos do marido, Helena voltou para a sala e, constatando o estado transtornado em que ele se encontrava, indagou aflita:

— O que houve? O que está acontecendo?

— Uma vergonha, Helena, uma desgraça! Rosali conspurcou o nome de toda a família!

— O que foi que ela fez?

— Não sei se ouso dizer. Vai ser um choque para você.

— Pois que venha o choque. Estou preparada para tudo.

— Rosali está esperando um filho.

— O quê? — duvidou. — Impossível! Rosali nem namorado tem.

— Aí é que você se engana. A desavergonhada anda se encontrando às escondidas com aquele Alberto, primo de Elisa, cuja reputação é a pior possível.

— Você tem certeza? Quem lhe contou?

— Seu próprio filho.

— Como você soube disso?

— Eu ouvi uma conversa entre Rosali e Elisa — esclareceu Alfredo.

— Você ficou escutando atrás das portas?

— Pelo amor de Deus, Helena, isso é o menos importante. O que importa é que minha filha solteira está esperando um filho de um canalha!

— O que pretende fazer?

— A única coisa que ainda poderá salvaguardar nossa dignidade. Rosali deixará esta casa o mais breve possível. Não tenho mais filha.

— Não! — horrorizou-se Helena, levando a mão ao coração. — Por Deus, Osvaldo, não faça isso! Ela ainda é uma menina.

— Menina? Sua filha já é mulher. Não soube se prostituir? Agora que cuide de si mesma!

— Mas papai — protestou Alfredo, aterrado ante a inesperada reação do pai —, não será melhor obrigar Alberto a casar-se com ela?

— Sim, é o melhor que temos a fazer — concordou Helena. — Não podemos abandonar nossa filha.

— Ouçam bem, vocês dois. Não vou me expor ao ridículo de casar uma filha na igreja, toda de branco, de véu e grinalda, com o bucho cheio. Ela me envergonhou, não merece perdão.

— Pense bem, Osvaldo. Rosali é sua filha. O erro que cometeu é grave, porém, reparável. Se ela se casar...

— Já disse que não. Filha minha não se casa embuchada, ainda mais com um homem sem brios feito aquele doutorzinho.

Helena desatou a chorar copiosamente. Estava tão desesperada, lutando por salvar a vida da filha, que Osvaldo se comoveu. Na verdade, intuído por Maria do Socorro, que presenciara a cena desde o princípio, acabou cedendo.

— Está certo, Helena — falou mais calmo. — Talvez você tenha razão. Falei sem pensar. Nem tudo está perdido. Se eles se casarem às pressas, podemos dizer que a criança nasceu prematura. Quem irá contestar?

— Graças a Deus, Osvaldo! Sabia que você não iria abandoná-la.

— Vamos esperar que Rosali volte para termos uma conversa séria. Ou ela casa, ou irá embora.

— Mas Osvaldo, não devemos impor essa condição. Afinal...

— Afinal ela nos envergonhou a todos, atirando o nosso nome na lama. Se o rapaz não aceitar desposá-la, não a manterei em casa, ostentando publicamente o fruto de sua desonra.

— Ora, papai — interveio Alfredo, interessadíssimo em que a irmã se casasse. — Rosali é menor de idade. Há meios de convencer o rapaz...

— E tornar pública essa vergonha? — objetou Osvaldo, irado. — De jeito nenhum! Ou ela casa, ou rua! E agora basta. Quero esperar Rosali sozinho. Helena, você e Alfredo podem se retirar.

— Não! — protestou Helena. — Por favor, Osvaldo, deixe-me ficar. Rosali é tão minha filha quanto sua. Sou mãe e mulher, posso compreendê-la melhor do que você.

— Ela não precisa de compreensão, mas de repreensão. Obedeça, Helena, ou será pior para ela.

Vencida, Helena retirou-se para o quarto, acompanhada de Alfredo. Em silêncio, subiram as escadas, e só quando chegaram à porta do quarto do filho é que ela desabafou:

— Por que fez isso, meu filho? Por que não veio a mim antes de procurar seu pai? Então não o conhece? Não sabia que ele receberia essa notícia com ódio? Se tivesse me contado primeiro, eu haveria de dar um jeito de preparar o seu espírito, conversaria com Rosali e com o moço, tentaríamos nos entender. Mas agora... agora não sei. Só me resta rezar para que o pior não aconteça.

Já meio arrependido do que fizera, Alfredo olhou para a mãe com os olhos embaciados e entrou no quarto sem dizer palavra. Não queria prejudicar a irmã. Tencionava apenas forçar Alberto a casar-se com ela, deixando o caminho livre para ele e Marialva. Era essa a reação que esperava do pai, não que ele a expulsasse de casa. Agora, porém, não havia nada que pudesse fazer. Contara a verdade e não havia mais como voltar atrás.

12

As horas foram passando, e nada de Rosali aparecer. Depois do jantar, subira ao quarto de Elisa e as duas acabaram adormecendo. Logo que o dia amanheceu, ela saiu sem tomar café, certa da preocupação dos pais. Na sala, encontrou o pai adormecido na cadeira e sentiu um leve remorso, pois sabia que ele provavelmente ficara acordado até tarde, esperando-a chegar. Sem fazer ruído, começou a subir as escadas e parou no meio ao escutar a voz sonora do pai, chamando-a com brusquidão:

— Rosali, é você? Venha cá imediatamente!

A ordem, de tão imperativa, assustou-a. Sem vacilar, voltou para a sala e parou diante de Osvaldo, fitando-o com olhar amedrontado. Estava certa de que iria ser duramente repreendida por haver passado a noite fora. Mas Elisa e os tios poderiam testemunhar em seu favor, confirmando a história do assalto de que fora vítima.

— Papai, desculpe-me... — iniciou ela, no que foi rispidamente interrompida por Osvaldo.

— Cale-se! — ordenou ele. — Ainda não lhe dei permissão para falar. Onde esteve?

— Em casa de Elisa.

— E por que não avisou que iria dormir lá?

— Não houve tempo. Fui atacada por uns malfeitores...

— Mentira! — berrou ele. — Sua desavergonhada, impudica, pensa que não sei que estava com seu amante?

Surpresa, Rosali não emitiu nenhuma palavra, tamanha a indignação com que recebera aquelas ofensas. Descontrolado, Osvaldo continuou:

— Se pensa que pode continuar mentindo para mim, está muito enganada. Já sei de todos os seus desvarios.

— O que quer dizer? Não estou entendendo.

— Não se faça de cínica, menina! Você entende muito bem! Não tente me enganar de novo!

— Mas papai, eu nunca o enganei e...

Desfigurado pela raiva, Osvaldo desferiu-lhe violenta bofetada no rosto, o que fez com que Rosali tombasse sobre o sofá, a boca sangrando, já começando a inchar.

— Cale-se, doidivanas! Pensa que não sei de seu caso amoroso com aquele doutorzinho devasso? Quem pensa que é para trazer tamanha vergonha a nossa família, aviltando nosso nome com esse comportamento de mulher vadia, carregando no ventre o filho bastardo daquele libertino?

Rosali soluçava, coberta de dor e humilhação, tentando imaginar quem poderia ter contado. Osvaldo estava tão transtornado e gritava tão alto, que Helena não resistiu mais. Temendo que o marido cometesse uma loucura, correu para baixo aos tropeções. Chegou no momento exato de segurar-lhe o punho, quando ele já se preparava para surrar a filha, caída sobre o sofá, sem forças para se defender.

— Por Deus, homem! Que pensa que vai fazer? Vai matá-la e à criança!

— Seria bem-feito para ambos.

— Pare Osvaldo! Você não é um assassino!

Ouvindo as palavras da mulher, Osvaldo conteve-se. Ela estava certa. Ele não era um assassino. Voltando-se para Rosali, acrescentou cheio de rancor:

— Levante-se! Vamos agora mesmo à casa daquele patife. Precisamos fazer os arranjos para o casamento, que deverá se realizar o mais breve possível, sem festas ou cerimônias. Depois disso, você irá morar com seu marido, longe daqui.

Rosali, contudo, não se mexia. Com medo de que Osvaldo a tivesse maltratado em demasia, Helena correu para erguê-la, sendo detida pelo olhar magoado da filha.

— Ande, levante-se! — gritou ele. — Por acaso está surda?

— Não adianta, papai. O senhor pode me matar, mas não vou procurar Alberto.

— O quê? Ainda quer protegê-lo?

— Não estou protegendo ninguém. Apenas disse que não vou procurá-lo, pois ele não quer se casar comigo. Ontem fui expulsa de sua casa, humilhada e escorraçada feito um cão vadio. Não pretendo passar por esse ultraje novamente.

Osvaldo, com os olhos injetados de sangue, quase perdeu a razão. Não iria admitir tamanha afronta. Cego de ódio, agarrou Rosali pelos cabelos e saiu arrastando-a escada acima, seguido por Helena, que chorava e implorava que ele largasse a filha. Osvaldo, porém, endurecido e irredutível, somente soltou a menina quando entrou em seu quarto, atirando-a na cama e falando friamente:

— Você tem uma hora para juntar suas coisas e deixar esta casa. Aqui não há lugar para vagabundas.

Ela o olhou com estupor e tentou argumentar:

— Não pode estar falando sério.

— Nunca falei mais sério em toda a minha vida. Em minha casa não há lugar para vagabundas.

— Papai, por favor — suplicou ela, aos prantos. — Para onde é que eu vou?

— Pouco me importa. Para o inferno ou para o prostíbulo, que é o seu lugar.

— Osvaldo, não faça isso! — Helena beirava o desespero. — Ela é nossa filha.

— A partir de hoje não tenho mais filha. Já disse, você tem uma hora. Se não arrumar suas coisas nesse tempo, enxotarei você daqui apenas com a roupa do corpo.

Saiu, batendo a porta do quarto, furioso. Rosali ficou olhando o vazio, remoendo no peito a imensa dor que sentia. Vencida e alquebrada, apanhou uma maleta no alto do armário e nela foi depositando umas peças de roupa.

— O que houve? — indagou aturdida. — Como papai descobriu?

— Seu irmão contou — respondeu Helena, arrasada.

— Alfredo! Como ele soube?

— Escutou uma conversa entre você e Elisa.

— Oh! Mamãe, o que será de mim?

— Não sei, minha filha. Tenha calma. Ao sair daqui, vá direto para a casa de Elisa e conte-lhe o que aconteceu. Peça abrigo a seu tio Edmundo. Ele é uma boa pessoa, não se recusará a acolhê-la. Depois veremos. Quem sabe seu pai não esfria a cabeça e a perdoa?

— Duvido muito. Papai é um homem severo e rancoroso. Nunca me perdoará.

— Não pensemos no pior.

— Se vovó estivesse aqui, nada disso teria acontecido. Papai não se atreveria a contrariá-la.

— Pode ser. Mas, infelizmente, ela se foi.

Helena estava profundamente enganada. Maria do Socorro presenciara toda a briga entre o filho e a neta, sem nada poder fazer para ajudar. Mala pronta, Rosali desceu as escadas em silêncio, hesitante e insegura quanto ao seu futuro. Não podia deixar de sentir uma certa mágoa da mãe, que era a única em condições de enfrentar Osvaldo. Helena, contudo, não se atrevia a contrariá-lo. Por mais que discordasse da atitude dele, não tinha forças para desobedecer-lhe.

Ao passar pela porta do quarto de Alfredo, Rosali parou e pensou em entrar, mas desistiu. De que adiantaria brigar também com o irmão? Foi andando como alguém que se encaminha para a morte. Quando cruzou com Osvaldo, diminuiu o passo e fitou-o, tentando ainda uma última rogativa:

— Papai, por favor, perdoe-me.

— Saia! — explodiu ele. — E nunca mais volte a me chamar de pai!

Rosali abriu a porta da rua e se foi, tomando a direção da casa de Elisa. Não tinha dinheiro nem para tomar uma condução, de forma que teve que caminhar até a casa da prima.

Não era longe, mas com a mala pesada e os enjoos da gravidez, demorou um pouco mais do que o habitual. Quando chegou, Elisa levou um susto ao vê-la. O rosto inchado e as lágrimas eram sinal de que algo muito grave acontecera.

— O que foi que houve, Rosali? — espantou-se a prima. — Foi assaltada de novo?

Rosali apenas abaixou os olhos e começou a chorar. Não era nem preciso dizer o que acontecera, pois Elisa rapidamente intuíra a tragédia.

— O que aconteceu? — quis saber Edmundo, igualmente espantado com o estado de Rosali. — E por que essa mala?

— Meu pai me expulsou de casa — respondeu Rosali, envergonhada. — Sei que é pedir demais, mas será que não posso ficar aqui? Não tenho para onde ir.

— Seu pai expulsou você de casa? — tornou Rosamaria, igualmente abismada. — Por quê? O que você fez? Não vá me dizer que você... que você está...

— Sim, mamãe — interveio Elisa agoniada. — Rosali está grávida, não adianta mais tentar ocultar. O pior aconteceu.

— Por favor, tio Edmundo, não me mande embora — implorou ela. — Estou desesperada!

— Tenha calma, minha filha, e conte-me o que aconteceu — tranquilizou Edmundo. — Você pode ficar o quanto quiser.

Profundamente agradecida, Rosali relatou aos tios e à prima os episódios das últimas horas, deixando-os amargurados e tristes. Ao final da narrativa, Rosamaria acrescentou:

— Pobre Helena. Deve estar angustiada.

— Não se preocupem — acalmou Edmundo. — Mais tarde irei a sua casa e falarei pessoalmente com Osvaldo. Por ora, Rosali fica aqui. Pode dormir no quarto com Elisa.

— Obrigada, titio. Deus há de lhe recompensar tamanha bondade.

A tarde já ia a meio quando Edmundo chegou à casa de Osvaldo.

— Já esperava sua visita — disse ele polida, porém, secamente.

— Sim, creio que sim. E sabe o assunto que me trouxe aqui.

— Certamente — e, dirigindo-se para a mulher, pediu: — por favor, Helena, deixe-nos a sós.

— Não — contestou ela. — Não sem antes saber notícias de minha filha.

— Ela está bem — assegurou Edmundo. — Está em nossa casa.

— Deus seja louvado! Eu sabia que vocês não a abandonariam...

— Basta! — cortou Osvaldo. — Falando desse jeito, até parece que cometi alguma injustiça.

— E não cometeu?

— Chega, Helena. Por favor, agora saia.

Sem nada dizer, Helena foi para a cozinha, os olhos rasos d'água, porém feliz por saber que a filha estava bem e segura na casa da irmã. Osvaldo, tomando a palavra, iniciou a conversa:

— Edmundo, você é um homem de bem e eu o respeito muito. Mas se veio aqui interceder por Rosali, está perdendo seu tempo. Não quero mais saber dela.

— Nós a acolhemos com carinho.

— Eu sei. Todavia, para mim, pouco importa onde ela esteja, desde que não seja nesta casa. Mas se eu fosse você não a quereria por lá. Rosali não presta, é uma vadia. Você tem uma filha solteira e sabe como são essas influências.

— Não se preocupe com Elisa. Ela está noiva e sabe o que faz.

— E Rosali não sabe, não é mesmo?

— Não foi isso o que eu disse. Ela apenas deu um mau passo, apaixonou-se pelo homem errado. Poderia ter acontecido a qualquer uma.

— Mas não à minha filha. Não a criei para isso. Não a eduquei para ser amante.

— Ninguém cria uma filha para isso. Simplesmente acontece. É uma fatalidade.

— Nem você acredita nessa desculpa. Rosali se entregou porque não tem vergonha, é uma despudorada. E eu não vou me sujeitar a ser apontado e achincalhado como o frouxo que não soube ter pulso com a própria filha. Prefiro vê-la morta a passar por tamanha humilhação.

— Não o preocupa o destino de sua filha e de seu neto? Não quer saber se ficarão bem?

— Francamente, pouco me importa. Já disse que não tenho mais filha, e netos, só terei aqueles que Alfredo vier a me dar.

— Vamos, homem, reconsidere. Não seja tão teimoso.

— Não é teimosia, é orgulho, amor-próprio. Um homem de respeito precisa ter seus brios, não pode se deixar levar por sentimentalismos.

— Sentimentalismo? É assim que chama o amor paterno?

— Minha decisão está tomada, e não voltarei mais atrás. Ainda fui condescendente, dando a Rosali a chance de reparar o seu erro casando-se com o rapaz. Mas ela disse que ele não quer casar, e até que a humilhou. Desculpe-me se falo assim, sei que Alberto é seu sobrinho, mas o moço não presta, não tem caráter. Poderia recorrer aos meios legais, já que Rosali é menor de idade. Não quero, porém, expor-me publicamente ao escândalo. Não, é melhor que ninguém saiba o que aconteceu, assim poderemos fazer de conta que não aconteceu.

— E se eu falar com Alberto?

— Acha que adiantaria?

— Como você disse, ele é meu sobrinho. Não custa nada tentar. Ademais, não posso deixar de me sentir um pouco responsável pelo que aconteceu.

Após alguns minutos de reflexão, Osvaldo concluiu:

— Está bem, Edmundo, se você conseguir convencer o rapaz a se casar com Rosali, eu a perdoarei. Mas só assim.

— Obrigado, Osvaldo. Farei o melhor possível.

Ao anoitecer, Edmundo foi procurar o sobrinho e o encontrou em conversa amistosa com Gustavo, o irmão mais moço. Ao vê-lo, os sobrinhos se levantaram e o cumprimentaram respeitosamente. Edmundo respondeu aos cumprimentos, pediu gentilmente a Gustavo que se retirasse e foi logo entrando no assunto:

— Alberto, meu filho, sabe por que vim aqui?

— Não posso imaginar, meu tio.

— Por causa de Rosali.

Alberto franziu a testa, estranhando a atitude do tio. Será que Elisa cumprira sua promessa, contando-lhe tudo o que estava acontecendo? Não querendo arriscar, fez-se de desentendido:

— Algum problema com ela?

— Você, melhor do que ninguém, pode responder a essa pergunta.

— Como assim?

— De nada vale agora o seu fingimento. Já sei de tudo. Rosali espera um filho seu.

Alberto franziu o cenho e mordeu os lábios. Não queria que o tio se envolvesse naquela história, tinha-lhe o maior respeito, mas não permitiria que ele direcionasse sua vida.

— E o que quer que eu faça? — indagou, tentando disfarçar a irritação.

— Quero que crie juízo e se case com ela.

— Impossível! Eu não a amo.

— Entretanto, é a única atitude digna a tomar.

— E a minha vida?

— E a vida dela? E a de seu filho?

— Não é problema meu.

— Engano seu. Você é homem, deve assumir suas responsabilidades. Ambos são jovens, podem construir uma vida juntos. Você é médico, tem o futuro todo pela frente.

— Que não desejo partilhar com Rosali.

— Posso saber o porquê de tanta relutância em casar-se com ela?

— Porque não a amo, já disse.

— Não pensou assim quando a seduziu e se deitou com ela.

— É diferente.

— Não é, não. Um homem digno não sai por aí seduzindo mocinhas castas apenas para satisfazer os seus desejos.

Alberto estava desanimado. O respeito que sentia pelo tio impedia-o de continuar. Parecia que tudo estava perdido. Nem mesmo Eulália, sempre tão segura, ousaria defrontá-lo. Ele era imponente, não pela força bruta ou mesmo intelectual, mas pela força moral, que tornava imbatíveis as suas palavras.

— Talvez o senhor tenha razão — concordou ele, tentando encerrar aquela conversa. — Procedi mal, mas tenho medo do que possa acontecer.

— E se eu lhe disser que o pior já aconteceu?

— Como assim?

— O pai de Rosali expulsou-a de casa hoje de manhã.

— Ele descobriu?

Edmundo assentiu e, com brevidade, resumiu-lhe toda a história.

— E então, o que me diz? — finalizou ele. — Prefere fugir a suas responsabilidades ou vai agir como um homem decente e reparar o mal que lhe fez? Será que não lhe incomoda o fato de que Rosali irá se tornar uma mulher rejeitada pela sociedade, e seu filho, discriminado pelas demais crianças?

— Por favor, tio, deixe-me pensar com calma — pediu Alberto, cansado de tanta pressão. — Prometo que em dois dias, no máximo, lhe darei a resposta.

— Está bem. Que seja. Dois dias é o tempo que lhe dou para criar juízo. Caso contrário, serei obrigado a escrever ao seu pai.

Não havia mais o que dizer. Edmundo se despediu e se foi, levando no íntimo a esperança de haver tocado o coração do sobrinho.

13

Nesse ínterim, Fabiano, pai de Alberto, retornou inesperadamente da Europa e foi recebido com alegria pelos filhos, que há muito não o viam. Após as saudações e a distribuição dos presentes, recolheu-se a seus aposentos, a fim de descansar da longa viagem. Alberto decidiu que lhe contaria tudo, tão logo ele se apresentasse refeito da jornada.

Todavia, aproveitando que o pai dormia, foi apressadamente à casa de Marialva, a fim de colocá-la a par dos últimos acontecimentos. Qual não foi o seu espanto, porém, ao encontrar Alfredo vagando em frente à mansão, um brilho estranho no olhar, agitando as mãos como se falasse sozinho. Ao avistá-lo, Alfredo atirou-se sobre ele enfurecido, tentando acertar-lhe o rosto.

— Canalha, pulha, como ousa abandonar minha irmã? — berrava descontrolado. — Não pode fazer isso, Rosali é apenas uma menina.

Alfredo preocupava-se com a irmã, contudo, sua preocupação maior era consigo mesmo. Malogrado o plano de ver Alberto forçado a casar-se com Rosali, desesperou-se. Para completar, Marialva recusava-se terminantemente a recebê-lo. Tudo parecia dar errado.

— Tenha calma, rapaz — falou Alberto, segurando-lhe os pulsos com firmeza. — Deixe esse assunto para Rosali e para mim.

— Você não pode fazer isso!

— Já disse para não se preocupar. Tudo vai dar certo.

— Como? Só se você se casar com ela. Por favor...

Alfredo desatou a soluçar feito criança, e Alberto logo suspeitou que aquelas lágrimas não eram apenas de preocupação pelo futuro da irmã.

— Por que tanta aflição? — indagou ele desconfiado. — Pelo que sei, você e Rosali nunca foram muito chegados. Segundo ela, vocês viviam brigando.

O outro, desconcertado, tentou conter o desespero e se recompôs, buscando uma resposta convincente para dar.

— É que eu... eu estou arrependido... É isso. Rosali é uma menina tola, porém, ingênua. Não merece esse sofrimento. E eu me arrependi de todos os nossos desentendimentos. Afinal, são apenas brigas de irmãos que se amam.

Rapidamente, Alberto compreendeu tudo. Percebendo a ansiedade com que Alfredo olhava para a casa de Marialva, suas suspeitas se confirmaram. Sem fazer rodeios, afirmou, incisivo:

— Você está apaixonado por Marialva.

Embaraçado, Alfredo ainda tentou negar.

— Eu?! Mas o que é isso? De onde tirou essa ideia?

— Tolo — desdenhou Alberto, soltando uma gargalhada. — A quem pensa que pode enganar? Então acha que vou me casar com Rosali para deixar o caminho livre para você? Esqueça essa loucura. Marialva não serve para você, ela não o ama.

— Como pode saber?

— Não é preciso ser muito esperto. Eu, no seu lugar, desistiria enquanto ainda é tempo. Mesmo que eu não me case com ela, certamente Marialva não vai querer justo alguém que... não é homem suficiente para ela.

Dominado pela raiva, Alfredo acertou um soco no nariz de Alberto que, distraído, não percebera seu movimento rápido. Alberto facilmente o dominou e o agarrou pelo colarinho, pronto para revidar quando Marialva o interrompeu, a voz gélida a revelar profundo desprezo:

— Solte-o, Alberto. Não vale a pena sujar as mãos com o sangue de um rato.

Vendo-a, Alberto soltou o adversário, atirando-o ao chão feito um fardo. Marialva, por sua vez, aproximando-se dele, cuspiu-lhe no rosto com tamanho desdém, que Alfredo abaixou a cabeça, envergonhado diante de tanta humilhação. Sem dizer palavra, Marialva segurou Alberto pela mão e, puxando-o para si, beijou-o apaixonadamente na boca. Voltando-se para Alfredo, cheia de arrogância e altivez, concluiu:

— Vamos embora, Alberto. O rato já está de volta ao chão, que é de onde jamais deveria ter ousado sair...

Juntos, de mãos dadas, penetraram na mansão, deixando para trás Alfredo, falido e vexado, sentindo recrudescer em sua alma o ódio, principalmente por Alberto, a quem acusava de ter transformado sua doce Marialva naquela mulher ríspida e insensível que lhe torturava o coração.

O episódio, embora desagradável, serviu para fortalecer o repúdio de Alberto por Rosali e, ao mesmo tempo, aumentar seu desejo de casar-se com Marialva. De volta ao lar, Alberto encontrou Fabiano confortavelmente instalado em um divã na biblioteca, tendo aos pés Eulália e Gustavo que, atentos, ouviam notícias de Portugal. À sua entrada, Eulália se levantou e chamou o irmão mais moço, deixando Alberto a sós com o pai para uma conversa. Ao passar por ele, Eulália sussurrou:

— Ainda não disse nada. Achei melhor deixar isso para você.

Depois que saíram, Alberto acercou-se de Fabiano e, um pouco sem jeito, disse hesitante:

— Papai, há algo muito importante que preciso contar-lhe.

O pai, um tanto quanto preocupado ante a entonação de gravidade que Alberto imprimira à voz, perguntou assustado:

— Aconteceu alguma coisa? Alguém está doente?

— Não. Não é nenhum problema de saúde.

À sua maneira, contou-lhe, então, tudo o que se passara em sua ausência. O pai, visivelmente transtornado, rispidamente o censurou:

— Você é um irresponsável, Alberto. Sempre a se envolver com as mulheres erradas. Do seu envolvimento com as casadas, eu já sabia. Mas saber que as virgens passaram também ao rol de suas preferências me deixa estarrecido. Deveria ao menos ter tido a decência de escolher uma moça desconhecida. Mas não. Foi aliciar justamente a prima de Elisa. E agora?

— Tem razão, pai, perdoe-me — tornou humilde. — Mas eu estava louco por ela, por sua beleza. Não pude me conter.

— Sei, sei. E agora quer que eu conserte a sua besteira, não é mesmo?

Alberto abaixou os olhos. Com voz súplice, choramingou:

— Por favor, papai. Não me faça casar com Rosali. Não a amo, nunca a amei. Foi apenas uma aventura. Eu juro que, se o senhor me livrar dessa desgraça, eu me emendarei. Montarei um consultório, casar-me-ei com Marialva e passarei a levar uma vida decente e irrepreensível.

Fabiano, após pensar por alguns momentos, acabou por concordar:

— Você tem razão. Não posso permitir um consórcio seu com essa Rosali, uma moça sem eira nem beira, enquanto um futuro digno o aguarda ao lado de Marialva. Mas quanto ao plano da moça... bem, não creio que seja uma boa ideia. Envolverá terceiros, que futuramente poderão nos chantagear, e teremos que comprar o seu silêncio. Não, o melhor a fazer é não ficarmos nas mãos de ninguém. Deixe isso por minha conta, resolverei tudo.

— E quanto a tio Edmundo e Elisa?

— Deixe-os comigo também. Saberei convencê-los. Mas você tem que me prometer uma coisa.

— O que quiser, desde que me livre desse problema.

— Prometa-me que nunca mais se envolverá em casos obscuros. Prometa-me que realmente constituirá família com Marialva e se tornará um respeitável médico e chefe de família.

— Eu prometo, do fundo do meu coração. Juro pela memória de mamãe, que Deus a tenha, que nunca mais me envolverei em qualquer caso amoroso.

— Olhe lá, hein, Alberto! Vou confiar em você.

— Pode confiar.

— Então, façamos o seguinte: nossa família possui uma quinta de veraneio lá em Portugal, mais especificamente, em Viana do Castelo. É uma cidadezinha simpática, às margens do Atlântico, um pouco distante de Lisboa, onde mantemos relações. Para lá enviaremos Rosali, em companhia de Josué, aquele ex-escravo que me é ainda fiel, com a recomendação de que o aguarde. Diremos que você se demorará ainda um pouco aqui no Brasil, a fim de ultimar alguns preparativos, e depois partirá ao seu encontro, para que as bodas se realizem em lugar discreto, longe dos olhares e da língua maldosa das pessoas.

— Hum... E daí?

— Eu costumava frequentar essa quinta, em busca de um pouco de sossego e isolamento, de modo que ninguém nunca vai lá. O lugar é agradável e fresco, cercado pelo mar e por montes cobertos de pinheiros e eucaliptos; a mansão foi construída sobre uma colina, cuja encosta desce direto para a praia e de onde se pode avistar o mar. É um bom lugar para se criar uma criança. A casa é muito bem cuidada por Luzia, uma antiga criada, e por mais alguns serviçais, que podem perfeitamente tomar conta de Rosali e da criança.

— Quer dizer que não irei?

— Claro que não! Esse será apenas o pretexto para afastá-la daqui.

— Mas e se ela escrever? E se resolver voltar?

— Ninguém a conhece em Portugal e, acredite, ela nunca mais vai desejar voltar. Para quê? Para ser humilhada e expor a todos a sua desonra? Não, com certeza ainda ficará grata por dispor de um lugar tranquilo onde possa ocultar sua vergonha. Confie em mim, tudo dará certo.

Acertaram tudo para a partida de Rosali com Josué logo no próximo navio, com saída programada para dali a duas semanas. Depois, Fabiano mandou um mensageiro à casa do irmão, solicitando que lá comparecesse com urgência, em companhia de Rosali. Edmundo veio o mais rápido que pôde, e com ele Rosamaria, Elisa e a Rosali, visivelmente contrariada.

— Edmundo! — cumprimentou Fabiano ao vê-lo entrar — Há quanto tempo!

Os dois se abraçavam com afetuosidade, e Edmundo respondeu:

— Quase um ano. Fiquei surpreso com seu recado. Quando chegou?

— Hoje pela manhã. E creio que vim em boa hora.

— Sem dúvida. Vejo que já está a par de tudo.

— Estou sim — e, virando-se para Rosali, interrogou: — Então, esta é a minha futura nora?

Rosali, que não esperava aquela recepção, respondeu boquiaberta:

— Nora? O que quer dizer?

— Já conversei com Alberto e consegui chamá-lo à razão, convencendo-o a assumir suas responsabilidades.

— Mas que excelente notícia! — exclamou Rosamaria, exultante. — Helena ficará feliz e aliviada. E Osvaldo a receberá de volta, Rosali!

A menina começou a chorar e ajoelhou-se aos pés de Fabiano. Beijando-lhe as mãos, exclamou agradecida:

— Nem sei como agradecer!

— Deixe disso. Não fiz mais do que minha obrigação, assim como Alberto está disposto a cumprir com a dele — voltou-se para o filho e ordenou: — Alberto, venha até aqui e desculpe-se com sua noiva.

De modo desajeitado, e sem coragem de encarar Rosali nos olhos, Alberto aproximou-se dela. Mal disfarçando a repulsa, dirigiu-lhe a palavra em tom artificial:

— Rosali, querida, perdoe-me, por favor. Eu estava fora de mim quando me recusei a casar com você, mas papai fez-me ver a realidade e mostrou-me que a única atitude digna é o casamento. Pode me perdoar?

— Não fale mais nada, Alberto. Claro que o perdoo. Eu o amo!

Eulália, que presenciara a tudo pensando em como o pai e o irmão eram artistas, incentivou:

— Não lhe disse, Rosali, que tudo acabaria bem?

Envergonhada por haver tratado a futura cunhada com tanta arrogância e agressividade, Rosali respondeu:

— Sim, Eulália, é verdade. Creio que lhe devo desculpas. Tratei-a de forma rude e indigna.

— Não pense mais nisso. Posso compreender. Você estava desesperada, é natural. O que importa é que tudo terminou bem.

Em poucas palavras, Fabiano contou aos presentes os planos para o futuro, convencendo Rosali de que uma viagem seria o melhor a fazer naquele momento. Portugal era um país belíssimo, e ela muito apreciaria visitar-lhe os campos e as praias. Só não lhes disse que Rosali viveria isolada em Viana do Castelo, mas mentiu, afirmando que ela iria para a vila que possuíam em Coimbra, onde Alberto concluíra o curso universitário.

— Coimbra não tem praia — objetou Elisa, meio desconfiada.

— Sempre se pode banhar nas águas do rio Mondego — afirmou Fabiano, lançando um olhar de reprovação para a sobrinha.

Elisa calou-se e olhou de esguelha para o pai, que permanecia calado, olhar pensativo, refletindo sobre o que lhe dissera o irmão.

— Acho que você tem razão — concordou ele por fim. — Parece-me uma boa solução. O casamento vai se realizar dentro dos conformes, e nós podemos viajar a Portugal para a cerimônia. Isso irá calar os faladores.

— Eu não falei? — tornou Fabiano.

— Gostaria antes que você me acompanhasse à casa de Osvaldo. É necessária a autorização do pai, e suas explicações seriam de muito bom-tom nessa situação.

— Perdoe-me, tio Edmundo, mas creio que não será necessário — protestou Rosali, despertando de seu torpor ao lado de Alberto. — Meu pai cortou relações comigo, não quer saber de nada relacionado a mim.

— Certamente a perdoará logo que souber que você e Alberto se casarão — atalhou Rosamaria.

— Sei que está magoada com seu pai, Rosali, e não lhe tiro a razão — disse Edmundo. — Mas você não acha que o melhor a fazer é esquecer o passado e apenas pensar no seu futuro e de seu filho?

— Ainda assim, não gostaria de falar com ele. Prefiro esperar até que o casamento se realize. Só assim poderei voltar àquela casa de cabeça erguida, como uma respeitável senhora da sociedade, levando em meus braços um filho legítimo.

— Ainda assim, você vai precisar de autorização paterna para viajar.

— Por favor, titio, não pode o senhor falar com ele? Poupe-me desse desgosto.

— Pode deixar isso comigo — decidiu Rosamaria. — Irei eu mesma pedir-lhe a autorização. Osvaldo pode ser meio bronco, mas não vai me destratar.

Fabiano, espectador mudo diante daquele teatro bem ensaiado, respirou aliviado, pois a última coisa que desejava era confrontar-se com o pai daquela menina. Tudo resolvido, Rosali despediu-se de Alberto com os olhos cheios de esperança e amor, tão cega que não percebia o quanto ele se esquivava cada vez que ela o tocava. A animação tomou conta de todos, à exceção de Elisa, que permaneceu calada, sem conseguir acreditar em uma palavra que falara o tio.

14

Helena vibrou de alegria e contentamento. Via esperança para sua filha e seu futuro neto. Não foi difícil obter a autorização de Osvaldo para a viagem de Rosali, louco que ele estava para livrar-se da filha.

A notícia deveria animar Alfredo, contudo, a reação de Marialva ainda o machucava profundamente. Depois do que ela dissera no outro dia, perdera as esperanças de casar-se com ela. Desde então, Alfredo se modificara. Quase não comia, andava distante e alheio, desatento no trabalho, mal se lavava, não se barbeava... Vivia trancado no quarto, os olhos opacos sempre buscando algo que não via.

Essa reação transtornada não passou despercebida nem por Osvaldo, nem por Helena. Agora mais sossegada com o futuro da filha, Helena voltou-se por inteiro para o problema de Alfredo. Nem sabia ao certo se havia um problema. Mas via o filho definhar a cada dia, sem motivo aparente.

— Não sei o que se passa com Alfredo — disse para o marido. — Ele tem agido de forma estranha nos últimos dias.

— Também tenho reparado nisso. Será que está doente?

— Temo que esteja sofrendo da cabeça ou dos nervos. Não sei... Hoje mesmo peguei-o falando sozinho.

Osvaldo ergueu a sobrancelha e questionou surpreso:

— Falando sozinho? O que dizia ele?

— Não sei bem. Algo assim como: Não pode fazer isso comigo. Vai me pagar. Ela me pertence... Estranho, não acha?

— Muito.

— Acho que você deveria falar com ele. Você é pai. Será mais fácil para ele se abrir com você do que comigo.

— Tem razão. Falarei com ele agora mesmo.

Na mesma hora, Osvaldo foi até o quarto de Alfredo. Estava prestes a bater à porta, quando escutou soluços sentidos vindos do interior. Parou e apurou o ouvido, tentando escutar melhor o que se passava lá dentro. Alfredo, em lágrimas, dizia para si mesmo:

— Não vou permitir. Não vou permitir. Marialva me pertence, sempre me pertenceu. Se não for minha, não será de mais ninguém. Sou capaz de cometer uma loucura.

Curioso, Osvaldo entrou sem bater, surpreendendo o filho agachado a um canto, abraçando os joelhos e balançando o corpo feito um demente.

— Posso saber o que está acontecendo? Por acaso está ficando louco?

Espantado com a interferência do pai, Alfredo interrompeu seu monólogo e fitou-o como se não o conhecesse.

— Então, não me responde? — insistiu Osvaldo. — Saia logo desse quarto e venha comer. Você está com cara de doente.

Alfredo não respondia. Agora realmente preocupado, Osvaldo mudou o tom de voz e tentou nova abordagem:

— Meu filho, aconteceu alguma coisa? Seja o que for, conte-me. Sou seu pai, posso ajudá-lo. Se está impressionado com o que houve com sua irmã, tranquilize-se. Soube por sua tia Rosamaria que ela vai se casar em Portugal. O que é? Vamos, conte-me.

— Tudo está perdido — desabafou ele, por fim.

— O que está perdido?

— Tudo.

— Tudo o quê?

Alfredo olhou-o em desespero. Não aguentava mais sofrer sozinho. Talvez o pai pudesse interceder a seu favor. Quem sabe não iria à casa de Marialva pedir-lhe a mão em seu nome?

— É Marialva... — sussurrou.

— Quem?

— Marialva.

— Que Marialva? Não conheço nenhuma Marialva.

Com o sofrimento a embargar-lhe a voz, Alfredo contou--lhe sobre o seu amor por Marialva. Osvaldo ouviu tudo em silêncio, sem deixar transparecer, a princípio, a indignação ante a fraqueza do filho. Somente depois que ele concluiu sua narrativa foi que Osvaldo se manifestou, repreendendo-o severamente:

— Onde já se viu chorar assim por uma mulher? Não tem respeito por si mesmo?

— Eu a amo. Amo-a como jamais amei outra em toda a minha vida.

— Bobagem! Você é ainda muito jovem, não sabe o que é o amor. E essa Marialva não vale nada, não merece o seu sofrimento. Ainda por cima, está de olho no homem que vai se casar com a sua irmã. Deve ser tão ordinária quanto ele.

— Como pode falar assim? O senhor nem a conhece!

— Não preciso conhecê-la para saber que ela não presta. E muito me admira ver meu filho chorando por uma ordinária.

— O senhor não compreende. Eu a amo...

— Pare com isso e seja homem! — esbravejou irritado. — Onde está o seu orgulho? Essa Marialva tratou-o feito um cão vadio e sarnento, humilhou-o, escarneceu de você, cuspiu na sua cara. Tenha mais respeito por si mesmo e reaja!

— Não consigo. Estou sofrendo muito. Se Marialva não for minha, não sei do que serei capaz.

— Agora basta! Você mais parece um maricas. Pare de se debulhar. Não tolero lágrimas de meu filho. Não criei um mariquinhas. Lembre-se de que homem que é homem não chora!

— Mas papai, o senhor não compreende...

— Compreendo muito bem. Compreendo que você é um fraco, um tolo que foi se apaixonar pela primeira vadia rica e bonita que apareceu. Não se iluda, Alfredo, ela não serve para você.

— Por favor, ajude-me — choramingou ele. — O senhor é meu pai. Traga-a de volta! Eu farei qualquer coisa para tê-la, qualquer coisa...

— Agora basta! Minha paciência já se esgotou. Não vou permitir que meu filho rasteje aos pés de uma ordinária. Seja homem! Levante-se, lave-se e desça para o almoço. É uma ordem!

Saiu batendo a porta com força, indignado com a fraqueza do filho. Osvaldo não sabia o que acontecera a sua família. Perdera a mãe, a filha se prostituíra e o filho se revelava um fraco. Era a decadência. Melhor seria se não tivesse tido filhos. Ao menos seria poupado de tamanha vergonha.

Na cidade astral que Maria do Socorro habitava, Mariano terminava de ministrar remédios a uns recém-desencarnados, quando foi por ela abordado.

— Que deseja, minha amiga? — indagou solícito.

— Vim pedir-lhe ajuda.

— Algum problema?

Ela assentiu e respondeu aflita:

— É meu neto, Alfredo. Está prestes a enlouquecer. Foi rejeitado por Marialva, você sabe, mas está fixado na moça. Pediu ajuda ao pai, contudo, Osvaldo não possui sensibilidade suficiente para entender. Só consegue pensar em seu código de moral distorcida.

— O que você pretende fazer para ajudar?

— Gostaria de saber se há possibilidade de trazermos Alfredo até aqui para conversarmos com ele.

— E o que lhe diríamos?

— Não sei. Talvez mostraríamos a ele quem Marialva realmente é.

— E quem Marialva realmente é?

— Ora, uma moça má, egoísta e sem escrúpulos, incapaz de sentir compaixão por quem quer que seja.

— Acha que adiantaria?

— Talvez sim, talvez não. Mas preciso tentar, ou ele acabará louco.

Ele terminou de atender os enfermos, ajeitou cuidadosamente os remédios em uma prateleira e virou-se para ela. Olhar sereno, ponderou:

— Você está tentando, mais uma vez, interferir no destino dos seus. Alfredo magnetiza situações difíceis em função da modulação de seus pensamentos. Ao invés de optar por experiências mais agradáveis, preferiu aquelas que lhe trarão mais dor. A escolha foi dele. Poderia resignar-se com a perda da mulher que ele pensa que ama, buscando novos caminhos de felicidade. Ao invés disso, preferiu desferir um golpe no destino, tentando ludibriar a vida para, utilizando-se da traição e da mentira, forçar um objetivo que não é o da moça.

— Ele é um fraco. Precisa de ajuda!

— Não estamos nos negando a ajudá-lo. Mas a ajuda de que ele necessita é mais moral do que física. Alfredo não está fisicamente doente. Suas emoções é que estão em desequilíbrio, insistindo em conquistar algo que ele não pode ter.

— Como assim?

— Marialva tem o direito de escolher os rumos da vida dela. Não podemos compeli-la a aceitar Alfredo apenas porque ele assim o quer. Para alimentar sua ilusão, ela não está obrigada a contrariar-se e ceder à sua vontade.

— Marialva é uma moça muito má, uma tirana! — revoltou-se. — Não vê como o trata?

— Marialva é um ser humano, nem totalmente bom nem inteiramente ruim. Como tal, luta para aprender com suas experiências, como todos nós. Não seria justo acusá-la de tirania quando, na verdade, só o que faz é viver. Cada um age segundo seu amadurecimento espiritual. E se Marialva ainda não alcançou um grau de maturidade mais elevado, Alfredo não fica muito atrás. Ambos se iludem, e nenhum é melhor do que o outro, nenhum tem mais direito à vida e à felicidade do que o outro. Por isso, se vamos ajudar alguém, proponho que ajudemos os dois.

Maria do Socorro fitou-o embaraçada.

— Você tem razão, como sempre — admitiu. — É claro que Marialva também merece a nossa ajuda. É que eu, como avó, ainda não me desapeguei da parcialidade com que me interesso pelos encarnados.

— Vamos orar pelos dois. É preciso que Alfredo rompa esse elo magnético que desenvolveu com ela e que não tem a menor chance de evoluir. Isso só trará sofrimento aos dois. Para Marialva, que se sente atada a uma força indistinguível, e Alfredo, que se escraviza ao desejo obsessivo.

— É isso mesmo que farei. Obrigada, meu amigo, pelas valiosas lições, e perdoe-me o egoísmo. Estou envergonhada.

— Ninguém precisa se envergonhar por estar aprendendo. O importante é compreender os mecanismos de funcionamento da vida. E isso você está fazendo. No seu tempo, no seu ritmo, mas está se mostrando bastante receptiva ao conhecimento do ser humano. E depois, é natural que se preocupe com os seus e queira ajudá-los. Mas é preciso tomar cuidado para não colocar seus netos na posição de vítimas e os outros de algozes. Estão todos envolvidos no mesmo processo de amadurecimento, e é preciso que nos acostumemos a olhar para aqueles de quem não gostamos com a mesma simpatia com que olhamos para os que nos são caros. Devemos orar por todos, pois somos todos iguais aos olhos de Deus.

Após essas palavras, Maria do Socorro saiu mais calma. Mariano tinha razão, e ela se envergonhava de ser tão impaciente e ansiosa. Reconhecia que Marialva também precisava de apoio e se dispôs a orar por ela com o mesmo fervor com que rezava pelos seus.

15

O dia marcado para a viagem amanheceu claro, porém, frio. Rosali estava excitada e ansiosa, embora os frequentes enjoos lhe tirassem um pouco o ânimo. No cais do porto, apenas os tios, Elisa e Alberto foram se despedir.

Após as despedidas, Rosali começou a subir as escadas que conduziam ao convés do navio, quando seu olhar se deteve em um vulto que vinha apressado, passando por entre a multidão que se aglomerava na plataforma. Surpresa, virou-se aflita e correu ao seu encontro, atirando-se em seus braços, quase sem conseguir falar, tamanha a emoção e a alegria que sentia naquele momento.

— Mamãe! — exclamou comovida. — A senhora veio. Como senti a sua falta!

— Não podia deixar de me despedir — falou ela, enxugando as lágrimas. — Seu pai não queria que eu viesse, mas consegui convencê-lo. Tinha que vir ver a minha menina.

— Estou tão contente — retrucou em lágrimas. — A senhora não sabe o bem que me fez.

Louco para livrar-se dela, Alberto aproximou-se e, com a voz fingidamente doce, falou:

— Rosali, meu bem, não quero interromper, mas já está na hora.

— Eu sei, Alberto, já vou. Lembra-se de mamãe?

— Claro que sim. Como vai, dona Helena? Desculpe-me a distração, mas é que me preocupo com Rosali. Detestaria vê-la correndo pela plataforma de embarque, arriscando-se a cair.

— Claro, Alberto — respondeu Helena. — Você tem razão. Vá, Rosali, e que Deus a abençoe.

Abraçando a mãe pela última vez, Rosali se foi. No convés, debruçou-se sobre a amurada e acenou para a família, que lhe atirava beijos de saudades, desejando-lhe boa viagem. Só Alberto não conseguia ocultar a euforia. Finalmente livre... Livre para desposar Marialva. Livre para viver.

A viagem correu sem maiores transtornos, apesar dos enjoos. Fabiano reservara-lhe a melhor e mais luxuosa cabine, e Josué era um pajem solícito e dedicado, muito cuidadoso e obediente. O mar era indescritível, de um azul profundo salpicado de ouro sob os raios do sol. E nas noites de lua, como resplandecia! Rosali estava embevecida, encantada com toda aquela beleza. Apenas lamentou a ausência de Alberto. Seria maravilhoso se ele estivesse ali, partilhando com ela daqueles momentos mágicos, de pura poesia. Como eles se amariam!

Deixou de lado esses pensamentos e concentrou-se no futuro. Aquela separação momentânea era necessária. Em breve se encontrariam novamente, casariam-se e teriam seu filho em Portugal, para depois voltarem: ela vitoriosa, ostentando a dignidade de um nome e um filho nascido na constância do casamento. Embora já estivesse com quase quatro meses, o ventre ainda não se avolumara. Em Portugal, onde ninguém a conhecia, podia forjar o registro do filho, pós-datando o nascimento, a fim de que nele constasse uma data em muito posterior ao parto. Fabiano possuía dinheiro e influência, não lhe seria difícil arranjar isso. Assim, ao voltar para o Brasil, dali a uns dois anos, com o filho já bastante crescido, ninguém perceberia a fraude.

Chegando à cidade do Porto, tomaram um vapor que os conduziu a Viana do Castelo. Rosali, que nada sabia sobre Portugal, sequer desconfiou que a viagem não seguira para Coimbra. Estava encantada, e Viana do Castelo lhe pareceu um sonho. Achou muito bonita a quinta, com sua vista deslumbrante para a praia, o céu azul, a brisa morna que soprava do mar. Era realmente muito aprazível.

Obedecendo às ordens de seu senhor, Josué apresentou Rosali a Luzia e aos demais criados, contando-lhes que ela ali estava à espera do filho do patrão. Depois que a acomodou, apressou-se a escrever uma carta a Fabiano, narrando-lhe, em poucas linhas, que Rosali, devido aos incômodos da gravidez, não resistira à viagem, dura e longa demais para uma moça naquele estado. Contou que o médico de bordo tudo fizera para salvar-lhe a vida, mas que fora inútil. De tão enjoada, ela quase não se alimentava, vomitava com frequência e foi enfraquecendo, enfraquecendo, até que contraiu uma infecção e morreu, após intensa hemorragia. Pelas normas marítimas, o capitão do navio viu-se obrigado a atirar o corpo ao mar, temeroso de que ela houvesse padecido vítima de alguma doença infectocontagiosa.

No Brasil, a notícia foi recebida com tristeza pela família. Helena, desesperada, passou a culpar o marido pela morte da filha, acusando-o de assassino e de carrasco. Osvaldo, por sua vez, embora amargurado, procurava disfarçar e dizia, sobretudo a si mesmo, que não tinha culpa de nada.

Alfredo, que já se havia refeito do surto de que fora acometido, ficou apático. Temia que, com a morte de Rosali, Marialva e Alberto se casassem.

Elisa sentiu muito a pretensa morte da prima. Não podia crer que Rosali estivesse morta. Alguma coisa lá dentro lhe dizia que ela ainda vivia. Procurou o pai e contou-lhe seus temores, suspeitando que uma trama sórdida havia sido arquitetada para afastar Rosali do caminho de Alberto. Edmundo, porém, incapaz de imaginar que o irmão fosse capaz de tamanha baixeza, tentou afastar aquela desconfiança do coração da filha.

E Leonardo, embora condoído da dor da noiva, argumentou que nada poderia fazer e que ninguém seria louco de inventar uma história daquelas. As dúvidas de Elisa foram atribuídas ao amor que sentia pela prima e pelo seu inexplicável senso de responsabilidade para com ela, o que fez com que se sentisse indiretamente culpada por sua morte.

Com o passar do tempo, Rosali, que de nada suspeitava, começou a se acostumar àquela vida. Passava os dias a caminhar na praia, lendo e tomando sol, a barriga crescendo com o avanço da gravidez. Apesar de ainda não querer aquela criança, chegando mesmo a sentir raiva dela em alguns momentos, estava contente. Pensamento ligado em Alberto, só conseguia ver a felicidade que com ele partilharia quando se casassem, os lugares que veriam juntos. Alberto era rico, não lhe faltariam amas-secas que cuidassem do filho.

Alberto, contudo, não chegava. O tempo ia passando, a barriga se avolumando, e nada de Alberto aparecer, deixando Rosali aflita e preocupada com aquela demora. Dia após dia, ela indagava a Josué se não chegara nenhuma notícia do Brasil. Por que sua mãe e Elisa não lhe escreviam, por que não respondiam às suas cartas? E o noivo, por que se demorava tanto? Josué, pouco à vontade naquele papel, dizia nada saber e que nenhuma carta havia chegado para ela. A bem da verdade, ele nem chegava a postar a correspondência que ela lhe entregava, guardando todos os envelopes num baú em seu quarto, para serem entregues ao patrão caso ele solicitasse.

Rosali acompanhava a passagem de todos os navios que navegavam por ali, rumo ao próspero porto da cidade. Cada vez que um vapor surgia, ela corria a buscar Josué, dando-lhe ordens para que fosse recebê-lo no cais, certa de que nele estaria Alberto. Josué, contudo, sempre retornava sozinho, olhos pregados no chão, como a pedir desculpas pela ausência do patrãozinho.

Enquanto isso, no Brasil, a suposta morte de Rosali em muito facilitou os encontros de Alberto e Marialva. Em pouco tempo, oficializaram o noivado, anunciando para breve o casamento.

Apenas Elisa não se conformava. Aquilo não era direito. Rosali nem bem acabara de morrer e Alberto já tratara de ficar noivo de Marialva. Pretextando forte dor de cabeça, Elisa esquivou-se de comparecer à festa de noivado, pois não queria compactuar com aquela infâmia. Estava claro que ou tudo fora elaborado para que Rosali fosse dada como morta, ou então Alberto era mais vil do que ela imaginara. Isso sem pensar na possibilidade de Rosali haver efetivamente morrido, mandada matar pelo tio ou pelo primo.

A festa de noivado foi um sucesso, e o casamento, marcado para dali a dois meses, deixou Elisa abatida e triste. Preocupado com a depressão da noiva, Leonardo procurou-a para uma conversa franca e definitiva.

— Você sabe que a amo, não sabe? — confessou, segurando-lhe as mãos.

— Certamente que sim.

— Penso, então, que já é hora de nos casarmos também. Afinal, já estamos comprometidos há mais de um ano.

— Será que ainda não é cedo?

— Claro que não! O ano chega ao fim, e logo me formarei. Tenho emprego garantido no escritório do meu pai, que vai de vento em popa, e creio que já sou capaz de sustentá-la sozinho, proporcionando-lhe o mesmo conforto que seus pais lhe dão. Então, o que me diz? Posso pedir a sua mão?

— Vamos esperar mais um pouco.

— Esperar o quê? Ou você não me ama?

— Não diga bobagens. Você sabe que o amo. É que...

— O quê? Vamos, diga.

— É que faz pouco tempo que Rosali morreu, e...

— E você quer ser enterrada junto com ela.

— Não fale assim. Tenha mais respeito pela memória de Rosali. Ela nem mesmo teve direito a um enterro digno, um túmulo onde possamos chorar e levar-lhe flores.

— Compreendo a sua dor e respeito os seus sentimentos, mas Rosali se foi, e você tem que aceitar isso. Eu sinto muito que seja assim, mas a vida continua. Rosali está morta, você não. Você vive, é jovem, bonita, inteligente.

— Por favor, pare. Não diga mais nada.

— Não posso aceitar essa recusa. Eu a amo e quero casar-me com você. Eu lhe suplico, deixe-me falar com seus pais para marcarmos logo a data. Por favor...

Sem mais motivos para recusar, Elisa acabou por consentir. No fundo, ele tinha razão. De que adiantava ficar se enganando? Rosali estava morta, e ela não podia se culpar por isso. Não fora ela quem arranjara aquela viagem. Por mais que sofresse com a morte da prima, tinha que pensar em sua felicidade. Amava Leonardo, queria ser feliz ao lado dele.

— Está bem — assentiu finalmente. — Pode falar com papai.

— Você acaba de me fazer o homem mais feliz do mundo — retrucou ele, a voz embargada. — Eu juro que jamais farei nada que possa magoá-la.

O casamento se realizou pouco mais de um mês depois, em cerimônia simples, ao agrado de Elisa, contando apenas com a presença dos amigos mais íntimos, da qual não participaram Alberto nem Marialva. Maria do Socorro e Mariano não deixaram de comparecer, presenteando-os com vibrações de luz e amor que derramaram sobre a igreja e o casal.

16

A mãe de Marialva vivia a ostentar o antigo título de baronesa pelos salões da capital e da Europa e, neste momento, entrou no quarto. Chamava-se Adélia, tinha trinta e cinco anos, bonita e vistosa, mais parecia irmã de Marialva. Casara-se muito jovem e, aos dezessete anos, já era mãe. O marido, cujo único atributo era um título de barão do Império, aceitou desposar a jovem, herdeira de rico e velho fazendeiro, em troca de um dote considerável. Adélia era dessas moças impetuosas, rebeldes e frívolas, sempre às voltas com joias, passeios e rapazes, o que era motivo de constante preocupação para seus pais. Por isso, antes que ela se entregasse ao desvario, resolveram casá-la com um homem de respeito, tendo sido eleito como marido o senhor Cristiano Augusto de Arcoverde, também conhecido por barão de Arcoverde.

Cristiano tinha o título e nenhuma riqueza. Depois do casamento, aplicou o dinheiro do dote na compra de uma casa bancária quase falida. Em pouco tempo, reergueu o banco e recuperou toda a fortuna, perdida pelo pai nas rodas de jogo. Tudo ia bem para a jovem Adélia, sempre em destaque nas rodas sociais. Mesmo o nascimento da filha não mudou sua rotina de prazeres, pois Adélia continuava frequentando festas e viajando quase constantemente.

Ao contrário da esposa, Cristiano era um homem sossegado e trabalhador, embora desatento dos assuntos domésticos. Marialva, portanto, foi educada por criadas que se sucediam regularmente, e sua criação acabou sendo a mais livre possível. Com tamanha indiferença por parte dos pais, Marialva vivia sua vida como queria, sem ninguém que lhe impusesse limites.

Sempre ausente do lar, o pai só soube de seu envolvimento com Alberto quando este foi pedir a mão da moça em casamento. Com apenas poucas perguntas sobre a família do rapaz, Cristiano deu-se por satisfeito. Escreveu uma carta à mulher, contando-lhe do noivado e pedindo sua presença imediata no Rio de Janeiro. Como perdera a festa de noivado, Adélia resolveu oferecer um jantar íntimo para Alberto e família, com a intenção de conhecê-los. Precisava encontrar a filha para darem os últimos retoques na decoração e na escolha das louças.

De pé em frente ao espelho, Marialva fazia a prova do vestido de noiva, confeccionado em organza branco, todo bordado com fios de prata e flores de pérolas. A costureira se esmerava em agradar, puxando daqui, apertando dali, mas a moça parecia insatisfeita. De forma exasperada, repreendeu a outra:

— Pelo amor de Deus, não me espete! Preste mais atenção no que faz!

— Perdão, senhorita — desculpou-se a costureira, toda acanhada.

— Esse vestido está horrível! Não me caiu bem.

— Foi o modelo que a senhorita escolheu.

— Mas está muito mal feito.

A porta de repente se abriu, e Adélia entrou com seu jeito afetado e seu sorriso artificial de sempre:

— Olá, querida — saudou ela, beijando displicentemente o rosto da filha. — Você está linda.

— Obrigada, mamãe.

— Algum problema com o vestido?

— É essa tonta, que não consegue acertar um lado com o outro. Não está torto?

Adélia, olhar crítico, examinou a filha de cima a baixo, sem encontrar qualquer defeito.

— Está perfeito — decretou.

Era justamente o que ela precisava ouvir.

— Tem razão, deve ser o cansaço. E você, pode sair. Já estou cansada dessa prova que não termina nunca.

A costureira deu graças a Deus de ter sido dispensada, pois já não aguentava mais os desaforos daquela menina mal-educada e mimada.

— Se não estiver muito cansada, gostaria de sua opinião na escolha dos pratos. Você acha que devíamos usar a louça inglesa ou a porcelana chinesa?

Escolheram a louça inglesa. Tudo pronto, a família do noivo chegou às dezenove horas em ponto e foi gentilmente recebida por Marialva e Cristiano. Exatos quarenta minutos após a chegada de Alberto, Adélia entrou na sala, deslumbrante em um vestido de seda azul marinho que contrastava com a alvura de sua pele e realçava seus brilhantes olhos azuis. Cristiano foi ao seu encontro e, tomando-a pelo braço, conduziu-a até os convidados, fazendo as devidas apresentações.

— Senhores, senhorita, gostaria de apresentar-lhes minha mulher, a baronesa Adélia Ribeiro de Arcoverde.

Sorrindo graciosamente, ela cumprimentou os presentes:

— É um prazer conhecê-los.

A conversa passou a transcorrer animada, e Alberto, profundamente impressionado com a formosura, juventude e vivacidade da futura sogra, tudo fazia para agradá-la. Sua atração por mulheres casadas era de todos conhecida, e ele estava deslumbrado com Adélia. Ocultou os pensamentos e agiu com tanta naturalidade, que ninguém, a não ser o pai, suspeitou da infâmia que lhe ia na alma. Adélia, por sua vez, mulher vivida e profunda conhecedora das intenções masculinas, logo percebeu o significado daqueles gestos tão solícitos, intimamente satisfeita com o poder de sedução que ainda era capaz de exercer sobre os homens.

— Quer dizer então que a minha menininha vai se casar?

— Mamãe, por favor — protestou Marialva —, não sou mais uma menininha. Já sou uma moça, tenho dezoito anos.

— Ah! Os dezoito anos! Como é bom o frescor da juventude!

— Perdoe-me, baronesa — interrompeu Alberto —, mas a senhora é ainda muito jovem. Nem parece mãe de Marialva.

— Obrigada, você é muito gentil. Mas deixemos de formalidades. Nada de me chamar de baronesa. Em breve você será da família, e os títulos de nobreza, lamentavelmente, caíram com o Império.

— Obrigada, dona Adélia.

— Assim está melhor. E você, Marialva, considere-se uma moça de sorte, por haver encontrado uma preciosidade feito Alberto.

— Fico feliz que tenha gostado de meu noivo, mamãe.

A madrugada já ia alta quando deixaram a casa do barão de Arcoverde. No caminho de volta, Eulália e Gustavo adormeceram na carruagem, e Fabiano comentou a meia-voz com Alberto:

— Preste atenção, meu filho. Cuidado com o que vai fazer.

— O que quer dizer, papai?

— Eu percebi os seus olhares para a baronesa.

— Que absurdo! Ela é mãe da minha noiva, minha futura sogra.

— E também uma mulher muito jovem e bonita, à qual o marido não sabe dar o devido valor.

— Não tenho nada com isso.

— Não pense que me engana. Não vá tomar uma atitude impensada.

— Que atitude? Não vou fazer nada!

— Acho bom. De Rosali foi fácil me livrar. Mas se você se envolver com a baronesa, esqueça de mim. Partirei para Portugal e nunca mais voltarei ao Brasil.

— Eu, hein, pai! Que ideia. Você está enganado. Dona Adélia, apesar de belíssima, não me despertou qualquer desejo. Ela é mãe de minha noiva e minha futura sogra. Nada mais.

— É o que espero.

Fabiano calou-se, percorrendo o resto do caminho em silêncio. Alberto, por sua vez, sentia que em seu corpo começava a arder a chama da paixão. No entanto, não levou a sério esse sentimento, atribuindo-o à forte impressão que a silhueta esguia de Adélia lhe causara. Estava apaixonado era por Marialva.

Rosali acordou sufocando. Tivera novamente aquele sonho, aquela sombra sinistra a roubar-lhe o alento. Sentou-se na cama e olhou pela janela, acompanhando as pesadas nuvens que tomavam conta do céu.

— Mas que inferno! — pensou. — Quando é que esses pesadelos vão terminar?

A mente ocupada com seus problemas, Rosali esquecera-se por completo do conselho da avó, que lhe recomendara orar todas as vezes em que sentisse aquele mal-estar. Livre de qualquer influência benéfica, o vulto soturno de Marcel aproximava-se constantemente de Rosali, sentindo-se cada vez mais confiante de seu poder. À medida que a gravidez dela avançava, o ódio dele também crescia. Julgava-se vítima de uma injustiça, pois Deus permitia a um criminoso reencarnar, enquanto dele eram furtadas todas as chances de voltar à vida.

Após uma noite mal dormida, cheia de pesadelos, Rosali despertou cansada, olhos fundos, corpo pesado e dolorido. Correu a olhar o mar, na esperança de que algum navio cruzasse a barra em direção ao porto. Mas nada. Desanimada, chamou Josué e indagou se Alberto não lhe escrevera. Aquela demora a estava consumindo. Já fazia mais de três meses que ali chegara, e desde então não recebera nenhuma notícia do noivo ou de sua família.

A solidão a fez aproximar-se de Luzia, uma senhora viúva que trabalhava ali havia mais de dez anos. Ela era boa e cuidadosa, sempre carinhosa com Rosali. Nas horas vagas, cozia camisinhas de pagão para ela, tricotava mantas e agasalhos, bordava lençóis finíssimos para cobrir-lhe o berço. Fazia isso com tanto gosto, que Rosali se encantava com a delicadeza de seu trabalho, chegando mesmo a sentir o amor materno aflorar em seu coração. Vinha então a lembrança de seus dissabores, o medo a consumia, e ela voltava a maldizer o filho, acusando-o de todos os seus infortúnios.

— E então, senhora, o que achas? — perguntou Luzia a Rosali, exibindo-lhe graciosa manta de lã, que tricotava com linha branca. — Não está uma beleza?

— Realmente. Você tricota muito bem.

— Espera e verás que o teu filhinho estará a se vestir feito um príncipe.

— Por que você acha que vai ser menino?

— Eu sinto.

— Você não pode saber.

— Eu não sei, eu sinto. Algo me diz que estás a carregar aí um rapagão.

Rosali riu. Luzia era realmente divertida, com seu jeito engraçado de falar. Era também boa companheira, alegre e otimista, sempre a dizer algo que compensasse uma perda ou sofrimento. Dava gosto estar junto dela.

— Não entendo por que Alberto não vem — ela mudou de assunto. — Ele me garantiu que não ia demorar. Estou preocupada.

— Não te aflijas, menina. Não fará bem à criança.

— Isso não me importa. O que me preocupa é a demora de Alberto. Morro se lhe acontecer alguma coisa.

Desconhecendo o plano dos patrões, Luzia tentou encorajar Rosali:

— Deixa disso. Logo, logo, ele estará aqui, louquinho para estreitar-te os braços e para ver o filho nascer.

— O que mais me intriga é que ninguém, nem minha mãe, me manda notícias. Nem minha prima Elisa, que sempre foi minha amiga. Não é estranho?

— Estranho, é. Desde que chegaste aqui, já vieram muitos navios do Brasil que poderiam trazer notícias dos teus.

— O que será que houve?

— Quem sabe não estão todos a preparar-te uma surpresa?

— Uma surpresa?

— Talvez estejam todos pensando em vir para o casamento. Não seria bom?

— Seria maravilhoso — ela fez uma pausa, fitou o mar e prosseguiu: — Você conhece Alberto?

— Não. Só o senhor Fabiano vem aqui e, assim mesmo, de vez em quando.

— Você gosta dele?

— Não tenho do que me queixar. Ele se mantém distante, mas nos trata com respeito.

— Há quanto tempo está viúvo?

— Há muito tempo. Quando vim trabalhar aqui, a esposa já havia falecido.

— De que foi que ela morreu?

— Dizem que foi de complicações no parto.

Rosali estremeceu. Tinha pavor de parto. Chegava a sentir calafrios só de pensar na hora de ter o filho. Era uma sensação ruim, de dor, de morte, algo que não sabia explicar.

— Tenho medo de morrer no parto — desabafou, as lágrimas se insinuando.

— Cruz-credo, menina, não digas asneiras!

— É possível, não é?

— Possível sempre é. Mas eu já pari quatro filhos e continuo aqui. Tu não vais morrer. És jovem, saudável, tem os quadris largos que darão boa passagem para a criança.

— Como você sabe disso?

— Já não te disse que fui mãe quatro vezes?

Luzia voltou a atenção para o tricô, enquanto Rosali se perdia em pensamentos, fitando o mar.

— Tenho tido pesadelos estranhos — comentou, sem desviar os olhos. — Sonho sempre com a mesma sombra rodeando meu corpo, suprimindo-me o ar, e acordo sufocando. É horrível!

— Já experimentaste rezar?

— Minha avó me dizia a mesma coisa, mas eu me esqueço. Dá uma preguiça...

— Então não podes reclamar. Fica com a tua preguiça.

— Não precisa ser grossa.

— Desculpa-me, senhora, mas é que a preguiça é mãe de todos os vícios. E, sinceramente, não vejo como podes preferir perder uma noite de sono a dedicar-te alguns minutos à oração. Cada uma...

— Como Deus poderia me ajudar? É só um pesadelo, não é real.

— Se não fosse real, não estava na tua cabeça. Pode ser uma alma do outro mundo — ela se persignou — e tu não a estás ajudando a encontrar o caminho para Deus.

— Você é engraçada. Como pode ser real algo que não vejo, não posso tocar e que desaparece logo que abro os olhos?

— Também não podes ver o ar nem o vento, e eles existem.

— Mas eu os sinto.

— E também sentes a tua sombra. Tu mesma disseste que acordas sufocando. Não é verdade?

— É.

— Então, o que me dizes?

— Acho que você não sabe o que diz.

Luzia calou-se. Rosali era uma boa menina, mas faltava-lhe fé. Ainda assim, rezaria por ela, para que Deus se apiedasse dela e a livrasse daquele sonho ruim.

17

O dia do casamento finalmente chegou, e Alberto aguardava ansioso a entrada da noiva, que já contava com quase meia hora de atraso. Toda a sociedade carioca estava presente, mas, por motivos óbvios, a família de Rosali não fora convidada. Mas isso não foi motivo para que Alfredo não comparecesse. Desesperado ante a perda da mulher amada, Alfredo assistia a tudo do outro lado da rua, oculto pelas sombras da noite.

Quando Marialva entrou na igreja, linda como nunca em seu traje de prata e pérolas, Alberto não pôde conter um suspiro de admiração. De seu esconderijo, Alfredo viu quando ela chegou, deslumbrante como uma rainha. Por pouco ele não correu para ela e a tomou nos braços, levando-a embora dali.

Terminada a cerimônia, os noivos receberam os cumprimentos no imenso salão atrás da igreja. Ao cumprimentar Marialva, Elisa sentiu certo amargor, como se a outra lhe estivesse roubando algo que lhe era muito precioso. Levou a mão ao coração e, lembrando-se de Rosali, deixou que duas lágrimas lhe escapassem dos olhos.

— Não fique triste — falou Edmundo, o único a perceber que ela chorava. — Sei o quanto você sofreu com tudo isso, mas a pobre Rosali já não se encontra mais entre nós, e Alberto tem o direito de viver a própria vida. Afinal, ele não teve culpa de nada.

— Eu sei — respondeu ela, sem convicção. — Foi apenas a saudade.

A noite ia alta, a orquestra tocava animada, e Alberto interrompeu a conversa para, cumprindo seu papel de anfitrião, convidar a prima para uma valsa.

— Ainda zangada comigo? — indagou ele, rodopiando com ela.

— Não, claro que não. O que senti foi resultado da profunda dor pela perda de minha melhor amiga.

— Compreendo. Papai e eu respeitamos sua dor e ficamos aguardando que a mágoa se dissipasse. Fico feliz que tudo tenha passado.

— Obrigada. Desejo, do fundo do coração, que você e Marialva sejam muito felizes...

Um grito lancinante fez Elisa se calar e atraiu a atenção dos presentes, que se voltaram a tempo de ver Alfredo, olhar desvairado, parado em frente à entrada do salão de baile, chorando e gritando feito um demente.

— Marialva! Marialva! — berrava ele. — Como pôde fazer isso comigo? Não lhe prometi o meu amor? Não rastejei a seus pés feito um cachorrinho? Como poderei viver sem o seu amor?

Os convidados, cheios de indignação, olhavam todos em sua direção, sem compreender bem de onde surgira aquele rapaz desgrenhado, que falava de Marialva como se a conhecesse. Edmundo, como parente mais próximo, tentou intervir:

— Alfredo, pare com isso — pediu com voz branda. — O que está fazendo?

— O senhor não percebe? Marialva me pertence. Alberto a tirou de mim, mas ele não tem o direito, não a ama como eu.

— Ela acabou de se casar. Vamos, venha comigo.

— Esse casamento é uma mentira. Aquele homem perverso a forçou. Ela não queria... é a mim que ama...

— Venha, Alfredo, vou levá-lo para casa. Deixe isso para depois.

— Não posso sair daqui sem a minha amada. Ela é minha!

Desvencilhando-se do tio, partiu como louco à procura de Marialva, que se escondera a um canto, ao lado da mãe, protegida pelo pai e pelo marido. Ao encontrá-la, Alfredo estacou e ficou a admirá-la, chorando e rindo ao mesmo tempo.

— Marialva, minha querida — balbuciou soluçante e extasiado —, como você está linda!

— Saia daqui! — ordenou Alberto, cheio de fúria. — Quem o deixou entrar? Você não foi convidado.

— Não preciso de convite para ver minha noiva.

— Sua noiva? Ora seu... — sem concluir, Alberto desferiu-lhe um murro na boca que o atirou ao chão, os lábios sangrando.

— Isso não vai ficar assim! — bramiu Alfredo, cheio de ódio. — Vim aqui para levar Marialva e não sairei sem ela. Ninguém há de me impedir, nem você.

— Como ousa, seu inseto repugnante? Vou lhe dar uma lição...

— Parem com isso imediatamente! — interveio Edmundo. — Alberto, contenha-se. Não vê que ele está fora de si? E você, Alfredo, acompanhe-me. Vou levá-lo para casa agora.

— Não vou! — gritou ele. — Não sairei daqui sem a minha Marialva!

— Agora basta! — era Marialva que, não podendo mais suportar tamanha vergonha, decidiu acabar ela mesma com aquela afronta. — Vá embora daqui, Alfredo. Não pertenço a você nem nunca pertenci.

— Mas Marialva, e o nosso amor?

— Que amor? Você não se enxerga?

— Tenha calma, querida. Eu compreendo que Alberto a forçou a isso...

— Cale-se, imbecil! Casei-me com Alberto porque quis, porque o amo. Agora saia daqui. Você já tomou muito do nosso tempo com a sua idiotice — e virando-se para Alberto, chamou: — Vamos, querido.

Já ia se afastar quando Alfredo, completamente desnorteado, sacou de uma pistola e apontou para ela, os olhos a demonstrar toda a loucura que dele se apossara. Marialva soltou um grito e parou horrorizada, enquanto todos os presentes, boquiabertos, respiração suspensa, aguardavam ansiosos o desfecho daquela cena insólita.

— Eu disse, Marialva, que se você não fosse minha, não seria de mais ninguém.

— Pare com isso, meu rapaz — implorou Cristiano, receoso.

— Alfredo, solte essa arma! — ordenou Edmundo. — Não cometa nenhum desatino.

Alfredo não parecia disposto a largar a pistola. Alheio às súplicas dos presentes, ficou ali, olhos fixos em Marialva que, de tanto pavor, não conseguia se mexer. Alberto também não se movia, com medo de assustar o outro e acabar provocando o disparo da arma.

— Vamos, menino — prosseguiu o tio —, você não quer atirar em ninguém, não é um assassino. Dê-me essa arma e vamos para casa.

Aos prantos, Alfredo foi abaixando a arma lentamente, e enquanto todos pareciam suspirar de alívio, fez pontaria em Marialva, pressionou o gatilho e disse, olhar vidrado nela:

— Sinto muito...

Rapidamente voltando a pistola para a própria têmpora, atirou. No mesmo instante, o corpo tombou inerte, fazendo com que as senhoras gritassem, umas voltando a face para não ver, outras desmaiando, enquanto Marialva, entre atônita e aliviada, desabou na cadeira, as mãos a ocultar o rosto, guardando no íntimo a sensação de que, sem querer, se havia livrado de um grande estorvo.

Acompanhando tudo do invisível, Maria do Socorro quase se desesperou. Fez de tudo para demover o neto daquele intento. Foram inúteis, contudo, os seus esforços, já que Alfredo, cuja mente se encontrava totalmente perturbada, não registrava sequer uma palavra de razão. Ao ver o corpo do rapaz cair, a face dilacerada, o sangue a se espalhar pelo chão, quis ajudar, mas a onda de ódio e culpa que emanava do próprio Alfredo a impediu. Embora rapidamente desligado do corpo físico, Alfredo permaneceu grudado a ele, sem atinar com o que se passava ao redor.

— Que há com ele? — indagou, aflita, Maria do Socorro.

— Alfredo já começa a sentir os resultados do suicídio impensado — respondeu, pesaroso, Mariano. — É ainda muito jovem, carregando, por isso, enorme quantidade de fluido vital. Com o abrupto e extemporâneo rompimento da vida física, seu corpo fluídico, também lesionado, provavelmente permanecerá ligado à matéria até que se escoe o tempo que lhe fora destinado na Terra, quando só então se esgotará o tanto de fluido que carrega consigo. A não ser que sua consciência lhe traga clareza e discernimento, fazendo-o verdadeiramente compreender a via inadequada que é o suicídio, libertando-o, consequentemente, das culpas que contribuem para esse estado de demência.

— Oh, meu Deus, o que fazer para ajudá-lo?

— Neste momento só podemos orar por ele, já que não adianta tentarmos intervir. O campo vibratório em que se atirou não permite que nos aproximemos, como você não conseguiu se aproximar há pouco. Nem ele irá nos ver ou sentir, já que atraiu para si energias densas que formam essa muralha escura que paira ao seu redor.

Realmente, ao redor de Alfredo, havia uma nuvem cinzenta e espessa, e Maria do Socorro retrucou penalizada:

— Pobre menino. Por que foi cometer essa loucura, esse crime que é o suicídio?

— Loucura? Sim. Crime? Não. Não há crimes aos olhos de Deus. O que há são desvarios decorrentes da imaturidade inconsequente.

— Mas suicídio não é pecado? Pelo menos, todas as religiões dizem assim.

— O suicídio talvez seja o maior ato de desequilíbrio que o ser humano seja capaz de cometer. É por isso que suas consequências são tão devastadoras e funestas. Só se suicida quem está num grau de perturbação tão grande que perde o contato com a razão e o discernimento.

Ninguém que consegue manter um mínimo de equilíbrio comete essa loucura.

— Mas os suicidas não vão todos parar no umbral? Não é essa a lei?

— A lei de Deus é sempre a lei de amor, nunca a de punição. O umbral não é um local de castigo para os pecadores. É uma criação de mentes perturbadas que não conseguem se desvencilhar de seus tormentos, como culpa, ódio, medo, orgulho, ciúme, inveja, vingança... A lista é enorme. Quem se suicida está vibrando algum ou vários desses sentimentos, todos fruto do desequilíbrio, de um alto grau de perturbação, de desordem mental e emocional. Nesse estado, ninguém consegue manter uma vibração sutil de forma a se libertar do magnetismo poderoso que ronda as esferas inferiores. Por isso é que, atraído para o submundo das sombras, o espírito ruma diretamente para lá, já que, inconscientemente, não reconhece em si nenhum merecimento para pretender se elevar a mundos mais agradáveis.

— E há esse merecimento?

— Sempre que há discernimento e consciência, sim. Se o suicida conseguir se libertar de todo esse emaranhado de dor que o atraiu para o suicídio, então, não se atirará no temido umbral. Mas quem você conhece que, estando em equilíbrio, tira a própria vida? A não ser em casos extremos, de renúncia e heroísmo, isso não acontece.

— Esse não foi o caso de Alfredo, com certeza.

— Alfredo é uma alma enferma. Ao longo dos anos, vem sofrendo as consequências de seus vícios e dessa paixão insana por Marialva.

— O quê? Então ele a ama há muitas vidas?

— Na verdade, é mais uma obsessão.

— E ele já cometeu suicídio antes?

— Sim, embora nem sempre de forma ativa. Houve vezes em que simplesmente parou de se alimentar e se deixou morrer. Outras vezes, entregou-se a duelos e lutas ferozes pela posse de Marialva, morrendo quase sempre nas mãos de algum inimigo mais hábil e astuto.

— Que lástima, meu Deus!

— Não lamente. Alfredo precisa aprender a perder e a reconhecer o valor da vida. Tudo é permitido, mas o respeito ao outro é o limite. Agora venha, deixemos de lado essa conversa e rezemos por ele.

De mãos dadas, fizeram a prece pelo espírito de Alfredo. Ao final, Mariano espargiu energias de amor pelo ambiente, direcionando fluidos invisíveis para o corpo astral de Alfredo. Depois, enxugou as lágrimas de Maria do Socorro, e partiram.

Ainda era madrugada quando Edmundo puxou a campainha da casa de Osvaldo. Teve que esperar alguns minutos, até que uma luz de vela se aproximou, e a porta se abriu.

— Edmundo! — exclamou Osvaldo. — A essa hora? Aconteceu alguma coisa?

— Preciso falar com você — respondeu o outro, com notável gravidade na voz.

— Entre.

Edmundo passou para o lado de dentro e viu Helena parada no pé da escada, uma vela na mão, fitando-o com espanto e medo. Até então, nenhum dos dois sabia que Alfredo não estava em casa.

— O que houve? — indagou ela aflita. — Foi algo com Elisa? Minha irmã está bem?

— Em casa, estamos todos bem. O problema é com Alfredo.

— Não vá me dizer que ele fez alguma bobagem no casamento da tal de Marialva — falou Osvaldo. — Foi hoje, não foi?

— Mas ele está dormindo — esclareceu Helena. — Vi quando se recolheu.

Edmundo procurava reunir coragem para falar. Havia ensaiado mil vezes, mas agora, tinha dificuldades em pronunciar as palavras que transmitiriam tão funesta notícia.

— Por Deus, homem, conte-nos logo! — implorou Osvaldo. — Está nos deixando aflitos.

— Temo que a notícia seja das piores. Lamento informá-los, mas houve um acidente...

— Acidente? Ele está ferido?

— Não. Sinto muito, Helena. Mas você tem que ser forte.

— Meu Deus! Meu Deus! — Helena começou a gritar, já sabendo o que iria ouvir. — Meu filho... ele está... está...

— Morto... sim — concluiu Edmundo.

Ante o choque inesperado, Helena desmaiou e foi amparada pelo marido, que a conduziu até o sofá. Emocionalmente abalado, Osvaldo correu ao armário e voltou com um vidrinho de amônia, passando-o, com mãos trêmulas, sob as narinas da mulher. Helena despertou em sobressalto e fitou o marido com ar incrédulo e embasbacado, recusando-se a acreditar que o destino lhe pregava tão cruel peça. Por sua vez tentando controlar a emoção, Osvaldo virou-se para Edmundo e pediu com voz sofrida:

— Conte-nos o que aconteceu.

O outro narrou com pormenores o incidente no casamento do sobrinho, que culminou com o suicídio inesperado de Alfredo.

— Meu filho... — soluçou Helena. — Meu menino...

Osvaldo não conseguia ocultar a tristeza. Seus olhos embaciados quase não lhe permitiam enxergar o cunhado.

— Não sei o que houve com a minha família — rumorejou sentido. — Aos poucos, foi sendo dizimada, vítima de tantas fatalidades. Primeiro foi minha mãe, a quem nem tivemos tempo de socorrer. Depois Rosali, que carregou consigo o meu futuro neto. E agora Alfredo... Pelo amor de Deus, Edmundo, responda-me: onde foi que eu errei?

— Não sei, Osvaldo. Nem sei se alguém errou. Foi uma fatalidade.

Apesar do silêncio de Osvaldo, o clima na sala era tenso e doloroso, e podia-se sentir o pesar e a tristeza se infiltrando até nas paredes. Foi quando Helena, que permanecera quieta até então, recobrando-se do susto e do pavor, fitou o marido e rosnou, carregada de ódio:

— Você é o culpado de toda essa desgraça! Não fosse o seu orgulho, a sua arrogância, a sua intransigência, nossos filhos ainda estariam aqui, vivos e protegidos no seio do lar. Como o odeio! Odeio tanto que, de hoje em diante, nunca mais quero vê-lo ou falar com você. Você disse que Rosali estava morta para você quando fez o que fez, não foi? Pois para mim, quem está morto agora é você.

O desprezo e a raiva em sua voz eram tão profundos que nem Osvaldo, nem Edmundo conseguiram ter qualquer reação. Saiu para a rua como estava, de camisola e penhoar, caminhando feito louca em direção ao nascer do dia. As nuvens encobriam o sol, e uma chuva miúda caía quando ela bateu à porta da casa da irmã. Rosamaria estava acordada, à espera do marido, e Helena atirou-se em seus braços aos prantos.

— O que vou fazer da vida agora? — desabafou aos prantos. — Perdi meus dois filhos, meus únicos tesouros. O que mais me resta?

— Acalme-se, Helena. Você ainda tem seu marido.

— Não tenho mais marido! Tudo isso é culpa dele. Foi a intransigência dele que matou Rosali. E a mesma intransigência levou Alfredo ao suicídio. De hoje em diante, Osvaldo está morto para mim.

— Você não sabe o que diz. É a dor que a leva a falar essas bobagens.

— Não são bobagens. Não quero mais ver Osvaldo na minha frente. Nunca mais!

— Mas como? Para onde você vai?

— Se não posso ficar aqui, não faz mal. Deus me deu dois braços fortes para trabalhar. Posso arranjar um emprego e me sustentar sozinha.

— Você está louca. Aonde pensa que vai assim, vestida desse jeito?

— Não volto mais para casa, Rosamaria, nunca mais!

— Está bem, tenha calma. Não precisa se desesperar. Sou sua irmã, e você pode ficar aqui o quanto quiser. Agora venha, vamos subir e trocar de roupa. Você está toda molhada. Vou lhe emprestar uma camisola e depois irei à sua casa buscar algumas roupas.

— Obrigada — finalizou Helena, comovida.

A chuva torrencial havia dado uma trégua na hora do sepultamento, no qual poucas pessoas se fizeram presentes. Helena chegou amparada pela irmã e pela sobrinha, sem mais lágrimas para chorar. Osvaldo, por sua vez, parecia que havia envelhecido dez anos em um só dia. Cabelos encanecidos, faces profundamente marcadas por rugas de tristeza e melancolia, era o retrato da dor. Tentou aproximar-se de Helena, mas ela se desviou dele e recusou-se a falar-lhe. Ficaram lado a lado no enterro, embora sem trocar uma palavra.

Por haver tirado a própria vida, o que é considerado pecado mortal pela Igreja, o padre Bento não compareceu para encaminhar a alma do morto, como de costume, o que deixou Helena ainda mais desgostosa. Enquanto seguiam o cortejo, virou-se para Elisa e Rosamaria e, num sussurro, considerou:

— Alfredo, com seu desatino, privou-se a si mesmo de um enterro cristão, visto que o suicídio atenta contra as leis de Deus. Ele sabia disso, frequentava a igreja, fez a primeira comunhão. E agora sua alma está condenada a arder para sempre no fogo do inferno.

— Esses são os dogmas da Igreja, titia — observou Elisa. — Todavia, nós não sabemos se as coisas são realmente assim. Eu, particularmente, não acredito nisso. Acho que todo mundo merece uma segunda chance, e se Deus vai punir Alfredo por sua fraqueza, então, não é um deus de amor.

— Elisa! — censurou Rosamaria. — De onde tirou essas ideias?

Elisa não respondeu, mas Helena ficou satisfeita com a resposta que lhe dera.

— Acho as suas palavras muito sábias — considerou emocionada. — Trazem esperança para Alfredo.

O caixão chegou ao local do sepultamento e os coveiros desceram a urna fúnebre à sepultura. Ao lado, o espírito de Alfredo acompanhava tudo. Completamente aturdido, seguia os acontecimentos sem compreender bem o que se passava. Lembrava-se de haver atirado em si mesmo, de sentir uma dor aguda no cérebro, quase como uma ardência. Sentira o corpo tombar e se imaginara morto. Mas ao ser deitado na urna, percebeu que não havia morrido, embora estivesse imobilizado por uma estranha força. Sentiu a cabeça doer e levou a mão às têmporas, experimentando uma sensação de umidade. Notou que um líquido viscoso escorria da testa e empapava-lhe a camisa, banhando-lhe o pescoço e o peito. Só então se deu conta de que havia uma ferida aberta em sua cabeça, por onde o sangue jorrava aos borbotões.

"Meu Deus!" — pensou ele. "Eu não morri, e ninguém percebe. Graças a Deus que estou vivo, pois me arrependi daquele ato tresloucado no instante mesmo em que apertei o gatilho. Mas o ferimento é sério, e estou perdendo muito sangue. Se não for logo socorrido, na certa, morrerei."

Tentou chamar o homem que, displicentemente, enfeitava o caixão com flores. Mas o homem não respondia, embora Alfredo se imaginasse a gritar em voz alta. Assustado, bradou:

— Pelo amor de Deus, senhor! Por acaso é surdo ou o quê? Então não percebe o meu estado? Não vê que respiro, que estou vivo? Pare com isso e vá buscar ajuda. Preciso de um médico, não de um agente funerário!

O homem não se movia. Cantarolando, continuava a enfiar flores pelo caixão, e Alfredo sentiu tremendo mal-estar ao sentir as mãos daquele sujeito a roçar-lhe o corpo, esbarrando, inclusive, na imensa ferida em sua cabeça.

— Você por acaso é louco? Não está vendo todo esse sangue?

De repente, Alfredo estremeceu. E se tivesse aquela estranha e incomum doença em que todos os músculos se enrijecem e o indivíduo é dado como morto? Como se chamava mesmo? Catalepsia. Sim, é isso. E se ele sofresse de catalepsia? Com certeza seria enterrado vivo e morreria sufocado. Desesperado, começou a se debater e a gritar, mas o corpo permanecia imóvel, e de sua garganta nenhum som se fazia ouvir.

Tudo parecia perdido. Por mais que tentasse, Alfredo não conseguia chamar a atenção de ninguém. Tudo pronto para o velório, viu entrarem, um a um, os seus familiares. A mãe com ar sofrido; o pai, derrotado e arrependido. Os tios, Elisa, Leonardo e alguns poucos amigos. E o padre? Por que não viera? Seus olhos estavam abertos e se moviam, mas ninguém notava. Como podia ser?

As horas foram passando, até que alguém resolveu que já era hora de fechar a urna. No auge da aflição, Alfredo implorava que o escutassem. Ninguém ouviu, e a tampa do caixão atirou-o em total escuridão. Quando o pai, o tio, Leonardo e outros rapazes seguraram a alça do caixão e o ergueram, sentiu-o balançar e teve certeza de que o conduziam para a sepultura. Notou quando pararam e, apurando os ouvidos, conseguiu escutar o barulho de pás revolvendo a terra molhada. Depois, nitidamente distinguiu o movimento do caixão sendo baixado ao sepulcro e escutou a voz da mãe, mas não lhe distinguiu as palavras. O solavanco brusco o fez compreender que a urna alcançara o fundo da cova, e logo as batidas secas demonstraram-lhe que a terra estava sendo atirada sobre ela, soterrando-o vivo.

Impotente diante da fatalidade, ficou ali deitado, enquanto os ruídos foram diminuindo, diminuindo, até cessarem por completo. Pronto, estava feito. Fora enterrado vivo, e suas esperanças de voltar a ver a luz do dia ficaram perdidas na umidade e escuridão da terra fria.

18

O sol batia em cheio no horizonte quando Rosali avistou um navio cruzando a barra. Dominada pela euforia, correu a chamar Josué, na esperança de que Alberto nele estivesse ou que, ao menos, lhe enviasse alguma notícia. A contragosto, Josué saiu em direção ao cais, voltando logo em seguida com a informação de que Alberto não se encontrava entre os passageiros.

— Você tem certeza? — indagou ela desalentada. — Procurou direito?

— Sim, senhora. Olhei em todos os cantos e não vi o patrãozinho.

— Mas nem uma carta? De ninguém?

— Não, senhora.

— Não entendo — e desatou a chorar. — Por que será que me abandonam assim, sem notícias? O que estará acontecendo no Brasil? Ah! Josué, quero voltar.

— Não, senhora. Não pode. O seu estado... A criança está para nascer a qualquer momento.

— Não posso mais ficar aqui nessa angústia. Preciso saber o que houve. Por que Alberto demora tanto?

Diante do sofrimento de Rosali, Josué se apiedou e achou que não era certo enganar a moça como vinham fazendo. O patrão que o perdoasse e o despedisse se quisesse, mas aquilo não estava direito, e ele não queria mais compactuar com aquela farsa.

— Dona Rosali, temo não ter boas notícias para lhe dar.

— Como assim? Aconteceu alguma coisa com Alberto que você não quer me contar? Pode falar, não se deixe impressionar pelos meus nove meses de gravidez. Posso suportar, seja o que for. O que não suporto mais é esse silêncio. Por favor, Josué, estou implorando.

— Bem, senhora, lamento informá-la de que o doutor Alberto não virá.

— Como assim, não virá?

— Não virá, é só.

— Não compreendo. Ele me mandou para cá, a fim de que esperasse por ele. Vamos nos casar, teremos um filho. Como pode ele não vir?

— Eu sinto muito, senhora. Mas foi tudo um plano para afastá-la do caminho do doutor Alberto.

— Um plano? Do que você está falando?

Josué, constrangido e envergonhado por haver participado daquela infâmia, acabou por revelar:

— Dona Rosali, a senhora deve ser forte. O doutor Alberto mais o pai dele me incumbiram de trazer a senhora para cá, apenas para livrá-lo da obrigação de desposá-la e de ter que assumir a criança. Deram-me ordens para que eu, assim que chegássemos, lhes escrevesse uma carta contando que a senhora havia morrido. Por isso não recebe notícias de ninguém. Todos pensam que está morta, e as cartas que a senhora escreve... bem, eu as tenho todas guardadas. Por isso é que lhe digo: o doutor Alberto não virá ao seu encontro. Creio mesmo que, a essa altura, já deve estar casado com a senhorita Marialva. Só estou lhe confessando essas coisas porque estou arrependido. Não lhe quero mal; não é direito fazer isso com a senhora e...

Rosali não escutava mais nada. A dor da traição, a perda do ser amado e o medo de ser mãe, aliados ao fato de que odiava a criança que esperava, tudo isso fez com que perdesse a razão, e ela pôs-se a gritar e amaldiçoar, enquanto dava socos violentos na barriga.

— Desgraçados! — esbravejou ela. — Malditos, covardes, infames! Como puderam fazer isso comigo?

— Dona Rosali, por favor — suplicou Josué. — Assim vai acabar fazendo mal à criança.

— Que morra! Não quero esse filho bastardo e inútil. Eu o odeio, odeio!

Tomada por uma fúria incontrolável, continuava desferindo golpes no ventre. Por sorte, Luzia ouviu aquela gritaria e acudiu ligeira, segurando Rosali pelos punhos.

— Acode, Josué, por Deus — pediu ela ao ex-escravo. — Ou ela se mata e à criança.

De tanto esmurrar a barriga, Rosali acabou precipitando o nascimento do bebê, e a dor das contrações a fez curvar-se quase ao chão.

— Corre, Josué, vai à vila e traze a parteira — ordenou Luzia em desespero. — A criança logo vai nascer.

Assustado, Josué saiu desabalado, enquanto Rosali gritava, amaldiçoando o filho:

— Morra, cretino! Você é a causa de toda a minha desgraça!

— Oh! Deus! — rogou Luzia — Tem piedade dessa pobre alma que não sabe o que diz e envia um anjo de tua guarda para salvá-la e à criança.

Atendendo à singela, porém, sincera oração, Maria do Socorro adentrou o recinto, acompanhada de Mariano e dois assistentes, que se aproximaram do leito onde Rosali estava deitada, gemendo de dor. Calmamente, ministraram-lhe um passe revigorante, enquanto o médico do invisível, atenção presa no útero da moça, trabalhava para acomodar a criança e direcioná-la para a saída, de tal forma que ela, pronta para vir ao mundo, demorasse ainda mais alguns instantes, o suficiente para que a parteira chegasse com seus valorosos préstimos. Maria do Socorro, por sua vez, rezava incessantemente, pedindo a Deus que não os abandonasse naquela hora.

Pouco depois, Josué chegou com a parteira que, apalpando o ventre de Rosali, concluiu:

— O parto vai ser um pouco demorado, porque a criança é bem grande, mas não está virada. Vamos, minha filha, força.

Angustiada e sentindo fortes dores, suando e gritando, Rosali tentava expelir aquele ser indesejado. Mariano e seus assistentes, auxiliando a parteira, induziam-na a agir da forma correta, estimulando o bebê a lutar pela vida. Assim, após quase duas horas de agonia, Henri veio ao mundo, em forte clima de ódio e ressentimentos.

Encantada com o recém-nascido, Luzia disse a Rosali:

— É um menino, senhora. Um belo menino. Toma, segura teu filho.

Ela estendeu a criança para Rosali que, colérica, bradou:

— Tire essa criança de perto de mim! Não quero vê-la!

— Mas senhora, é teu filho.

— Não é meu filho! Não o quero. Por mim pode dá-lo ao primeiro vagabundo que passar, ou então fique com ele você mesma.

Foi uma decepção para Luzia, que acreditava que a chegada do bebê traria novo alento a Rosali. Com ele no colo, retirou-se, encantada com seus olhinhos azuis, cheios de amor. O pequeno, ainda traumatizado pela violência do parto, pôs-se a chorar e foi acalmado pela doçura de Luzia, que lhe dizia baixinho:

— Sossega, anjinho, que a Luzia vai cuidar de ti. Tua mãezinha está doente, mas breve te acolherá nos braços, vais ver.

Como se compreendesse, a criança silenciou, e Luzia levou-a para o quarto ao lado, a fim de lavá-la e vesti-la. Finda a tarefa, voltou ao quarto de Rosali com o menino no colo. Ao entrar, encontrou-a prostrada sobre a cama, pálida e cheia de olheiras.

— Dona Rosali — disse ela —, sei que não te sentes bem, mas é preciso alimentar o bebê.

— Que bebê? — retrucou Rosali. — Não sei de bebê nenhum.

— Mas senhora, o teu filho...

— Tire essa criança daqui. Já disse que não quero vê-la.

— Precisas dar-lhe de mamar.

— Ficou louca? Acha mesmo que vou permitir que essa criaturinha se grude no meu seio feito um parasita? Jamais!

— Se não amamentares, a criança vai morrer de fome.

— Que morra! — gritou ela descontrolada. — Saia daqui e não me apareça mais com esse infeliz nos braços. Não o quero, pode dá-lo a quem dele faça melhor proveito.

Novamente, Luzia se retirou, triste ante aquela reação atípica de mãe. Precisava pensar no bebê, que esperneava de fome. Correu à cozinha a indagar das criadas se conheciam alguém que pudesse servir de ama de leite.

— Eu conheço, Luzia — respondeu a arrumadeira. — Há lá na vila uma moça, de nome Leocádia, prima de uma amiga minha, que deu à luz uma menina faz uns dois meses. Poderei falar com ela, se quiseres.

— Claro, menina. Vai agora mesmo chamá-la. Dize-lhe que pagarei bem.

A moça saiu em busca da ama de leite, que não tardou a chegar. Apresentada a Luzia, Leocádia logo se prontificou a amamentar o pequeno, recusando-se a aceitar qualquer pagamento em troca.

— Nem sei como agradecer-te — falou Luzia, a voz embargada de emoção. — Deus há de recompensar-te em dobro. Agora toma, eis o menino.

— Como é lindo!

— Mas chora de tanta fome.

Fechada no quarto, Rosali procurava a todo custo tapar os ouvidos, para não escutar o choro da criança. Os seios intumescidos doíam horrivelmente, cheios do leite que ela recusava ao filho. Aqueles sintomas eram muito conhecidos de Luzia, que constantemente alertava Rosali da necessidade de amamentar:

— Dona Rosali, não faças isso. O menino precisa de leite.

— Não quero saber. De mim nada terá.

— Os teus seios estão inchados, prontos para o bebê.

— Já disse que não consentirei. Odeio essa criança e não quero saber dela. Aliás, pode procurar alguém por aí que a queira.

— Queres mesmo que eu faça isso?

— É claro que sim. Como você mesma disse, é um menino bonito. Não vai faltar quem deseje ficar com ele. E por favor, seja breve. Odeio ouvir choro de criança.

A mágoa de Luzia era tão grande, que ela desistiu de tentar. Talvez fosse mesmo melhor arranjar alguém que cuidasse da criança e lhe desse amor, ao invés de condená-la a uma vida de órfão ao lado da mãe.

— Verei o que posso fazer — arrematou ressentida.

— Ótimo.

Alheios à vontade de Rosali, seus seios não paravam de produzir leite, e em tal quantidade que transbordavam constantemente, ensopando a camisola e nela impregnando forte odor. Quanto mais ela trocava de roupa, mais o leite vazava. Como tudo tem um motivo, embora não aparente e, aparentemente contrário ao que parece ser o melhor, a produção de leite aumentava graças à intervenção do doutor Mariano, que tentava, dessa forma, despertar o sentimento de maternidade em Rosali.

Como Leocádia possuía também uma filha para amamentar, não podia passar as noites na quinta, e Luzia é quem dava de mamar ao neném, com leite de vaca diluído em água. Todas as noites, quando a criança chorava, Luzia se levantava e preparava-lhe a mamadeira, só então voltando a dormir. Naquela noite, porém, sentindo-se mal, levantou-se para ir à casinha, visto que o intestino se ressentia de algo que comera durante o dia. Ausentara-se apenas por alguns instantes, o suficiente para que o bebê, sentindo a costumeira fome, abrisse o berreiro, despertando Rosali.

Furiosa, ela se virava de um lado para o outro, tapando os ouvidos e enfiando a cabeça debaixo dos travesseiros.

— Luzia! Luzia! Onde está essa mulher? — presa na casinha, Luzia não escutava os apelos de Rosali, que continuava a gritar: — Luzia, onde está você? Não ouve a criança chorar?

Nada. Ninguém aparecia. Certa de que a criada pegara no sono, Rosali levantou-se da cama, ainda mais irritada por ter que ir despertá-la. Abriu a porta do quarto contíguo e chamou com aspereza:

— Luzia! Pelo amor de Deus, não escuta esse infeliz a chorar?

Como Luzia não respondesse, Rosali se aproximou do berço, exasperada e pronta para repreender o pequenino.

Ao vê-lo, teve uma reação inesperada. Um leve tremor sacudiu seu coração e dissipou o ímpeto da censura inútil. Sim, pensou, ele era realmente bonito. E aqueles olhos azuis? Com certeza herdara do pai.

Ficou ali a olhá-lo, surpresa com sua própria admiração, enquanto a criança não parava de chorar. Sem saber o que fazer, desajeitadamente pegou o menino no colo, e ele, sentindo o cheiro do leite que embebia a camisola da mãe, instintivamente virou a cabeça, buscando-lhe o peito por cima do pano. Assustada, Rosali arriou na poltrona ao lado e, ainda sem jeito, abriu a camisola e expôs o seio, dele aproximando gentilmente a cabecinha do filho. Instantaneamente, ele pôs-se a sugar o leite, causando em Rosali um prazer indescritível, nunca antes experimentado. Naquele breve momento, sentiu que amava o filho e acariciou-o levemente, com medo de machucá-lo. Logo ele se aquietou, revirando os olhinhos e aproveitando seu momento de prazer e alegria ao lado da mãe.

Voltando da casinha, Luzia abriu a porta do quarto, e vendo Rosali ali sentada, com a criança nos braços, amamentando-a de forma tão amorosa, deixou escapar duas lágrimas de emoção, intimamente agradecendo a Deus por aquela graça. Rosali fitou-a com olhos brilhantes e falou, entre embevecida e emocionada:

— Veja, Luzia, é o meu filho. Não é lindo?

— Sim, senhora, é o bebê mais lindo que já vi nascer.

— Como pude pensar que não o amava?

Luzia simplesmente meneou a cabeça. Não importava o motivo, mas sim o fato de que ela finalmente reconhecera seu amor de mãe. Ainda com a emoção a embargar-lhe a voz, retrucou gentilmente:

— O pequeno ainda não tem nome. Como vais chamá-lo?

Rosali pensou durante alguns segundos, acompanhada pela avó e por Mariano, que não a abandonavam um minuto sequer. Maria do Socorro aproximou-se dela e, com voz dulcíssima, soprou-lhe ao ouvido:

— Henri.

Rosali, que pouco ou nada conhecia do francês, não compreendendo bem a sugestão da avó, olhou para o filho e respondeu simplesmente:

— Henrique. Vai se chamar Henrique.

Segunda Parte

1

Por muitos anos, Rosali permaneceu em Portugal, sem que ninguém, durante todo esse período, soubesse de notícias suas. Fabiano mandara abrir uma conta em seu nome na casa bancária da cidade, diligenciando, junto a seu gestor de negócios, para que nada lhe faltasse, nem à criança, pretendendo, com isso, ver saldada sua dívida com ela. Amargurada e decepcionada, nada mais possuindo de seu além do filho querido, Rosali aceitou a vida reclusa, alimentando a esperança de um dia voltar ao Brasil e concretizar seus planos de vingança.

Desde cedo Henrique demonstrou-se extremamente inteligente e vivaz, tendo em Josué seu companheiro de aventuras, paciente e amigo, que o acompanhava nas brincadeiras junto com outras crianças da cidade. Para ele, Rosali era a mãe perfeita. Ela era seu porto seguro, aquela que o protegia nas horas de perigo, que o encorajava nos momentos de insegurança e medo, que o repreendia quando ultrapassava os limites da travessura.

Logo que alcançou certa maturidade, Henrique começou a questionar sobre o paradeiro do pai. Sem saber ao certo o que falar, Rosali contou-lhe que o pai a havia abandonado, sem saber que estava grávida, e que ela fora dada como morta em um naufrágio. Dissera-lhe que o avô escolhera outra moça para casar-se com ele, que não a amava o bastante para enfrentá-lo. Quanto aos parentes, ela não sabia ao certo. Talvez estivessem mortos, mas a verdade era que seu próprio pai não aprovara o casamento de ambos.

As respostas não satisfizeram Henrique, que demonstrava grande interesse em conhecer o pai, a família e o Brasil. Era preciso contar-lhes que a mãe não estava morta, e mais, que tinha um filho. Nessas horas, Rosali recordava a terra natal e sentia imensa saudade do Rio de Janeiro e de seu antigo lar.

Estavam, certo dia, conversando sobre o Brasil, e Henrique logo reparou as lágrimas que ela não conseguia conter.

— Você está chorando!

— Estou?

— Foi porque falei que gostaria de conhecer meu pai?

— É claro que não. Sinto falta do Brasil, é só.

— Por que não volta?

— Eu não poderia. Não depois de tudo o que aconteceu.

— Não é culpa sua se meu pai a abandonou e meu avô brigou com você.

— Todos me julgam morta. E seu avô não quer mais me ver.

— Como você sabe? Já faz tanto tempo...

— Eles agora são estranhos para mim.

Desde aquele dia, sempre que possível, Henrique procurava a mãe para que ela lhe contasse sobre as coisas do Brasil, e Rosali falava saudosa dos pais, dos tios, de Elisa e até do irmão, cuja morte desconhecia. Isso só fez com que a vontade de conhecer o Brasil aumentasse, e Henrique vivia a pedir a Rosali que o levasse. Apesar de apreciar a vida pacata que levava em Portugal, o menino sonhava com as paisagens brasileiras, que a mãe exaltava, acompanhada por Josué. Este, contudo, embora também saudoso, não desejava voltar, pois se casara com uma jovem portuguesa, também empregada da quinta, que já esperava o quarto filho. Essa era a desculpa de que Rosali precisava, alegando que não poderia voltar sozinha, com um filho pequeno, sem a companhia de um homem que lhes garantisse a segurança.

Os anos foram passando, até que, após o sétimo aniversário, Henrique começou a ter estranhos acessos e a falar coisas sem sentido, deixando Rosali seriamente preocupada.

Ele se debatia no sono, suava frio e parecia estertorar, buscando desesperadamente sorver o ar. O médico não conseguiu descobrir a causa daqueles ataques e levantou a suspeita de que o menino sofria das faculdades mentais. O diagnóstico foi veementemente rejeitado por Rosali, que sofria semelhantes acessos e tinha certeza de que não era louca.

Apesar de religiosa, Luzia era também bastante supersticiosa e acreditava que Henrique e Rosali eram vítimas de algum espírito ruim. Por isso, orava constantemente, atraindo a presença de espíritos amigos, dentre os quais Maria do Socorro e Mariano. Os fluidos luminosos que espargiam no ambiente alcançavam a todos, inclusive Marcel, que voltara todo o seu ódio contra o jovem Henrique.

Certa vez, logo após completar nove anos desde sua chegada ali, Rosali se pegou a olhar pela janela e a pensar com insistência em Elisa. Como era sua amiga! E a mãe? Como estaria passando? Lembrou-se dos entes queridos e lamentou estar afastada, privando o filho do convívio com eles. O pai, contudo, não queria saber dela.

E tinha o problema de que todos a julgavam morta. Mas ela não morrera. Ao contrário, estava bem viva, ela e seu filho, um lindo menino de pele morena como a dela e os olhos azuis do pai. Pensou em como a mãe ficaria feliz em conhecer o neto.

Seus pensamentos foram interrompidos pela visão do filho, brincando na areia com outras crianças. O maior sonho de Henrique era conhecer o Brasil, mas será que seria direito afastá-lo da segurança de Viana do Castelo? Como poderia ela agora levá-lo para uma terra distante, apresentá-lo a um homem desconhecido e dizer-lhe simplesmente: este é seu pai? Alberto devia estar casado, provavelmente com outros filhos, e nem mais se lembraria dela. Voltou então seus pensamentos para o ex-noivo. Ela o amara muito, mas agora não sentia mais nada por ele. Ou será que sentia? Amor? Talvez ódio. Nem ela sabia.

Foram muitos meses de dúvidas, mas a saudade falou mais forte. Um dia, Rosali chamou Luzia e participou-lhe:

— Vou voltar para o Brasil.

— Por quê?

— Não sei. Só sinto que devo voltar.

— Mas senhora, e o menino? Ele só conhece meia verdade. E não tens vivido bem aqui?

— Henrique está curioso para conhecer o pai e o resto da família, e não sei mais o que fazer para dissuadi-lo dessa ideia.

— Ele pode ter um choque.

— É um risco.

— Eu ainda acho que deverias esperar um pouco mais. O menino é ainda pequeno...

— Já estou decidida. Parto para o Brasil em poucos dias. Peço-lhe que não nos esqueça e que reze sempre por nós.

— Não adianta insistir, não é mesmo? Conheço-te bastante bem para saber o quanto és teimosa e decidida.

— Você tem sido uma grande amiga, a única que conheci em todos esses anos. Jamais me esquecerei de você.

— Não fales assim, senhora — concluiu ela, já chorando pela saudade que sentiria de Rosali e de Henrique, a quem aprendera a amar como a um filho. — Jamais vos esquecerei também. Sois como a minha família.

Ao final de três semanas, Rosali embarcou com o menino rumo ao Brasil, deixando Viana do Castelo para sempre, levando na lembrança as recordações dos dias felizes em que ali vivera.

Ao desembarcar no Brasil, Rosali e o filho se hospedaram numa pensão no Flamengo e, no dia seguinte, logo pela manhã, partiram direto para a casa de Elisa. Rosali tocou a campainha e esperou cerca de dois minutos até que alguém atendesse. Uma moça morena, que Rosali não conhecia, atendeu. Usava um avental de xadrez azul e indagou gentilmente:

— Pois não? Em que posso ajudá-la?

— Por favor — respondeu Rosali —, gostaria de falar com a senhorita Elisa.

— Elisa? Aqui não mora ninguém com esse nome.

Rosali levou um baque. Não lhe passara pela cabeça que os tios e a prima pudessem ter se mudado.

— Perdão, mocinha — retrucou confusa. — Disse que não conhece ninguém chamada Elisa?

— Não, não conheço.

— E os seus patrões? Eles se encontram?

— Apenas a madame. Queira aguardar um pouco, que irei chamá-la.

Após alguns minutos, a criada voltou acompanhada da patroa, uma senhora de seus cinquenta anos, olhar simpático e sorridente.

— Sim? O que deseja?

— Desculpe-me incomodá-la, senhora, mas venho de longe em busca de meus tios e de minha prima Elisa. A senhora sabe onde estão? O que houve com eles?

— A casa nos foi alugada pelo professor Edmundo. É quem procura?

— Sim, sim, é meu tio. Sabe onde se encontra?

— Infelizmente, não. Mas posso dar-lhe o endereço do advogado que vem receber o aluguel todo mês.

— Ficaria eternamente grata.

De posse do endereço do advogado, Rosali tomou o bonde e partiu com Henrique, cheia de esperança de obter notícias dos parentes. Ao chegar, foi recebida por um rapazinho de seus dezenove anos, magro e pálido, que lhe pediu para esperar. Logo retornou em companhia de um homem bonito e bem vestido, e Rosali não pôde conter um grito de surpresa. Leonardo, então noivo de Elisa, estava parado diante dela, olhando-a com espanto e indignação.

— Meu Deus! — exclamou, entre aturdido e incrédulo. — Rosali? É você mesma?

— Leonardo...! — tornou ela, também espantada. — Não acredito! O que faz aqui? Esperava encontrar o advogado de meu tio.

— Eu sou o advogado de seu tio. Depois que meu pai morreu, assumi o escritório dele, e seu tio me encarregou de cuidar de seus negócios.

— Mas e você? Como pode estar aqui, diante de mim, em carne e osso? Todos a julgávamos morta. Não é um fantasma, é?

Ela sorriu sem jeito e acrescentou timidamente:

— Eu não morri.

— Como pode ser isso?

— É uma longa história...

O olhar de Rosali para a criança a seu lado deu a entender que ela não gostaria de comentar sobre aquilo na frente dele, e Leonardo mudou de assunto:

— E o menino? É seu filho?

O rosto de Rosali se iluminou, e ela respondeu sorridente:

— Sim. Este é meu filho Henrique. Henrique, gostaria que conhecesse o noivo de minha prima Elisa.

— Noivo, não — corrigiu Leonardo. — Elisa e eu agora somos casados.

— Eu deveria imaginar. Após tantos anos...

— Mas então, esse é o Henrique — continuou Leonardo. — Muito prazer, Henrique. Você é um belo rapazinho.

— Obrigado, senhor — respondeu ele com simpatia e um forte sotaque português.

— Você tem um filho muito educado. Um portuguesinho muito bonito e esperto.

— Obrigado.

— Mas não precisa usar de formalidades comigo.

— Está bem — concordou ele, corando.

— E agora chega dessa conversa — arrematou ele. — Elisa me mata se souber que você reapareceu e eu não a levei lá em casa. Ainda hoje, ela morre de saudades de você.

Leonardo encerrou seu expediente no escritório e foi para casa. Apesar de, no passado, não haver simpatizado muito com Rosali, os tempos agora eram outros. Ela estava mudada, mais madura, e era visivelmente dedicada ao filho. Seguiram o caminho conversando, e Henrique se sentiu todo importante andando em um automóvel último tipo da época. Pouco depois, o carro parou em frente a uma casa grande e bonita, de dois andares e cercada de árvores e flores, no bairro das Laranjeiras. Rapidamente, Leonardo entrou e chamou a esposa, mal contendo a excitação:

— Elisa! Elisa! Onde está você? Depressa, venha até aqui! Tenho uma surpresa para você!

— Já vou — ressoou a voz de Elisa, vinda do segundo andar. — Não vê que não posso correr e que...

Calou-se, estarrecida ante a imagem da prima que, parada, sorria para ela. Rosali notou que a prima estava grávida, talvez no sexto ou sétimo mês, e que havia engordado um pouco, a despeito da gestação. Atônita, Elisa olhava de Rosali para Henrique, sem saber o que fazer ou dizer, até que Leonardo, tomando a dianteira, esclareceu:

— Elisa, querida, Rosali voltou. Está viva.

Elisa estava por demais emocionada para se mover ou dizer palavra. Então todas as suas suspeitas eram verdadeiras. Rosali não morrera. Tudo não passara de um plano sórdido entre o tio e o primo para mandá-la embora. Ela sabia. Sempre soubera. Mas agora nada tinha importância além do fato de que ela tivera a criança e estava viva, de volta ao lugar de onde nunca deveria ter saído.

— Rosali — murmurou emocionada, atirando-se aos braços da prima.

Preocupado com a gestação da mulher, Leonardo tentou acalmá-la:

— Por favor, Elisa, procure se controlar. Olhe o seu estado.

Elisa, contudo, não lhe dava ouvidos, tamanha a emoção que sentia diante da outra.

— Rosali, minha querida prima, minha irmã! — alegrou-se. — Como senti a sua falta! Só Deus sabe o quanto rezei por você, implorando para que não estivesse morta.

— Obrigada, Elisa. Nunca duvidei da sua amizade.

— Foi um choque para todos nós. Aquela história que Alberto...

— Alberto nada sabe de mim — interrompeu Rosali apressada, e Elisa logo percebeu que o menino não devia conhecer toda a sua história.

— E esse rapazinho? É seu filho, não é? Logo se vê. É muito parecido com você.

— Acha mesmo? Chama-se Henrique.

— Henrique... mas que belo nome!

— Obrigado, senhora — respondeu o menino.

— Senhora?! — gracejou ela.

— Disse a ele para deixar de lado essas formalidades — esclareceu Leonardo. — Somos muito liberais com nossos filhos.

— Você pode me chamar de tia Elisa, e a ele, de tio Leonardo. Afinal, sua mãe e eu somos primas, quase irmãs. Venha comigo, Henrique, quero lhe apresentar os meus filhos — tocou a sineta, chamando a criada, e ordenou-lhe: — Por favor, Ivete, traga as crianças aqui, sim?

Ivete saiu e voltou logo em seguida, trazendo pela mão duas lindas crianças, um menino e uma menina, de oito e seis anos, respectivamente. Mal contendo a surpresa, Rosali observou comovida:

— Penso que perdi dez anos da minha vida. Você já tem dois filhos, espera o terceiro, e eu nem sabia que havia se casado.

— Não diga isso. O que importa é que você está de volta, e nunca mais retornará a Portugal. Seu lugar é aqui, junto dos que a amam. E deve também pensar no menino, que possui família e não deve ser privado do convívio com os seus — chamou-o e apresentou: — Henrique, quero que você conheça meus filhos, Mário e Celeste.

— É um prazer conhecê-los — cumprimentou Henrique, cheio de graça.

— O prazer é todo nosso — retrucou Mário, gentil.

Celeste, mais tímida, permaneceu calada, olhando o outro cheia de desconfiança.

— Henrique é filho de minha prima Rosali, que se encontrava na Europa — explicou Elisa. — Mas eles agora voltaram para morar aqui, e quero que vocês sejam amigos.

— Claro, mamãe — falou Mário. — Ele pode brincar com os meus brinquedos.

— Isso mesmo, meu filho. Agora vão. Mamãe e papai têm muito o que conversar com tia Rosali. — Chamou Ivete e ordenou: — Leve as crianças para brincar no jardim, providenciando-lhes um pequeno lanche, apenas de frutas, para não lhes tirar o apetite para o almoço. Mandarei preparar-lhes algo especial.

— Por favor, Elisa, não precisa se incomodar...

— Em absoluto. Você não vai me tirar o prazer de festejar a sua volta. Essa foi uma das maiores alegrias que já tive nos últimos tempos. Agora conte-nos tudo, sem omitir nenhum detalhe. Temos tempo, todo o tempo que você desejar.

Sem pressa, Rosali relatou-lhes, pormenorizadamente, tudo o que lhe acontecera durante os dez anos em que estivera ausente. Ao final da narrativa, Elisa sentiu uma imensa revolta pela atitude de Alberto, que urdira aquela trama macabra apenas para se livrar da prima, sem sequer se importar com o filho que ela carregava no ventre.

— Deixemos Alberto para lá — pediu Rosali. — Quero saber da minha família. Meus pais, meu irmão.

Elisa e Leonardo se entreolharam, e a moça começou:

— Lembra-se de Marialva?

— Como haveria de me esquecer? — respondeu Rosali, acabrunhada.

— Após a notícia de sua morte, Alberto e Marialva se casaram.

— Eu já imaginava.

— Alfredo ficou louco. Estava apaixonado por ela, não a deixava em paz.

— Como assim?

— Soubemos depois que ele vivia a importuná-la e ameaçá-la, caso ela não se casasse com ele. No dia das bodas, aconteceu uma tragédia. Alfredo invadiu o salão, gritando feito louco, ameaçando Marialva com uma arma. Todos pensávamos que ele ia matá-la mas, inesperadamente, ele deu um tiro na própria testa, bem ali, na frente de todo mundo.

— Meu Deus, Elisa, que horror! — indignou-se Rosali. — Alfredo se suicidou? O meu irmão?

— Foi tudo muito triste.

— Estou chocada. Jamais poderia imaginar que meu irmão fosse capaz de uma loucura dessas.

— Ninguém imaginava. Foi uma surpresa para todos.

— E minha mãe? Coitada, deve ter ficado arrasada.

— Desde a notícia de sua morte, sua mãe nunca mais foi a mesma, tamanha a tristeza em que vivia. E quando Alfredo se matou, pensamos que ela fosse morrer também. Ao invés disso, passou a acusar tio Osvaldo pela morte de vocês dois. Separou-se dele e veio morar em nossa casa. Durante uns dois anos, mais ou menos, ficou em nossa casa, e seu pai tudo fazia para que ela voltasse. Mas ela só voltou quando se convenceu do arrependimento dele. Estava mudada. Ambos estavam.

— Ainda vivem na mesma casa?

— Não. Sua mãe não quis... muitas lembranças... Seu pai então vendeu a casa e a loja de fazendas. Mudaram-se para o interior de Minas Gerais, onde tio Osvaldo comprou um pequeno sítio e, junto com sua mãe, passou a se dedicar ao plantio de verduras e legumes.

— Mamãe... Quanta saudade sinto dela!

— Poderemos escrever-lhe uma carta, se você quiser.

— Não sei. Quando parti, meu pai não queria me ver.

— Eu disse que ele está mudado.

— Meu Deus, Elisa, quanta tragédia! — lamentou Rosali, sinceramente penalizada. — Diante de tudo isso, tenho medo de aparecer de repente. E se eles não aguentarem?

— Penso que, para tio Osvaldo, seria mais difícil suportar.

— E os seus pais, onde estão?

— Papai pediu a aposentadoria e se mudou com mamãe para a chácara do Andaraí. De vez em quando vamos até lá para as férias ou fins de semana. Papai e mamãe adoram a companhia dos netos, e ficarão muito felizes em saber que você voltou para ficar.

— Diante de tudo isso, não sei se poderei ficar. Meu passado aqui foi enterrado. Tudo está mudado, não tenho mais família. De que viverei?

— Ora, Rosali, mas que ideia! Somos a sua família, e você pode morar aqui conosco. A casa é grande, há bastante espaço para você e Henrique.

Rosali notou o ar de desagrado que Leonardo tentou disfarçar e disse polidamente:

— Obrigada, Elisa, mas não posso aceitar.

— Por que não?

— Vocês têm a sua vida, e não seria justo que Henrique e eu viéssemos para incomodar.

— Mas não é incômodo algum. Você é como minha irmã, não pode recusar.

— Não sei. Não me parece direito.

— Mas que bobagem! Leonardo, diga a ela que isso é besteira. Peça-lhe que fique, por favor.

Mesmo sendo Rosali prima de Elisa, era uma estranha para ele, e dividir sua casa com estranhos não lhe agradava nem um pouco. Contudo, Elisa insistia, e ele não tinha forças para contrariá-la.

— Elisa tem razão. Você é da família, e seu lugar é aqui. Onde está hospedada?

— Numa pensãozinha lá no Flamengo.

— Pois hoje mesmo iremos até lá buscar suas coisas. Darei ordens para que preparem um quarto de hóspedes para você, e Henrique poderá ficar com Mário.

— Vocês têm certeza? — duvidou Rosali.

— Absoluta! — adiantou-se Elisa.

— Então, se é assim...

— Oh! Rosali, estou tão feliz!

— Mas vai ser só uma experiência. Se sentir que estamos dando trabalho ou incomodando, vamos embora. Sem ressentimentos.

— Vai dar tudo certo, você vai ver.

Rosali apertou as mãos de Elisa, olhou comovida para Leonardo e finalizou com emoção:

— Obrigada.

2

Na manhã seguinte, Rosali foi com Elisa matricular Henrique na mesma escola em que Mário estudava. Foram recebidas pelo diretor, que conhecia Elisa desde os tempos em que seu pai ali iniciara a lecionar.

— Dona Elisa, como vai? — indagou ele, cortês.

— Muito bem, obrigada — redarguiu ela. — Senhor Otávio, gostaria de apresentar-lhe minha prima Rosali, recém-chegada da Europa.

— Como vai, dona Rosali? — cumprimentou, fazendo uma mesura e beijando-lhe a mão com galanteio.

Rosali agradeceu ao cumprimento com um sorriso, deixando o diretor encantado. Elisa, porém, foi logo entrando no assunto:

— Pois é, senhor Otávio, como eu disse, Rosali acaba de chegar da Europa, acompanhada de seu filho, Henrique, um belo jovenzinho de apenas nove anos de idade, e ambos estão morando em minha casa.

— Sim? — interessou-se ele, examinando Rosali com o canto dos olhos.

— E nós viemos aqui para matricular o menino nesta escola.

— Será um grande prazer! — exclamou entusiasmado. — Por favor, acompanhem-me, eu mesmo farei a matrícula. Trouxe todos os documentos?

— Trouxe — respondeu Rosali acabrunhada.

Otávio conduziu-as pelos corredores da escola, mostrando-lhes as salas, o pátio interno, o refeitório. Finalmente, ao voltarem à sala da diretoria, foram gentilmente acomodadas em macias poltronas de veludo carmesim, enquanto o diretor se sentava do outro lado de uma imensa mesa de mogno. Ajeitando os óculos, fitou Rosali com olhar de disfarçada cobiça e, passando a língua nos lábios, falou animado:

— Muito bem. Vamos ver. Onde estão os documentos?

Rosali entregou a ele a certidão de nascimento de Henrique, e ele logo reparou que nela não constava o nome paterno. Indignado, mudou de atitude e disse em tom formal:

— Dona Rosali, pelo que posso perceber, seu filho não foi reconhecido pelo pai.

— Não, senhor.

— Não sei se a senhora sabe, mas o nosso colégio é um dos mais tradicionais do Rio de Janeiro.

— Eu sei.

— Não quero ser grosseiro nem desrespeitoso, mas é norma da escola que crianças ilegítimas não sejam aceitas aqui. É uma forma de mantermos nosso bom nome, pois os pais das crianças que aqui estudam podem estar seguros de que seus filhos não se envolverão com outras de origem duvidosa.

Rosali, faces ardendo em fogo, levantou-se bruscamente, sentindo-se envergonhada e humilhada. Já ia saindo quando Elisa a deteve:

— Por favor, Rosali, aguarde um minuto — virou-se para o diretor e continuou: — Senhor Otávio, conhecemos perfeitamente as normas desta instituição. No entanto, Henrique é um menino inteligente e bem educado, e estou certa de que nada faria que pudesse comprometer sua reputação.

— Entendo, dona Elisa, mas lamento. Não posso romper as regras da casa. Todavia, existem bons colégios públicos, que não se recusariam a matricular o menino.

— Eu sei. Mas o caso é que gostaríamos que os meninos estudassem juntos. Seria bom para eles e para nós.

— Compreendo... Mas não, sinto muito. Isso é impossível. Ademais, ainda que eu consentisse, os pais das outras crianças não aprovariam minha atitude, o que poderia me causar sérios transtornos.

— Mas ninguém precisa saber. Podemos dizer que Rosali é viúva.

— Já disse que lamento. Nada posso fazer além de indicar-lhes uma boa escola pública onde aceitarão matricular o menino.

— Não precisa se incomodar — interveio Rosali com desprezo. — Não vim aqui para ser humilhada nem insultada, muito menos para implorar sua condescendência. Não preciso dela, tampouco meu filho. E guarde sua caridade para os mais necessitados, para aqueles que possuem do que se envergonhar. Aliás, guarde-a para si mesmo, pois um homem que tenta ocultar a própria cupidez sob um manto de respeitável hipocrisia é mais digno de piedade do que as meretrizes que se vendem no cais. Pelo menos elas são o que são e não agem como o senhor, que veste a capa da falsa moralidade para poder apontar os erros dos outros e, com isso, mascarar aquilo que tem de mais abjeto em si mesmo! Passar bem!

Rosali levantou-se e saiu apressada, derrubando o busto do fundador, que se encontrava sobre um pedestal, perto da porta. O diretor permaneceu mudo, rosto vermelho e afogueado, morrendo de vergonha e raiva.

— Amanhã mesmo providenciarei a transferência de meu filho para outra escola — avisou Elisa.

— Por favor, dona Elisa, não faça isso — retrucou ele, recuperando-se do choque. — O que fiz foi para o bem das crianças. De seu filho, inclusive.

— Muito obrigada, mas meu filho não precisa crescer aprendendo a evitar e a discriminar seus semelhantes apenas porque não possuem um nome escrito num pedaço de papel. Até logo.

Saiu às pressas, atrás de Rosali, encontrando-a na rua, a vista embaçada pelas lágrimas.

— Elisa! — desabafou ela. — Como ele pôde ser tão cruel?

— Não lhe dê importância. Ele é um idiota.

— Um idiota que reflete o preconceito da sociedade.

— Sinto muito. Não devia tê-la convencido a vir.

— Não se sinta culpada. Vim porque preciso matricular meu filho na escola. E você não tem culpa se esse tal de Otávio é um imbecil.

— E agora, o que faremos?

— Vou matricular Henrique numa escola pública. Não vou sujeitá-lo a esse tipo de escárnio.

— Mário irá para a mesma escola. Não o quero mais estudando aqui.

— Não faça isso, por favor. Não seria justo com ele, e eu não me sentiria bem afastando-o de um bom colégio por causa de meus problemas.

Tomaram a carruagem e foram-se caladas, Rosali remoendo em seu íntimo a dor de ser mãe solteira em uma época em que o preconceito tolhia o coração das pessoas. Como era triste! Sufocou o pranto e pensou com pesar:

— Meu filho, meu pobre Henrique. O que será de você?

Naquela noite, Rosali foi dormir sentindo um peso a oprimir-lhe o peito, e sonhou com a avó. Caminhava por um campo florido, aquecida por um sol morno e claro, até encontrar Maria do Socorro, toda vestida de branco, numa túnica vaporosa que esvoaçava ao vento. Seu semblante era sereno, seu olhar doce a convidava a desafogar as mágoas.

— Vovó! — exclamou ela. — Há quanto tempo! Que saudades!

Em verdade, Rosali não estava sonhando. Liberta pelo sono, seu corpo fluídico deixou provisoriamente o corpo, deparando-se com a avó.

— Estive ausente por um tempo, mas jamais me descuidei de você.

— Sinto-me tão perdida! Meus pais estão longe, e tenho medo de que Henrique sofra com a discriminação.

— São coisas que você terá que enfrentar. Prepare-se para a vida. Chegou o momento de você sair da concha e se revelar. Não tenha medo e confie. Tudo acontecerá para o melhor.

— Acho que me arrependo de ter voltado. Em Portugal estava segura.

— Estava se escondendo. Os anos passados em Portugal trouxeram-lhe maturidade e compreensão da vida. Longe de influências mesquinhas, você pôde voltar-se para dentro de si mesma e trazer à tona um amor que nem sabia sentir. Seu filho a ajudou nessa redescoberta. Mas lá não é o seu lugar.

— E aqui, é? Não sei se poderei defender a mim e a Henrique de tantos ataques.

— Esconder-se não é defesa, é covardia. A defesa repele a agressão; a covardia a prolonga.

Rosali olhou-a desanimada.

— O que faço então?

— Sinta-se vitoriosa. Você talvez não se lembre, mas aceitar Henrique em seu coração foi um grande passo. A primeira etapa das novas experiências acabou. Agora, há outras coisas que você tem que viver.

— Vou sofrer?

— Se quiser...

— Não quero! Que ideia. Ninguém quer sofrer.

— Conscientemente, não quer mesmo. Mas lá no fundo, a alma busca o sofrimento como forma de libertação das culpas. Você não precisa disso. Basta acreditar que pode traçar um novo rumo para a sua vida.

— O que devo fazer?

— Confiar em si mesma, acima de tudo. E acreditar que não merece sofrer.

— Vou fazer isso. Vou, sim!

Maria do Socorro sorriu e afagou o rosto de Rosali. Ela mesma estava mudada, mais tranquila e menos ansiosa para resolver os problemas dos seus entes queridos.

— Vai fazer o que a sua alma pedir. Seja o que for, não desanime. Deus estará sempre ao seu lado, não importa o que você faça.

— Tenho medo de Deus. Ele pode me castigar por tudo o que fiz.

— Deus não castiga ninguém, porque ninguém precisa de castigo. E se você acreditar nisso com o seu coração, não vai sentir mais nenhuma dor, e toda a sua vida seguirá por um caminho de felicidade. Contudo, se não conseguir, não se culpe nem desanime. O ser humano ainda está tentando aprender a escolher o caminho do amor, e não da dor.

Terminada a conversa, Maria do Socorro se foi, e Rosali voltou ao corpo, sentindo-se mais leve e confiante. A desagradável entrevista com o diretor da escola deixou de ter importância, e ela passou a ter uma visão mais otimista do futuro.

3

Alberto abriu um olho, depois o outro, e virou para o lado, vendo Marialva, que dormia serenamente. A mulher estava linda, com os cabelos louros esparramados sobre o travesseiro, a pele branca a se confundir com o linho dos lençóis. Consultou o relógio: nove e trinta e cinco. Nada mal para um domingo depois de uma noite de prazeres. Chegara tarde, tão tarde que já encontrara a esposa dormindo. Acendeu um cigarro e pensou na noite anterior, no corpo quente e macio de Adélia, em seus lábios fervorosos. Que mulher! Tornou a olhar para Marialva, ali deitada a dormir o sono dos justos, sem de nada desconfiar. O que faria se soubesse? Era capaz de matá-lo. Mas ela jamais descobriria. Eram discretos, encontravam-se secretamente na casa que ele alugara no distante bairro de Copacabana. Ali, não conheciam ninguém, e os parcos moradores não lhes prestavam a mínima atenção.

Aos poucos, Marialva foi despertando e, com ar ainda sonolento, olhou para o marido e falou com voz arrastada:

— Bom dia, querido. Não vi você entrar. Chegou tarde ontem?

— Sim, meu bem. Foi uma noite difícil.

— O que houve?

— Um dos meus pacientes, um juiz aposentado e sem parentes, que passou mal. Os vizinhos acudiram e correram à minha procura. Não pude deixar de atendê-lo.

— Fez bem.

— Estou faminto. O que acha de se levantar e tomarmos café juntos?

— Eu adoraria — finalizou ela, beijando-o nos lábios.

A mesa no terraço estava cuidadosamente posta para o café, e eles mal haviam se sentado quando Adélia entrou, acompanhada do marido e falando animadamente:

— Bom dia, meus filhos. Como passaram a noite?

— Bem, mamãe — respondeu Marialva. — E você?

— Otimamente!

— Como vai, dona Adélia? — cumprimentou Alberto formalmente. — A senhora, como sempre, cheia de alegria.

— Deveria ser de outro jeito?

— Claro que não. Faz muito bem em sorrir.

— Sorrio porque aproveito a vida. É o que vocês deveriam fazer. Viemos aqui buscá-los para um passeio no Jardim Botânico. O que acham?

— Excelente ideia! — entusiasmou-se Marialva. — E o senhor, papai, por que está tão acabrunhado?

Cristiano passara a noite em claro, aguardando a chegada da mulher. Ele sempre soubera que Adélia não lhe era fiel, mas a esposa, até então, vinha mantendo uma aparência de fidelidade sobre a qual nem ele nem ninguém poderia levantar qualquer suspeita. De uns tempos para cá, todavia, resolvera permanecer na capital, esquecera um pouco as viagens, saía sem dar-lhe maiores explicações, somente retornando altas horas da madrugada. Recordou a discussão que tiveram na noite anterior, quando lembrou a ela seu papel de esposa e de mãe.

— Adélia — dissera ele —, isto não está direito. Sair assim de noite, desacompanhada, e só voltar a estas horas! Onde esteve?

A mulher, espírito rebelde e incontrolável, retrucara com desdém:

— Estive em casa de uma amiga. Por que pergunta?

— Que amiga? E até agora?

— Qual é o problema? Não sou mais criança. Sei me cuidar sozinha.

— Não fica bem andar por aí sozinha... e ainda por cima de madrugada. Que dirão os vizinhos?

— Francamente, Cristiano, pouco me importam os vizinhos.

— Não teme pela sua reputação?

— Minha reputação é intocável.

— Está se fazendo de sonsa. Sei muito bem onde andou, só não sei com quem. Não estou gostando nada disso. Você me deve respeito e obediência.

— Ah! Claro, e você? Não me deve nada? Nem seu papel de marido?

Cristiano tossira desajeitado e, rubro de vergonha, protestara:

— Você está desviando o assunto. Isso não vem ao caso.

— O que não vem ao caso? O fato de meu marido negar-se a cumprir seu papel de homem na cama com a mulher? Você não gosta de sexo. Mas e eu?

— Você perdeu mesmo o pudor.

— Ora, querido, ninguém perde aquilo que não tem — desdenhou.

— Não fale assim comigo. Eu a proíbo!

— Você não me proíbe de nada.

— Isso não está direito.

— Deixe de bobagens, Cristiano. Você nunca se incomodou com isso. Por que resolveu se importar justo agora?

— Porque agora você me trai bem debaixo do meu nariz.

— Não é bem assim.

— Não? Então me diga: com quem esteve ontem?

Confusa e um tanto quanto constrangida, Adélia abaixara a voz, como se receasse que alguém os escutasse, e dissera, quase a sussurrar:

— Por favor, Cristiano, deixemos dessa conversa. Não se preocupe. Ninguém vai descobrir...

— Quem é ele?

— Como?

— Perguntei quem é ele!

— Pare com isso. Ciúmes agora, não.

— Não é ciúme. Sou homem, tenho meus brios. Mais dia menos dia, alguém, vai acabar descobrindo...

— Homem! Não me faça rir. Você deixou de ser homem há muito tempo. Ou será que já se esqueceu?

— Pare! Você é muito cruel, Adélia. Como pode ser tão ingrata?

— Eu, ingrata? Ora, vejam só. Não lhe devo nada.

— Deve sim. Deve-me sua posição social, a felicidade de uma vida digna. Sem mim você hoje não seria nada. Provavelmente até teria sido expulsa de casa. Dei-lhe um nome, um título. Que mais poderia desejar?

— Você é ridículo. Casou-se comigo não por amor, mas por interesse. Quando eu o conheci você não possuía nada. Foi o meu dote que o reergueu. Ou você já se esqueceu da fortuna que meu pai colocou em suas mãos?

— Fortuna que já devolvi, tostão por tostão.

— Não importa. Se não fosse o dinheiro do meu pai, você hoje seria apenas mais um barão falido a lamentar a fortuna perdida com o Império.

— Não lhe devo coisa alguma. Hoje, tenho um patrimônio considerável.

— Talvez, mas isso não é só. Quando me casei com você, o mínimo que esperava era que fosse um homem de verdade. Mas não. Pensa que não sei? Você também me usou para afirmar sua masculinidade e obter o respeito da sociedade. E se antes o ato sexual já era difícil, depois que Marialva nasceu, então, ficou praticamente impossível. Ela foi a sua salvação, não é mesmo? Foi ela quem salvou a sua virilidade.

— Não é nada disso.

— Então o que é? O que deu em você, para perder o desejo por mim? Por acaso não lhe agradava?

— Não... não... — gaguejara ele corado.

Cristiano não gostava de tocar naquele assunto, era por demais delicado e difícil para ser enfrentado.

— O que foi então? Apaixonou-se por outra? Ou acaso é afeminado?

Estarrecido com a ousadia da mulher, que lhe dizia uma barbaridade daquelas, Cristiano repreendera-a energicamente:

— Basta, Adélia, não quero ouvir mais uma palavra desse absurdo! Você me deve respeito. Trate de controlar os seus impulsos ou serei obrigado a enviá-la novamente em viagem pela Europa. Não me obrigue a isso.

— Faça isso e direi ao mundo que tipo de homem você é... ou que não é.

Cansado daquele tipo de discussão, Cristiano afundara o rosto nas mãos e chorara amargamente, lamentando o dia em que resolvera aceitar desposar aquela doidivanas em troca de algumas moedas. Pensou que o melhor a fazer seria abandoná-la, pedir o desquite, única e vergonhosa forma de dissolução da sociedade conjugal. Mais tarde, porém, quando ela o chamara para sair, agindo como se nada tivesse acontecido, pôs de lado a ideia do desquite e evitou aquele assunto, desanimado e sem forças para lutar contra aquela mulher fria e dominadora.

Estava assim a cismar quando a voz da filha interrompeu seus devaneios, trazendo-o de volta ao presente:

— Papai, não me ouve?

— Hum? O quê?

— O que há, seu Cristiano? — indagou Alberto jocoso, intimamente conhecendo os motivos do abatimento do sogro. — Não dormiu bem?

— Não, meu filho — respondeu desanimado. — Não é nada, apenas um mal-estar passageiro.

— Eu acho que você deveria deixar que Alberto o examinasse — declarou Adélia sarcástica. — Afinal, ele é o médico da família agora.

— É mesmo, papai — concordou Marialva, sem desconfiar de nada. — Tenho certeza de que Alberto não se incomodaria, não é mesmo, querido?

— Por certo que não. Vamos, seu Cristiano, não faça cerimônia. Vamos lá para dentro e deixe-me examiná-lo.

— Não precisa se incomodar, Alberto. Isso não será necessário. Não é nada grave, apenas uma leve indisposição. Deve ter sido algo que comi.

— Ou então que não digeriu direito.

— Tem razão, Adélia. Não se preocupe, isso logo vai passar.

— Você é quem sabe, papai. Mas se quiser, não se acanhe.

— Não será necessário. Já estou até melhorando. E então, vamos?

— Se é assim, vou subir e trocar de roupa. Alberto, você não vem?

— Claro, meu amor. Já estou indo.

Enquanto subiam as escadas, Cristiano voltou-se para a mulher e ameaçou-a bruscamente:

— Não me provoque, Adélia, não sabe do que sou capaz.

— Ora essa. Então o homenzinho resolveu ficar valente?

— Cale essa boca ou eu... — e levantou a mão para desferir-lhe um tapa no rosto, mas conteve-se a tempo.

— Vamos, bata-me — provocou Adélia. — Mostre o covarde que você é.

Aturdido, Cristiano rompeu em prantos, arriando o corpo na cadeira, abatido e humilhado.

— Céus! — rogou, a voz embargada pelo pranto. — No que foi que me transformei?

— Pare de chorar e seja homem, ao menos dessa vez. Não quer mostrar a sua filha e a seu genro o covarde que você é, não é mesmo?

Ele engoliu as lágrimas e abaixou a cabeça, completamente derrotado. Logo os jovens chegaram, e ele disfarçou, tomando a esposa pelo braço e com ela saindo, fingindo uma felicidade que jamais sentiria.

4

Na primeira oportunidade que tiveram de se encontrar a sós, Adélia não perdeu tempo. Alisando os cabelos de Alberto, afirmou sem rodeios.

— Cristiano já sabe de tudo. Sabe que estou tendo um caso.

Alberto se surpreendeu e retrucou preocupado:

— Sabe com quem?

— Creio que não. Mas não podemos facilitar. Ele pode descobrir a qualquer momento, e isso seria péssimo.

— É verdade. Seria um verdadeiro desastre.

— Não sei não, Alberto, mas acho que chegou a hora de encerrarmos esse romance tresloucado.

— Não diga isso. Não posso viver sem você.

— Você é casado com a minha filha. Pense bem. E se ela descobrir?

— Por que se preocupar com ela agora? Nosso caso já dura quase cinco anos, e você jamais se importou.

— Agora é diferente. Cristiano está enciumado. Pense no quanto faríamos Marialva sofrer se esta história viesse à tona.

— Não creio que você esteja realmente preocupada com Marialva.

— É claro que estou! — a voz de Adélia demonstrava profunda indignação. — O fato de me haver envolvido com você não afasta o meu sentimento de mãe. Não gostaria de vê-la sofrer.

— Então por que iniciou esse romance comigo? Deveria ter pensado nela antes.

— As coisas não são assim tão fáceis. Não pude resistir, foi mais forte do que eu. Mas não planejei nada. E quanto a você? Não se sente culpado?

— Um pouco. Eu amo Marialva, mas de uma forma diferente. Ela é linda, inteligente, mas não tem o seu ardor. Não sei explicar. Você possui algo de diferente, uma estranha força que me atrai.

— Ainda assim, estamos errados.

— Está arrependida?

— Bem... isso não.

— Então pare com essa bobagem. Seu marido pode estar desconfiado, mas jamais irá supor que sou eu o seu amante.

— É verdade. Creio que tamanha ousadia nunca passaria por sua cabeça.

— Agora deixe disso e venha cá me dar um beijo. Sabe que não posso passar sem as suas carícias.

Tomando-a nos braços com volúpia, Alberto desviou-lhe a atenção, entregando-se ambos a um amor apaixonado. Embora a consciência de Adélia a alertasse de dupla traição, ela não conseguia resistir às investidas de Alberto. Além disso, seu espírito frívolo e sensual era um empecilho à voz da razão, que emudecia ante o fascínio que Alberto exercia sobre ela.

O romance entre eles iniciara-se cerca de quatro anos após o casamento de Marialva e Alberto, num dia em que Adélia acabara de retornar da Itália. Cristiano estava ausente, e ela, sentindo-se só, convidara o genro e a filha para um chá em sua casa. Como Marialva se encontrava indisposta graças aos incômodos femininos, não pudera comparecer, mas insistira para que Alberto fosse sozinho.

Era um dia frio e chuvoso, e o chá deu lugar ao vinho. Incentivados pela bebida, Alberto e Adélia deram vazão a seus instintos e terminaram a noite nos braços um do outro. Como chovia a cântaros, Alberto não precisou de muitas escusas para justificar sua demora, alegando que precisara esperar até que a chuva passasse. Sem motivos para não acreditar no marido, que se encontrava em companhia da mãe, a quem julgava acima de qualquer suspeita, Marialva aceitou as desculpas com tranquilidade, de nada desconfiando durante todos aqueles anos.

Eram quase sete horas da noite quando Alberto chegou a casa. Marialva já o esperava para o jantar, saboreando um licor enquanto lia uma revista de modas de Paris. Assim que ele entrou, beijou-a na face, e ela perguntou:

— Está tudo bem? — ele assentiu. — Ótimo, pois gostaria de conversar com você.

Alberto, que se servia de um cálice de vinho, parou a meio, apreensivo.

— O que foi? — indagou ele de costas, sem se voltar para ela. — Aconteceu alguma coisa?

— Não. É que já faz mais de nove anos que estamos casados, e desde a nossa lua de mel não fazemos nenhuma viagem.

— E daí?...

— E daí que eu gostaria de ir a Europa no próximo mês de julho. É verão por lá, e poderemos passar momentos agradáveis. Visitar Londres, Paris, Roma...

— Mas querida, e o meu trabalho?

— Já é hora de você tirar umas férias.

— E os meus pacientes?

— Peça a um colega para assumir na sua ausência. Não é possível que você não conheça ninguém que lhe possa prestar esse favor.

— Não sei.

— Por favor, vamos! Estou pensando em chamar mamãe e papai para irem conosco.

Nesse ponto, a conversa começou a lhe interessar. A ideia de viajar em companhia de Adélia lhe era extremamente agradável. Embora a mulher e o sogro fossem juntos, ele daria um jeito de se encontrar com ela a sós.

— Está bem, querida — disse por fim. — Verei o que posso fazer.

— Obrigada. Sabia que você iria concordar. Amo você.

— Também a amo. E por falar em conversas, tenho algo a lhe perguntar.

— O que é?

— Quando teremos um filho?

— Ora, Alberto, de novo com essa história?

— Não é história. Já lhe falei que precisamos de um herdeiro, alguém que nos ampare na velhice. Não acha que já é hora?

— Nunca será hora. Você sabe como me sinto a respeito de gravidez e crianças.

— Pense direitinho. Como você bem lembrou, já estamos casados há nove anos e ainda não temos filhos.

— Quando você se casou comigo, sabia que eu não gostava de crianças. Não venha agora tentar me convencer.

— Não estou tentando convencê-la de nada. Apenas pensei que, com o passar do tempo, você desejasse ser mãe.

— Claro que não. Ser mãe jamais me atraiu. Primeiro, não quero ficar gorda como sua prima Elisa, que desde a primeira gravidez não conseguiu voltar ao peso normal. Segundo, não gosto de crianças. O choro delas me irrita.

— Por favor, Marialva, reconsidere. Daqui a pouco estaremos velhos. Quem irá cuidar de nós?

— Temos dinheiro suficiente para contratarmos todo tipo de empregados e enfermeiros.

— Não é a mesma coisa. E o meu nome? Quem dará continuidade a meu nome?

— Você tem um irmão. Deixe isso a seu encargo.

— Gustavo terá os filhos dele. Quero os meus. Quero um filho que herde o meu nome.

— Problema seu. Você sempre soube como eu me sentia a respeito de filhos.

— Você está sendo intransigente.

— Estou. Já disse que não quero e pronto. Não adianta você insistir.

— Se soubesse que você me negaria um filho, eu teria esperado o de Rosali para depois conseguir a sua guarda.

— Canalha! — esbravejou Marialva. — Como se atreve a tocar no nome daquela sem-vergonha?

— Rosali tem um filho homem.

— Como pode saber? — indagou desconfiada.

— Josué nos escreveu contando, logo que o menino nasceu.

— E daí? Você não tem nada com isso.

— Claro que tenho. Afinal, o filho de Rosali é meu também. E, como disse, é homem...

— Cale-se! Se você ousar dizer isso novamente, não sei do que serei capaz! Como pode chamar de sua uma criança de origem obscura, um bastardinho? E, por acaso, pensa que eu iria criar o filho de outra, ainda mais de uma vagabunda?

— Eu não disse isso. Mas poderia ter ficado com o menino e contratado uma boa governanta para cuidar dele. Você não precisaria se incomodar.

— Incomodar... Imagine se eu me incomodaria com aquele bastardo! Eu jamais teria permitido a presença daquela criança em minha casa. Agora chega. Não quero ouvir mais essas sandices. E se você tocar nesse assunto novamente, eu o abandonarei e voltarei para a casa de meus pais.

— Não seja ridícula. Já pensou no escândalo, no que as pessoas irão dizer?

— Pouco me importa! O que não vou admitir é que o meu marido lamente a perda de um filho que, certamente, nem é seu!

Alberto silenciou. Não adiantava brigar com a mulher, nem ele era capaz de obrigá-la a ter um filho. Ela era por demais esperta, sabia das substâncias abortivas, das quais já experimentara tantas e tantas vezes. E ele não se enganava: ela estaria sempre disposta a interromper a gravidez. Assim, ele iria esperar. Falaria com Adélia. Ela com certeza conheceria os meios capazes de dissuadir a filha daquela teimosia.

5

Henrique acordou chorando e soluçando, chamando pela mãe. Ao ouvir seus gritos amedrontados, Rosali correu em seu auxílio, entrando no quarto feito um furacão. O filho se debatia na cama, aos prantos, e ela o abraçou fortemente, tentando acalmá-lo, seguida pelo olhar espantado de Mário, que logo tornou a adormecer.

— Psiu! Acalme-se. O que aconteceu?

— Não sei, mamãe — respondeu ele em lágrimas. — Foi aquele homem. Tem raiva de mim.

— Que homem?

— Aquele que me visita durante a noite.

— Você quer dizer, aquele sonho ruim com aquela sombra?

— Não é uma sombra. É um homem e conversou comigo. E estava com muita raiva.

— Não se impressione, querido. Isso é só um pesadelo e passa logo que você acorda.

— No começo, eu também pensei que fosse só um sonho, mas hoje, quando ele falou comigo, percebi o quanto ele é de verdade.

— O que foi que ele lhe disse?

— Disse que nos odiava, a mim e a você. Que nós lhe havíamos roubado a vida.

— Isso é bobagem. Nós nunca tiramos a vida de ninguém.

— Ele disse que foi em outro tempo, em outro lugar, e que jamais nos perdoaria.

— Não compreendo...

Nisso, ouviram-se batidas na porta do quarto, e Elisa entrou vagarosa, amparando o ventre volumoso de seus quase nove meses de gestação.

— Está tudo bem por aqui? — perguntou.

— Mais ou menos — redarguiu Rosali. — Henrique teve um sonho ruim e pensa que é real.

— Mamãe, por favor. Eu sei que é real.

— Que sonho é esse? — quis saber Elisa.

— Lembra-se de quando eu vivia em casa de meus pais e sonhava sempre com uma sombra a me rondar?

— Lembro-me.

— Por coincidência, Henrique tem o mesmo sonho.

— Já disse que não é sonho — objetou Henrique.

— Por que diz isso? — tornou Elisa.

— É que essa sombra não é uma sombra, mas um homem que falou comigo.

Henrique narrou-lhe a estranha conversa que tivera com ele. Elisa desconhecia sua mediunidade, mas, ainda assim, sentiu-se mal naquele momento, como se de repente o ar lhe faltasse. Sem saber como nem por que, viu-se em um lugar escuro, com paredes de pedra, uma mulher deitada numa cama tosca a se esvair em sangue. Inconscientemente, levou a mão ao coração e exclamou:

— Jesus...

— O que foi Elisa? — indagou Rosali. — Sente-se mal?

— Não... não sei explicar. Uma coisa estranha, como uma ilusão. Deve ser coisa da gravidez.

— O que foi? Conte-me.

— Não foi nada. Deixemos isso para lá. Henrique, meu filho, ore para Deus protegê-lo.

— Eu fiz isso, tia Elisa, e o homem se foi.

— Muito bem. Agora tente dormir novamente.

— Vou tentar. Mamãe, você fica aqui comigo até eu pegar no sono?

— Claro, amorzinho. Não se preocupe. Pode voltar para o seu quarto, Elisa. Está tudo bem agora.

— Está certo. Boa noite então.

— Boa noite.

Após beijar o filho, Elisa fechou a porta do quarto com um pressentimento ruim a oprimir-lhe o peito. Nunca havia sonhado com aquela sombra, ou aquele homem, como dissera Henrique mas, estranhamente, era como se o conhecesse, como se fosse responsável, ela também, por lhe haver roubado a vida.

Voltou para a cama, porém, não conseguiu dormir logo. Em seu íntimo, sabia que não se tratava apenas de um sonho. Não podia definir o que era, mas sentia que algo de ruim ameaçava a prima e Henrique. E aquela visão? Teria sonhado acordada? Fora tão real! Na certa, tratava-se de algum espírito atormentado perdido no mundo dos vivos. Elisa achou melhor fazer uma oração por todos. Pediu a Deus que os protegesse e iluminasse, inclusive aquela pobre alma.

A prece atraiu Mariano e Maria do Socorro, que fizeram derramar sobre toda a casa chuviscos finíssimos de luz. Quando todo o ambiente estava limpo e sereno, ela indagou:

— Não compreendo. Se Marcel tem ligação com Elisa também, por que não se aproxima dela?

— Porque não encontra ressonância nas vibrações dela. Ainda que Elisa guarde no coração resquícios de uma culpa antiga, não está tão presa aos falsos valores do mundo. Costuma orar e vigiar, tem sempre bons pensamentos, não dá forças nem ao ódio, nem ao ressentimento. Tudo isso são fatores que desfazem a sintonia com o espírito de Marcel, que assim não encontra brechas para penetrar a aura de Elisa.

— Não vejo Henrique odiar ninguém.

— O ódio não é o único sentimento daninho capaz de atormentar o ser humano. Tem também a culpa, que é uma das maiores causas de sofrimento do homem, na medida em que permite toda sorte de desequilíbrios. Mas não a culpa isolada. A falta de fé, o distanciamento da oração, o ressentimento, a mágoa também facilitam a desarmonia mental e emocional.

— Henrique sente tudo isso? — espantou-se.

— Henrique é ainda criança, está aprendendo a dominar seus sentimentos e pensamentos. Em breve não se deixará mais atingir por Marcel.

— E quanto a Rosali? O que será dela, que tem com Marcel a ligação mais forte?

— A culpa faz com que Rosali acredite merecer o ódio de Marcel.

— E merece?

— Ninguém recebe aquilo que não merece. No entanto, tudo pode ser alterado. Basta fechar uma porta e abrir outra.

— Como assim?

— Uma mudança de pensamentos e atitudes. Encerra-se o comportamento antigo e inicia-se um novo. O melhor começo, no caso de Rosali, é o perdão, principalmente de si mesma. A falta de perdão é fruto do orgulho, da dificuldade de assumir que falhamos. Por isso é mais fácil acusar o outro. Justificamos nossas atitudes com a reação: reagimos a uma atitude de alguém. Mas esse alguém nada mais é do que o instrumento para a realização daquilo que vibramos. Por isso é que digo que temos que modificar atitudes. Vibrar no bem magnetiza ondas benéficas, e o bem entra em nossa vida. O contrário, é claro, também acontece.

— Quer dizer então que Rosali, Henrique e Marcel estão ligados pela falta de perdão.

— Exatamente. A culpa alimenta o ódio de Marcel, ao passo que o perdão rompe a correlação e transforma em pérolas as farpas que ele atira contra os dois. E isso opera de uma forma tão poderosa, que todas as pérolas passam a emitir uma luz suficientemente intensa para iluminar os três. O ódio, então, transforma-se em compreensão e, logo em seguida, em amor.

Maria do Socorro tinha lágrimas nos olhos, imaginando a beleza que seria ver a transformação operada pelo perdão.

— Isso é possível? — tornou ela, embevecida com as palavras de Mariano.

— Não é uma possibilidade. É uma certeza. Você vai ver.

Juntos rezaram novamente, agradecendo ao Criador pela sabedoria da natureza, que cria caminhos para todas as situações da vida.

As crianças brincavam ansiosas no quintal, à espera da mãe, que voltaria para casa naquele dia, trazendo Joana, o mais novo membro da família. Os pais de Elisa vieram às pressas da chácara do Andaraí. Sua intenção era passar na casa da filha, deixar as malas e seguir para a maternidade. Ao chegarem, tiveram uma surpresa que jamais poderiam imaginar. Rosali os aguardava na sala, pronta para lhes contar todas as suas peripécias desde que partira para Portugal.

— Rosali? — surpreendeu-se Rosamaria. — Será que estou vendo coisas? É você mesma?

— Sou eu mesma. Em carne e osso.

— Mas como pode ser? Disseram que você havia morrido na viagem.

— Como podem ver, eu não morri.

Num relato emocionado, Rosali narrou tudo aos tios, que escutaram atentamente, surpresos e horrorizados com a trama urdida por Alberto e seu pai. Ao final, Rosamaria estava com o rosto vermelho de indignação e revolta.

— Jamais poderia supor que Fabiano seria capaz de tamanha infâmia — observou ela. — É uma indignidade!

— Nem eu — concordou Edmundo, envergonhado. — A atitude de meu irmão foi imperdoável. Elisa bem que desconfiou, mas eu não lhe dei crédito, achando essa história por demais sórdida para ser verdade.

— E sua mãe? — tornou Rosamaria. — Ela já sabe?

— Ainda não tive coragem de lhe contar.

— Por quê? Ela tem o direito de saber que a filha está viva.

— Tenho medo da reação de papai.

— Ele está mudado. Você já soube o que aconteceu a seu irmão, não soube?

— Sim.

— Pois ele agora é outro homem. Acredite: tê-la de volta lhe traria muita alegria.

— Não sei. Prefiro esperar.

— Rosali tem razão — acrescentou Edmundo. — Deixe-a fazer como achar melhor.

— E a criança? — quis saber Rosamaria. — Onde está?

— Está lá fora, brincando com os primos. Vou buscá-lo para que o conheçam.

— Com se chama?

— Henrique. Peço-lhe apenas que não comentem com ele sobre o pai. Ele não conhece toda a verdade. Pensa que o pai simplesmente desapareceu.

— Não se preocupe. Edmundo e eu nada diremos. Agora vá buscá-lo. Queremos conhecê-lo.

Rosali saiu e voltou logo em seguida, acompanhada de Henrique.

— Henrique, meu filho, quero que conheça meus tios, Edmundo e Rosamaria, irmã de sua avó.

O rosto de Henrique se iluminou, e ele cumprimentou os tios animadamente:

— Estou muito contente por conhecê-los. Mamãe falava muito bem dos senhores.

— Venha cá, menino — chamou Rosamaria emocionada. — Deixe-me vê-lo melhor e lhe dar um beijo.

Henrique, meio sem jeito, correu e beijou Rosamaria e, em seguida, Edmundo, com quem simpatizou de imediato.

— Mas é um garotão! — elogiou Edmundo. — E que lindos olhos tem.

— É verdade — concordou Rosamaria. — Você agora deve estar com nove anos, não é?

— Sim, senhora.

— Está na escola?

— Estou, sim.

— Em qual? — quis saber Edmundo. — Na mesma em que Mário, espero.

— Não, senhor.

— Por que não? — surpreendeu-se ele.

— A escola em que Mário estuda já não possuía mais vagas quando tentei matricular Henrique — desculpou-se Rosali.

— Isso é impossível. Lecionei lá durante muitos anos. Elisa não foi com você, a fim de apresentá-la a Otávio, o diretor?

Rosali olhou-o significativamente, e com voz amarga, respondeu:

— Infelizmente, não foi possível. As vagas haviam acabado. Mas consegui matricular Henrique em um bom colégio aqui perto. Tenho certeza de que ele se sairá muito bem na nova escola, não é mesmo, meu filho?

— É sim, mamãe.

De repente, a conversa foi interrompida pela entrada de Leonardo, que vinha amparando a esposa, com a filha recém-nascida nos braços. Conduzidas ao quarto, mãe e filha foram confortavelmente acomodadas, a fim de que Elisa pudesse amamentar a menina, que já chorava de fome.

— Como é linda! — admirava-se Rosamaria.

Depois que todos saíram, e enquanto amamentava, Elisa indagou curiosa:

— Mamãe, como vocês receberam Rosali?

— O que você esperava? Levamos o maior susto. Devia ter nos contado.

— Não pude. Ela me pediu.

— E também deviam contar a Helena e Osvaldo. Eles são pais, têm o direito de saber.

— Acho que devemos respeitar o direito dela.

— É claro. E Alberto? Já sabe?

— Não sabe e nem pode saber.

— Ele é o pai da criança.

— Por favor, mamãe, deixemos que o tempo se encarregue.

Vendo que Joana já havia se saciado e adormecera, Rosamaria cuidadosamente retirou a menina do colo da mãe, levando-a para seu quarto. Depois de ajeitar a neta no berço, voltou para a sala, onde os outros netos a aguardavam, loucos de curiosidade para conhecer a irmãzinha.

Saciada a curiosidade das crianças, Rosali chamou a criada e ordenou que levasse os três. Depois do jantar, os tios se recolheram ao quarto de hóspedes, enquanto Rosali e Leonardo permaneceram na varanda.

— Rosali — principiou ele.

— O que é?

— Você tem sido uma pessoa maravilhosa.

— Ora, Leonardo... — enrubesceu.

— É sim. Tem ajudado bastante, sou-lhe muito grato.

— Não é preciso agradecer. Elisa é praticamente minha irmã.

— Você vem se demonstrando muito dedicada não só a ela, como a todos nós. E pensar que eu não gostava de você.

— Para que lembrar disso? É passado.

— Gostaria que você me perdoasse.

— Não tenho nada do que perdoá-lo.

— Tem sim. Meu preconceito, minha incompreensão, minha falta de humanidade.

— Você apenas agiu como todo mundo. E, afinal, não me fez nada.

— Não fiz porque Elisa foi persistente e não me permitiu intervir. Mas, em meu íntimo, eu achava que você não era amizade para ela. Não sei explicar, mas nunca pude confiar em você. Sempre a julguei capaz de uma traição. Por isso preciso tanto de seu perdão.

— Por favor, Leonardo, deixe isso para lá. Já passou.

— Não. Diga que me perdoa.

— Está certo. Se vai lhe fazer bem, está perdoado.

Leonardo agradeceu com um olhar de admiração. Apesar dos anos e dos dissabores, Rosali continuava linda, talvez até mais bonita e desejável agora do que fora antes. Ao contrário de Elisa, que ganhara peso após a primeira gravidez, Rosali continuava esguia, conservando no rosto o mesmo frescor da juventude. Apenas uma certa gravidade no semblante demonstrava não que envelhecera, mas que amadurecera com o tempo. Involuntariamente, sentiu o desejo se instalar em seu corpo e desviou os olhos, envergonhado.

Não sabia que Rosali experimentava o mesmo dilema. A proximidade de Leonardo despertara uma paixão há muito adormecida, e ela sentiu o rosto corar. Abaixou a cabeça rapidamente, para que ele não percebesse o seu embaraço e, pretextando sono, fugiu rapidamente.

6

Sentado na sala da casa de Adélia, Alberto conversava com ela a meia voz, lamentando a atitude da mulher:

— Não sei mais o que fazer, dona Adélia — era assim que Alberto tratava a sogra quando não estavam na intimidade. — Por mais que insista, Marialva se recusa a me dar um herdeiro. Já tentei de tudo, mas ela não quer.

— E para que você quer herdeiros? Crianças só dão trabalho.

— Não é bem assim. Preciso de alguém para perpetuar-me o nome, herdar-me o patrimônio. Afinal, tenho bens. Não é justo que os deixe para meus irmãos e sobrinhos quando posso, eu mesmo, ter meus próprios herdeiros.

— Isso lá é verdade.

— Então? Está disposta a me ajudar?

— Não sei. Marialva se mostra irredutível, e não sei se poderei convencê-la.

— Mas pode tentar. Tenho certeza de que ela a escutará.

— Está bem. Verei o que posso fazer.

— Fico-lhe muito grato.

Alberto levantou-se da poltrona em que estava sentado e correu para fechar a porta da sala. Voltando-se para Adélia, tomou-a nos braços e beijou-a com ardor. A princípio, ela se deixou beijar passivamente. Mas, passados os primeiros segundos da paixão, caiu em si e repeliu o genro, sussurrando assustada:

— Está louco? E se alguém aparecer?

— Quem? Seu marido está no trabalho, e os criados estão ocupados com seus afazeres. Quem poderia nos interromper?

— Não sei. Pare com isso. Não é hora nem lugar para essas carícias. Em breve, Cristiano estará de volta.

Alberto soltou-a e jogou-se sobre uma poltrona macia, fitando o horizonte, que já começava a se avermelhar.

— Soube de sua prima Elisa? — indagou ela. — Deu à luz outra menina.

— Sim, soube — respondeu ele, ocultando uma pontinha de inveja de Elisa, que já tinha três filhos, enquanto ele não possuía nenhum.

— Vocês já foram visitá-la?

— Ainda não. E nem sei se iremos. Marialva e ela não se dão lá muito bem. Se Eulália estivesse aqui, poderia acompanhar-nos, mas tão cedo não volta da Europa.

Nesse instante, a porta da sala se abriu com estrondo, e Cristiano entrou, esbravejando furioso:

— Mas o quê?...

Parou no meio da frase, vendo os rostos espantados da mulher e do genro a fitá-lo, desconhecendo o motivo daquele rompante.

— Cristiano, meu bem, aconteceu alguma coisa? — perguntou Adélia assustada.

Ao se aproximar da porta, Cristiano ouvira uma voz masculina vinda do interior da sala, sem contudo distinguir que era de Alberto. Pensando que a mulher o traía em sua própria casa, irrompeu no aposento, certo de que a flagraria em adultério.

Andava obcecado com essa ideia e via, em todos os homens, um inimigo em potencial, imaginando qual deles seria o amante de sua mulher. Desconfiava dos criados, dos vizinhos, dos amigos. Só não desconfiava de Alberto. Nem ao menos o incluíra no rol dos possíveis amantes ou chegara a considerar essa hipótese. Por isso, sentiu-se calmo e confiante quando viu que a voz de homem que acompanhava a da mulher pertencia ao genro. Um pouco transtornado, respondeu:

— Não aconteceu nada. É que tive uns aborrecimentos no trabalho — e dirigindo-se a Alberto, acrescentou: — Como vai, Alberto?

— Vou bem.

— Marialva veio com você?

— Não, senhor. Vim só.

— Algum problema?

— Na verdade, há sim — adiantou-se Adélia, atraindo para si a atenção de Cristiano. — A teimosa de sua filha se recusa a engravidar, e Alberto veio pedir-me que intercedesse em seu favor.

— Por que ela se recusa? É jovem, pode gerar muitos filhos.

— Mas ela não quer. Diz que não gosta de crianças e que não quer engordar.

— Que despropósito! Isso não está direito. Afinal, é dever da mulher cumprir o seu papel de mãe e dona de casa — acrescentou, fixando ostensivamente os olhos na mulher. — Adélia, você tem que convencê-la.

— Pois era isso mesmo que eu estava dizendo a Alberto quando você entrou de forma tão brusca. Vou tentar.

— Faça isso. Marialva é nossa única esperança de ter netos.

— Eu sei. Amanhã mesmo conversarei com ela. Marialva terá que me escutar.

Internamente, contudo, Adélia não tinha a menor intenção de convencer a filha. Ela mesma não gostava de crianças, e a ideia de ser avó repugnava-a imensamente. Essa palavra era sinônimo de velhice, e Adélia não queria envelhecer.

No dia seguinte, porém, foi procurar a filha, encontrando-a ainda na cama.

— Bom dia, querida. Vim aqui para lhe falar a respeito de seu marido. Ele quer que eu a convença a dar-lhe filhos.

— Mamãe, por favor — objetou Marialva, a cabeça afundada nos travesseiros. — Não me sinto bem.

— O que você tem?

Sentando-se na beira da cama, Adélia levantou o rosto da moça e se assustou com as profundas olheiras que circundavam seus olhos azuis.

— Nossa, Marialva! Você mais parece um defunto.

— Não fale assim, mamãe. Parece mesmo que vou morrer.

— O que está sentindo?

— Uma dor de cabeça terrível.

— Alberto não a examinou?

— Não. Ele saiu cedo, e eu ainda dormia. Foi só quando abri os olhos que senti essa dor horrorosa.

— Você está mesmo horrível. Acho melhor chamar Alberto aqui.

— Não acho que seja necessário. Creio que em breve estarei melhor.

— Nada disso. Vou telefonar-lhe agora mesmo. É claro que você está doente.

Alberto, que há pouco chegara ao consultório, teve que sair apressadamente, deixando ordens para que a secretária desmarcasse as consultas da manhã. Ao entrar em casa, ele também se assustou com o estado da mulher. Ela estava extremamente pálida, pele arroxeada e sem viço, olhos baços. Uma lástima.

— Meu Deus, Marialva! Você não estava assim quando a deixei. O que está sentindo?

— É a cabeça. Dói terrivelmente.

Alberto fez um exame minucioso na esposa, mas nada de anormal pôde encontrar. Como Marialva não sentia qualquer outra dor ou sintoma, exceto aquela terrível dor de cabeça, ele concluiu que ela estava sendo vítima de forte enxaqueca. Retirou da maleta um remédio e deu-o a Marialva, acomodando-a novamente entre as almofadas. Ela gemia e choramingava, a cabeça latejando, até que, passada quase uma hora, adormeceu. Alberto chamou a sogra a um canto e confidenciou-lhe:

— Não sei ao certo o que é isso. Talvez seja apenas uma enxaqueca mesmo. No entanto, creio que seria melhor levá-la a um hospital, a fim de fazermos exames mais detalhados.

— O que você acha que pode ser?

— Não sei. Espero que nada. Mas é bom não facilitarmos. Agora venha. É melhor que a deixemos repousar.

Cerraram as cortinas e saíram, deixando Marialva profundamente adormecida. A seu lado, o espírito enlouquecido de Alfredo dava gargalhadas. Perispírito deformado, a ferida na cabeça ainda a sangrar, era uma visão dantesca.

— Finalmente — pensou. — Finalmente consegui me libertar daquela enxovia e encontrá-la. Agora não a deixarei mais, meu amor. Você verá. Você é minha... minha.

Deitou-se no leito, ao seu lado, como se zelasse pelo seu sono. Liberto do corpo, Alfredo compreendera que desencarnara, embora não entendesse o que se passava com ele. Sentia ainda a dor daquele tiro, o sangue a escorrer como se ainda possuísse um corpo de carne.

Durante muito tempo permanecera preso àquela urna, com medo de sufocar, até que começou a sentir fortes dores por todo o corpo, como se milhares de animaizinhos sinistros lhe devorassem a carne. Era horrível. Ele gritava e implorava que alguém o ajudasse. Um dia, sem saber como nem por quê, alguém viera e lhe dissera que havia morrido. Seu corpo como que entorpecera, os vermes haviam desaparecido. Desde então, passara a alimentar o desejo de sair dali, de se desvencilhar daquelas pedras, daquela terra. Até que conseguira. Alguém o ajudara. Mas não se sentia inteiramente livre. Por algum estranho processo que desconhecia, ele ainda se ligava àquela matéria. Mas encontrara Marialva, e tudo faria para permanecer a seu lado.

Alfredo não sabia que Maria do Socorro, apesar de não poder ajudá-lo de forma direta, orava por ele incessantemente e com tanta fé, que suas preces foram ouvidas. Foi assim que um mensageiro foi enviado para esclarecer Alberto sobre sua morte, embora nada mais pudesse fazer, a não ser esperar. Era preciso que seu fluido vital se escoasse, ou que Alfredo tomasse consciência de tudo o que fizera, pudesse se libertar das amarras que o prendiam ao plano da matéria e empregasse profunda força de vontade para se recuperar. O neto, contudo, ao ver-se livre, logo tratara de procurar Marialva e, tendo-a encontrado, ligara-se a ela como em simbiose, sequer se lembrando de pensar em Deus.

Os pais de Elisa se foram, e o ano letivo iniciara com chuva e vento forte, mas Henrique parecia nem ligar. Estava por demais entusiasmado com a nova escola para dar importância a esses pequenos detalhes climáticos. O uniforme azul e branco, a pasta de couro, o material escolar, tudo cheirando a novo.

Rosali, em frente ao espelho, terminava de pentear o cabelo do filho, que não conseguia ficar parado, tamanha a excitação.

— Por favor, meu filho, fique quieto, sim?

Henrique sorriu, virou-se para a mãe e abraçou-a apertado, deixando Rosali com os olhos cheios de lágrimas.

— Mamãe, já lhe disse hoje que a amo?

— Não, meu bem. Hoje você se esqueceu.

— Pois eu a amo.

— Eu também o amo muito.

A entrada súbita de Mário interrompeu aquela demonstração de afeto entre mãe e filho.

— Henrique! — chamou ele. — Ainda não está pronto? Papai nos espera para nos levar à escola. Vamos logo!

— Já estou indo — respondeu o primo, soltando-se da mãe.

— Está demorando muito.

Rosali terminou de arrumar Henrique e ele se foi, correndo com Mário escada abaixo. Ela saiu apressada logo atrás dele, pois queria ir com Leonardo levá-lo até a escola em seu primeiro dia de aula. Já estava descendo as escadas quando parou assustada, a respiração presa, o coração a acelerar. Diante dela, parado bem no meio da sala, estava Alberto, cumprimentando as crianças com um sorriso. Mais atrás, sentada no sofá, com ar amuado, Marialva segurava nas mãos um pacote embrulhado em papel de presente.

Ao vê-la, Alberto quase desmaiou, e Marialva soltou um grito. Leonardo, que não tivera tempo de avisá-la, correu a amparar Rosali. Ela, porém, manteve a calma e ordenou ao filho:

— Henrique, venha cá.

— Mas mamãe, acabei de descer, e gostaria de conhecer as visitas.

— Obedeça-me e venha até aqui imediatamente!

Sem entender o motivo da zanga da mãe, Henrique subiu as escadas até onde ela se encontrava. Bruscamente, Rosali segurou a mão do filho e saiu a puxá-lo para cima, empurrando Leonardo para o lado. O menino, magoado, começou a choramingar, e Rosali segurou-o no colo, como se tentasse protegê-lo.

— Mamãe, o que houve? Fiz algo errado?

— Não.

— Então por que ralhou comigo?

— Não ralhei com você. É que... é que...

Rosali não possuía nenhuma desculpa para dar. Estreitando cada vez mais o filho contra si, disse sem muita convicção:

— É que me esqueci de lhe preparar a merenda.

— Não esqueceu não. A merenda está dentro da minha pasta.

— Oh! meu filho!

Desatou a chorar, e Henrique permaneceu calado até chegarem a seu quarto, quando então perguntou:

— Mamãe, quem são aquelas pessoas? Você as conhece?

Rosali hesitou, mas acabou respondendo:

— Conheço.

— Não gosta delas?

— Não é isso. É que um dia elas me magoaram muito.

— E você não esqueceu?

— Não. Agora, por favor, não diga mais nada.

— Está bem, mas não chore mais. Eu estou aqui, e ninguém irá lhe fazer mal. Não permitirei.

Rosali abafou o pranto e apertou ainda mais o filho, sentindo no seu o coração de Henrique a bater descompassado. Ficaram assim abraçados, até que o menino acabou adormecendo, deixando Rosali a sós com suas lembranças.

Enquanto isso, no andar de baixo, Leonardo chamou a criada às pressas, para que levasse Mário dali. Depois que a criança saiu, Alberto indagou estarrecido:

— Como pode ser isso? Rosali não estava morta? Como aparece aqui, em sua casa, e você não nos diz nada?

— Acho que a indignação é dispensável — cortou Leonardo. — Ambos sabemos como foi que ela veio parar aqui.

— Eu bem disse que não queria vir — comentou Marialva, irritada. — Falei que devíamos antes telefonar.

— Não estou entendendo — tornou Alberto, sem prestar atenção à mulher. — Aonde quer chegar?

— Está entendendo muito bem. Já sabemos como você e seu pai planejaram tudo.

— Não sei do que está falando.

— Acho que sabe.

— Não tenho nada com esse plano — desabafou. — Foi tudo elaborado por meu pai, não por mim.

— Vai querer agora me convencer de que não sabia de nada?

— Eu não disse isso. Apenas que não fui eu a idealizá-lo.

— E isso o isenta de qualquer responsabilidade?

— O que você queria que eu fizesse? — explodiu. — Eu era jovem, estava apaixonado por Marialva. Não podia me casar com Rosali.

— E por isso enganou-a, iludiu-a, urdiu um plano sórdido para tirá-la do caminho.

Alberto abaixou a cabeça e não contestou. Não tinha o que dizer. Seus pensamentos, contudo, não estavam presos em Rosali, mas na criança que subira com ela.

— E o menino? — tornou desconfiado. — É meu filho?

Leonardo não respondeu a princípio. Esperou alguns minutos antes de retrucar:

— O que você acha?

— Não sei. Por isso lhe pergunto.

— Se bem me lembro, Rosali partiu daqui grávida. Acha que ela dormiu com mais alguém?

— Quero conhecê-lo — exigiu. — Deixe-me falar com ele.

— Essa decisão não cabe a mim.

— Ele conhece a verdade?

— Apenas parte dela.

— Por favor, Leonardo, deixe-me vê-lo. Tenho direito.

Antes que Leonardo tivesse tempo de contestar, Marialva deu um salto do sofá e esbravejou enfurecida:

— Agora basta! Já suportei demais essa conversa idiota. Não quero ouvir mais uma palavra dessa infâmia. Muito me admira você, Alberto, se preocupar agora com esse bastardinho. E que importa se Rosali voltou? Deixe-a com seu filho. Ele não lhe pertence.

Rodou nos calcanhares e foi para a porta, largando no sofá o presente que levara para a pequena Joana. Aturdido, Alberto deu meia volta e saiu, acompanhando a mulher. Profundamente transtornado, Leonardo subiu aos aposentos de Rosali e bateu à porta. Como ninguém respondesse, abriu-a cuidadosamente, mas estava vazio. Seguiu para o quarto dos meninos e entrou.

— Ele dormiu? — indagou, olhando para Henrique.

— Sim, acabou pegando no sono. E Mário?

— Mandei Ivete levá-lo e ficar com ele e Celeste.

Rosali ajeitou a cabeça do filho no travesseiro e saiu na ponta dos pés. Em companhia de Leonardo, voltaram para a sala, e Rosali desabafou:

— Como isso foi acontecer?

— Alberto e Marialva vieram visitar Elisa e Joana.

— Assim, sem avisar?

— É bem o seu estilo.

— E agora, Leonardo? O que farei?

— Não sei. Mas devo adverti-la de que Alberto demonstrou grande interesse pelo menino. Queria que lhe apresentasse Henrique.

— Era só o que me faltava! Depois desses anos todos de ausência, omissão e desinteresse, resolveu agora se lembrar de que é pai?

— Creio que Alberto amadureceu com tudo isso. Já passou dos trinta anos, não tem mais se metido em farras nem noitadas. E não é segredo para ninguém que quer muito ter um filho. Marialva, contudo, tem horror à maternidade.

— O que eu tenho com isso? Será que ele quer tirar Henrique de mim?

— Não creio, pois Marialva jamais consentiria. Mas penso que ele ainda vai tentar uma aproximação com o filho.

— Não vou permitir. Se for preciso, voltarei para Portugal.

— Não me leve a mal, Rosali, mas quando voltou, você sabia que isso ia acabar acontecendo. Seria impossível evitar que todos se reencontrassem, morando na mesma cidade.

— Não posso deixar que Alberto destrua a vida de meu filho como fez com a minha — murmurou ela, em lágrimas.

— Isso não vai acontecer. Sou advogado, saberei defender seus direitos de mãe.

— Você tem sido tão bom para mim. Nem sei como agradecer.

Dizendo isso, beijou-lhe as mãos num gesto de humildade e gratidão, deixando Leonardo tímido e desconcertado.

— Por favor, Rosali, não faça isso. Você não tem nada que agradecer. Agora venha. Elisa precisa saber o que houve.

Ao saber do acontecido, Elisa ficou bastante preocupada e ponderou:

— Acho melhor você contar tudo a Henrique antes que alguém o faça. Alberto não vai sossegar enquanto não conhecer o filho.

— Mas ele é apenas uma criança! Tenho medo do que essa revelação possa lhe causar.

— Ele é criança, mas é também esperto e compreensivo. E a ama muito. Tenho certeza de que ele não só compreenderá, como ainda lhe dará apoio e conforto.

— Talvez você tenha razão, mas preciso pensar.

Rosali voltou ao quarto do filho com o coração oprimido. Deitou-se ao lado dele e alisou seus cabelos, sem saber o que fazer. Lembrou-se da avó e sentiu imensa falta dela. A avó sempre tinha um bom conselho para dar. O que faria numa situação com aquela?

— A verdade é sempre o melhor caminho — dizia uma voz interior.

7

Ao saber do retorno de Rosali, Marialva teve um acesso de fúria.

— Como aquela despudorada se atreve a voltar aqui depois de tudo o que nos fez? — bradou, espumando de ódio. — Ainda por cima, com aquela criança horrorosa, fruto de seu pecado ignóbil!

Alberto evitava responder ou emitir qualquer opinião, pois não encontrava o que dizer. Ouvia a mulher esbravejar, sem saber como acalmá-la ou acalmar sua própria angústia. Também ele ficara surpreso com a volta de Rosali. Ela estava muito bem, bonita e fresca, o semblante em nada demonstrando as agruras por que passara ao longo daqueles quase dez anos.

Apesar de surpreso, vê-la não o agradou propriamente. Sua presença evocava lembranças que ele preferia apagar, de um tempo que não gostaria de ter vivido. Não que estivesse arrependido do que fizera. Estava seguro de que não nascera para se casar com mulheres como Rosali. A presença dela ainda lhe causava uma certa aversão, como na época em que engravidara. Mas o menino era diferente. Era seu filho.

Durante todos aqueles anos, Alberto nunca parou para pensar na criança, só o fazendo há pouco tempo, desde Marialva se recusara a engravidar. Estranhamente, passou a pensar naquele filho que rejeitara e imaginava como teria sido sua vida se não o houvesse repelido. Poderia ter ficado com ele. O problema era Rosali. Ela era um estorvo. Alberto queria o filho, não a mãe. E Marialva jamais permitiria uma aproximação entre ambos.

Estava assim a pensar quando, de repente, ouviu um grito agudo:

— Que inferno, Alberto! — berrou Marialva, possessa. — Onde está com a cabeça? Eu aqui falando, e você aí, alheio a tudo, como se nada estivesse acontecendo.

— Não me aborreça, Marialva — irritou-se. — Estou farto de suas histerias.

— Era só o que me faltava! Quer dizer que agora sou histérica? Aquela mulherzinha reaparece para nos infernizar e você nem se importa?

— Quem disse que ela veio nos infernizar? Talvez esteja apenas tentando viver a própria vida e nem esteja preocupada conosco.

— Pois sim. Conheço bem o tipo. Ela não me engana. Está à espera de uma oportunidade para nos destruir.

— Não exagere. Ela nem sequer nos procurou.

— Por que voltou?

— Como vou saber?

— Ela jamais deveria ter saído de Portugal. Como ousa aparecer por aqui acompanhada daquele bastardinho?

— Não fale assim. O garoto é meu filho.

— Seu filho? — desdenhou. — Preste atenção numa coisa, Alberto. Não vou admitir que você achincalhe o nome da minha família espalhando por aí que aquele menino é seu filho. Ou você esquece essa criança, ou pode esquecer de mim.

— Não seja tola. Você é minha mulher.

— Até o momento em que deixar de sê-lo. Não me custa nada deixá-lo.

— Até parece. Você sabe muito bem o que é uma mulher desquitada na nossa sociedade. Você mesma já virou as costas a uma ou duas delas. Não foi?

— É diferente.

— Pois sim. Você perderá as amigas, os homens só a procurarão para o sexo. É isso que você quer? Cair na obscuridade ou ser vista como uma meretriz?

Fora de si, Marialva desferiu um tapa no rosto do marido com tanta violência, que ele cambaleou, apoiando-se na cômoda para não cair. Aconteceu então o inesperado. Ele se transformou. Ergueu a cabeça e fitou a mulher com rancor, partindo para cima dela como um selvagem. Segurando-a com brutalidade, sacudia-a pelos ombros enquanto esbravejava:

— Cadela! Como ousa me bater? Você é minha mulher, entende? Deve-me obediência.

Louco de ódio, Alberto pôs-se a esbofeteá-la, enquanto Marialva, desesperadamente, tentava se defender, arranhando-lhe as faces.

— Louco, animal! Solte-me, não sou uma de suas prostitutas!

— Mulher nenhuma me desafia ou levanta a mão para mim. Não sou homem de engolir desaforos, muito menos em minha própria casa. Vou lhe ensinar a ter mais respeito por seu marido, quer você queira, quer não.

— Alberto, não...

Sem lhe dar ouvidos, Alberto continuou a bater-lhe no rosto, até que ela caiu, exausta, em cima da cama.

— Que isso lhe sirva de lição. Nunca mais volte a me bater, ouviu bem?

Marialva não conseguiu responder, tamanho o horror que a paralisava. Jamais poderia supor que o marido fosse capaz de encostar-lhe a mão. De cabeça baixa, começou a chorar, remoendo a dor da humilhação.

Sem conseguir conter a repulsa que sentia da mulher, Alberto voltou-lhe as costas e saiu, batendo a porta com estrondo. Correu ao consultório e telefonou para Adélia. Era tarde, passava das nove horas, mas precisava dela. Chamada ao telefone, a amante falou baixinho:

— Ficou maluco? Meu marido está em casa.

— Por favor, Adélia, é urgente. Preciso vê-la.

— Nem pensar. É tarde, não tenho desculpa para sair agora.

— Venha depois que ele dormir.

— O que aconteceu para você querer me ver assim, tão desesperadamente?

— Eu lhe suplico. Espere que ele durma e saia sem que ele perceba. Eu a estarei aguardando na casa de Copacabana.

Depois que Cristiano dormiu, Adélia partiu às pressas ao encontro do amante. Alberto já a aguardava e foi logo beijando-a com paixão, não permitindo que dissesse nada. Ela quis falar, mas ele tapou-lhe a boca com um beijo e sussurrou ardorosamente:

— Por favor, querida, agora não. Preciso de seu calor.

Depois do ato sexual, Alberto acendeu um cigarro. Vendo a fumaça espiralar-se no ar, começou a dizer, evitando encarar Adélia.

— Perdi a cabeça com Marialva.

— Como assim?

— Lembra-se de Rosali? — ela aquiesceu. — Ela chegou da Europa acompanhada do filho, e ambos estão hospedados na casa de Elisa.

— Mas ela não havia morrido?

— Não. Aquilo foi uma história que eu e meu pai inventamos para afastá-la de meu caminho.

— O quê?

— Isso é passado. Rosali estava atrapalhando meus planos com Marialva. Então, meu pai a mandou para Portugal e forjou sua morte.

— Vocês são diabólicos.

— Foi preciso. Era minha vida que estava em jogo. E agora Rosali voltou, nós a vimos quando fomos visitar a filha recém-nascida de Elisa. Foi um choque para todos nós, inclusive para ela.

— E daí?

— Marialva ficou aborrecida, com muita raiva. Nós discutimos, ela me deu um tapa e eu perdi a cabeça.

— O que você fez?

— Bati nela.

— Você bateu em sua mulher?

— Foi um erro, mas ela me provocou.

— Alberto, francamente! Um homem jamais deve bater em uma mulher, haja o que houver.

— Eu sei e estou arrependido. Mas fiquei fora de mim, ela passou dos limites. Marialva é uma mulher extremamente atrevida e ousada.

— Não se esqueça de que estamos falando da minha filha. Não posso aprovar essa sua atitude.

— É por isso que estou lhe pedindo perdão. Foi um erro, não acontecerá de novo.

— Não é a mim que você deve desculpas, mas a Marialva.

— Falarei com ela mais tarde. Espero que consiga me perdoar. Serei gentil e provarei que isso não se repetirá.

— Gostaria de acreditar em você, mas a experiência demonstra que os homens, logo que começam a bater em suas mulheres, não param mais.

— Não é verdade! Nem todo mundo é igual.

— Não se iluda, Alberto, isso é como um vício. Começa assim, quando se perde a cabeça numa discussão. Depois vêm o arrependimento, as desculpas, a promessa de que não se repetirá, o longo período de calma e de carinho. Em seguida, após nova briga, bate-se novamente, e o processo se repete: arrependimento, desculpas, promessas, carinho. E outra briga, e novas surras, e novas promessas. E assim vai... Por isso é como um vício. Depois que se prova a primeira vez, prova-se a segunda, a terceira, até que a coisa cai na rotina e não se consegue mais parar.

— Por acaso você pensa que sou algum covarde que vive a surrar mulheres?

— Eu não disse isso. Estou apenas tentando alertá-lo para a realidade. Espero, sinceramente, que você nunca mais encoste a mão nela.

— Confie em mim. Jamais tocarei nela novamente.

— Faça isso de novo, e o deixarei, para ficar do lado dela. Posso tolerar tudo, menos que você bata em minha filha.

— Já disse que isso não se repetirá. É uma promessa.

Adélia não disse mais nada mas, no fundo, não acreditava nele.

Quando Alberto saiu, Marialva se entregou a profundo desânimo, magoada com a atitude do marido. Deitada na cama, chorava copiosamente, lamentando o impulso que tivera de desferir-lhe aquele tapa. Sem se dar conta, Alfredo acompanhava tudo do invisível, alimentando por Alberto um ódio ainda maior do que o que já sentia. Só não saiu atrás dele para não deixar a amada sozinha naquele estado.

Pensando tranquilizá-la, aproximou-se e a enlaçou, causando-lhe instantâneo arrepio. As têmporas começaram a latejar, as veias pulsavam como se fossem estourar. Marialva sentiu um calor estranho na testa, como um líquido quente e viscoso escorrendo por seu rosto e pelo pescoço, descendo até o peito. Apalpou a cabeça, o rosto, o pescoço, mas tudo estava seco.

Inesperadamente, lembrou-se de Alfredo, de sua fronte dilacerada pelo tiro, e estremeceu, amedrontada ante aquele pensamento macabro. Tentou afastar a imagem do suicida da mente, mas a figura do morto não lhe saía da cabeça. A todo instante revia a cena funesta, o olhar febril e insano vidrado nela, o cano escuro do revólver apontado para seu peito, o estampido seco, o corpo sem vida daquele louco caindo no chão com um baque surdo.

Alfredo captava-lhe apenas partes do pensamento. Sem compreender o motivo que a levara a pensar nele, julgou que ela sentia sua falta, arrependida de haver escolhido o rival ao invés dele. Alimentado por essa ilusão, abraçou-a ainda mais, causando-lhe incontrolável sonolência. Quase imediatamente, Marialva adormeceu, e seu corpo fluídico, parcialmente liberto do físico, vislumbrou o vulto desfigurado de Alfredo a seu lado.

— Que faz aqui? — balbuciou horrorizada. — Você está morto.

— Não, querida — contestou Alfredo, cheio de amor. — Não vê que estou vivo?

— Não pode ser! Eu mesma presenciei a sua morte.

— Meu corpo morreu, mas meu espírito vive. Não percebe que voltei por sua causa?

— Mas então você é... um fantasma! Cruzes! Socorro! Saia daqui! Vá-se embora!

Cheia de pavor, Marialva se afastou, lutando desesperadamente para voltar à matéria. Alfredo, contudo, para não perder a oportunidade de conversar com ela, segurou-a pelos braços, levando-a a gritar e se debater, descontrolada:

— Saia daqui! Solte-me! Afaste-se de mim!

Tanto lutou que conseguiu despertar, a cabeça quase estourando, o suor a escorrer-lhe pelo pescoço, empapando a gola de rendas da blusa. Assustada, sentou-se na cama e respirou fundo, buscando desanuviar aquela horrenda aparição de sua mente.

— Foi apenas um sonho — disse em voz alta, rindo de sua tolice. — Mas pareceu tão real! Não, não foi real. Não existem fantasmas, espíritos ou almas do outro mundo. Foi tudo fruto da minha imaginação, já passou.

Invisível, Alfredo dizia ao seu ouvido:

— Engana-se, querida. Não foi sonho nem imaginação. Foi o seu amor que me trouxe de volta. Você precisa de mim para defendê-la daquele crápula, para que ele nunca mais encoste a mão em você e magoe essa sua pele macia. Eu a amo. Não se preocupe, estou aqui para protegê-la.

Depois daquele episódio, Alberto não ousou mais tocar em Marialva, demonstrando sincero arrependimento. Apesar do medo que, desde então, passou a ter dele, Marialva ainda o amava loucamente, e a frieza com que a princípio o tratara cedeu lugar à velha paixão. Ela tentou, de todas as formas, esquecer aquele triste incidente.

Secretamente, Alberto alimentava o desejo de conhecer o filho e se aproximar dele. Por vezes, ia espreitar na casa de Elisa, na esperança de vê-lo brincar no jardim ou a caminho da escola, quando então, à distância, seguia seus passos.

Embora o menino quase sempre saísse em companhia de Rosali, ele não deixava de acompanhá-los, tomando o cuidado de nunca se aproximar nem permitir que o vissem. Como Rosali não o via, começou a sentir-se mais tranquila, certa de que ele desistira de conhecer o filho.

8

Rosali brincava de bola no jardim com Henrique, Mário e Celeste quando Leonardo, para alegria das crianças, ingressou na brincadeira. Presa ao leito por causa de uma forte gripe, Elisa deixou a Rosali a tarefa de entretê-las. A bola passava de mão em mão, por vezes rolando pelo chão, e as crianças corriam atrás dela, soltando gargalhadas alegres e inocentes. Num desses momentos, Celeste, descuidadamente, tropeçou na bola e caiu, ralando os joelhos. A choradeira foi enorme. Na mesma hora, Rosali segurou-a no colo e foi com ela para dentro.

Ajeitou-a no sofá e acariciou seus cabelos, à espera de que Leonardo voltasse com o vidro de iodo. Sob o olhar espantado de Henrique e Mário, Rosali embebeu um chumaço de algodão no líquido vermelho e aproximou-o da ferida.

— Vai arder — queixou-se Celeste, fazendo beicinho.

— É para o seu bem, querida — interveio Rosali. — Vai passar.

Vendo o medo da priminha, Henrique segurou a sua mão e encorajou:

— Se doer, aperte bem forte a minha mão. Não me importo de partilhar a dor com você.

Celeste concordou. O iodo, em contato com a carne ferida, ardeu imensamente, e ela apertou com força a mão de Henrique, que sorriu com carinho, dando-lhe forças para suportar a dor. Em seguida, um pouco de gaze e o curativo estava terminado.

— Pronto — falou Leonardo. — Passou. Agora voltem a brincar. Mas cuidado para não cair novamente, viu Celeste?

— Sim, papai.

— Você e tia Rosali não vêm? — indagou Mário.

— Acho que não. Rosali e eu não somos mais crianças.

Rosali esperou até que as crianças saíssem para arrumar a bagunça que se espalhara na sala. Recolhia o material do curativo quando o vidro de algodão escorregou de sua mão e caiu ao chão, espatifando-se ruidosamente.

— Céus! — exclamou. — Como sou desastrada!

Vendo que ela recolhia os cacos, Leonardo ajoelhou-se para ajudá-la, até que seus dedos, inadvertidamente, se tocaram, e ambos sentiram como se um choque elétrico percorresse seus corpos. Emocionados, olharam-se em silêncio, um olhar que dizia tudo. Um sentimento diferente fez disparar o coração de ambos, deixando-os desconcertados e atônitos.

— Desculpe-me — balbuciou Rosali. — Eu... eu...

Ela soltou os pedacinhos de vidro no chão e levantou-se apressadamente. Não conseguiu fugir, porque Leonardo, segurando-lhe as mãos com ternura, deteve-a e disse brandamente:

— Por favor, fique.

— Não posso. Solte-me, deixe-me ir.

— Não se vá, eu lhe imploro.

— Não percebe o que acaba de acontecer?

— Não aconteceu nada. Não fizemos nada.

— Nossos pensamentos fizeram.

— Não posso mais ocultar o que sinto — revelou ele, confuso. — Faz algum tempo que estou apaixonado...

— Pare! — gritou ela angustiada, tapando os ouvidos, os olhos rasos de água. — Não quero ouvir mais nada.

— Não adianta fugir. Eu não queria, mas foi mais forte do que eu.

— Você não sabe o que diz.

— Não pretendia me apaixonar por você... aconteceu. E só hoje percebi que você sente o mesmo por mim.

— Não... — ela quase chorou. — Você está enganado.

— Não diga isso. Sei que você também me ama. Vi em seus olhos.

— Leonardo, não...

— Olhe para mim e diga que não é verdade — Rosali hesitou e ele insistiu: — Negue que também se apaixonou por mim.

Rosali desatou a chorar, e Leonardo estreitou-a contra o peito, pousando a cabeça dela em seu ombro, sentindo o perfume de seus cabelos macios. Emocionado, virou-lhe o rosto e beijou-a suavemente. Rosali queria desesperadamente permanecer em seus braços, mas conseguiu se desvencilhar e sussurrou entre lágrimas:

— Não faça isso, eu lhe suplico.

— Mas querida...

— Por favor, não. Amo Elisa, ela é como minha irmã, a melhor amiga que alguém pode desejar. Não posso traí-la. Por mais que eu esteja apaixonada por você, jamais faria qualquer coisa para magoá-la. Preferiria, antes, magoar-me a mim mesma.

Os olhos dele brilhavam de paixão, contudo, as palavras dela despertaram-lhe a razão.

— Você está certa — concordou, embora contrariado. — Também amo Elisa, mas é diferente...

— Amor é amor. Como se sentiria depois, sabendo que a traíra com a prima e melhor amiga?

— Péssimo — confessou acabrunhado. — Acho que desprezaria a mim mesmo.

— Então, pense bem antes de tomar qualquer atitude precipitada e não faça nada de que venha a se arrepender mais tarde.

— Você está segura do que diz?

— Sim. Elisa não merece uma traição. Não nego que sinto algo diferente por você, mas o amor e a amizade são mais fortes do que a paixão.

— Perdoe-me — tornou, admirado com a dignidade dela. — O momento propiciou o impulso. Mas, embora difícil, darei um jeito de conter-me daqui em diante. Sei que devemos renunciar a esse amor.

— E não será a renúncia, também, uma forma de amar?

Curada do forte resfriado que a pusera de cama por quase duas semanas, Elisa saiu sozinha para fazer compras. Caminhava pela avenida Passos quando, levantando os olhos, leu numa tabuleta: "Federação Espírita Brasileira". Como o nome a impressionou, resolveu entrar por mera curiosidade.

— Deseja alguma coisa? — indagou o atendente.

— Procuro um bom livro para ler — respondeu ela, olhando ao redor com embaraço. — Mas acho que entrei aqui por engano. Não vejo nenhum livro à venda.

— Engana-se, senhora — contestou o rapaz, notando o constrangimento dela. — Temos aqui mesmo, no primeiro andar, uma livraria bastante diversificada.

— De que tipo de leitura se trata?

— São livros espíritas.

— Espíritas? Não entendo dessas coisas.

— Poucas pessoas entendem. É por isso que o espiritismo é tratado como se fosse algum tipo de magia.

— E não é? Não lida com demônios, almas penadas e coisas assim?

— Lida com o mundo dos espíritos, que nada tem de demoníaco. Por que não entra e dá uma olhada?

Após alguns minutos de hesitação, Elisa resolveu subir e visitar a livraria sem compromisso. Perscrutava as prateleiras quando um volume em especial chamou sua atenção. Era *O evangelho segundo o espiritismo*, de Allan Kardec. Curiosa, pegou nas mãos um exemplar e começou a folheá-lo aleatoriamente. O pouco que leu prendeu sua atenção. Fascinada com aquelas palavras, decidiu comprá-lo.

Leonardo não aprovaria aquela leitura. Ouvira-o dizer várias vezes que espiritismo era coisa de gente simplória e ignorante, fetichismos a que eram dados os negros e operários.

Por isso, tomou cuidado para que ele não visse o volume e subiu ao quarto em silêncio. Fechou a porta e recostou-se na cama, abrindo o livro no primeiro capítulo. De uma só vez, leu metade do volume.

Ficou encantada. Aquela filosofia tinha muito de verdade, explicava de forma simples e lúcida as dúvidas acerca da vida e da morte. Era uma doutrina que confortava e fortalecia. A reencarnação esclarecia muitos mistérios, contradições e aparentes injustiças. O deus vingativo e aterrador foi substituído pelo deus de amor e compreensão.

Durante vários dias, Elisa se entregou à leitura do *Evangelho*, cada vez mais maravilhada. Pensou em Rosali e em Henrique, imaginando como seria bom se ela lesse aquele livro. Com certeza, ficaria embevecida e encontraria ali as respostas para seus muitos questionamentos.

A seu lado, Maria do Socorro e Mariano estavam satisfeitos com a receptividade de Elisa, a quem haviam sugerido a compra do *Evangelho*.

— Conseguimos, Mariano. Elisa agora está no caminho de uma nova descoberta.

— Que essa descoberta seja o início de um novo tempo para ela e todos que com ela convivem. Chegou a hora de Elisa abrir os olhos para as verdades da alma e se tornar portadora desses novos conceitos. O benefício será de todos.

Foi o início de um novo tempo para Elisa que, a partir dali, acabou disseminando o conhecimento para toda a família.

9

Marialva acordou indisposta e foi queixar-se com o marido. Como conhecia bem suas enxaquecas, Alberto prescreveu-lhe o remédio de sempre, que ela recusou.

— Não vai adiantar — reclamou ela com voz angustiada. — Não é aquela maldita dor de cabeça. Não sei bem o que se passa comigo, sinto-me terrivelmente mal. Estou enjoada, com tonteiras, o quarto todo parece rodar. E sinto tanto sono que seria capaz de dormir o dia todo.

— Não é o incômodo?

— Não. Esse mês ainda não veio.

— Está atrasado?

Marialva pensou um pouco e respondeu:

— Pensando bem, está.

— Então, querida, creio que você esteja grávida — afirmou ele mansamente.

— Isso é impossível! Arranje-me um chá. Não quero esse filho.

— Nada disso. E nem temos certeza...

— Não me venha com a sua ladainha de herdeiros! Você já está cansado de saber o que sinto a respeito de filhos.

— Já conversamos sobre isso diversas vezes — irritou-se. — Está na hora.

— Não quero filhos e pronto.

Era preciso não perder a paciência com ela. O gênio irascível de Marialva acabaria levando-o aos extremos novamente, e isso era tudo que ele queria evitar. Preferiu calar-se e aguardar.

— Então? — esbravejou ela. — Não faz nada?

— Fazer o quê?

— Arranje-me um chá ou qualquer outra coisa.

— Não posso. Você sabe tão bem quanto eu que o aborto, além de extremamente perigoso, é também crime.

— Era só o que me faltava. Desde quando você se preocupa com esses detalhes legais e éticos da profissão?

— Desde que fiz um juramento de lutar pela vida.

— Quanta hipocrisia! Já se esqueceu de todos aqueles abortivos que me deu?

— Isso foi no passado. Estou arrependido e não quero mais me envolver em homicídios desse tipo.

— Homicídios? Mas não é você mesmo quem diz que não há vida no feto?

— Mudei de ideia.

— Por quê? Por causa dessa sua vontade idiota e despropositada de ter filhos?

— Não importa. O fato é que não vou mais tomar parte nesses assassinatos. É meu filho que você pode estar trazendo aí.

— Quanta nobreza! Deixe de sentimentalismos piegas e me dê logo o chá.

— Já disse que não.

— Não me provoque, Alberto! Você não sabe do que sou capaz.

— Não adianta me ameaçar. Você não pode fazer nada.

Marialva tentava dominar a fúria e disse entre dentes:

— Se não me ajudar, irei agora mesmo procurar alguém que o faça.

— Pode ir. Depois aguente as consequências, se cair nas mãos de um açougueiro.

A conversa foi abruptamente encerrada pela saída de Alberto, que lhe virou as costas e ganhou a rua. De tão furiosa, Marialva saiu em busca da mãe. Ela, sim, saberia como ajudá-la.

— O que vou fazer? — lamentou-se, entre chorosa e irritada. — Não quero filhos.

— Sossegue. Seu marido não pode obrigá-la.

— E se eu já estiver grávida?

— Você sabe que há meios de se livrar desse pequeno estorvo.

— O último chá que tomei não me fez muito bem. E se alguma coisa ruim me acontecer? Não quero morrer.

— Você não vai morrer. Primeiro, vou levá-la ao meu médico particular. O doutor Vicente é de confiança. Se a gravidez for confirmada, daremos um jeito.

Após o exame clínico, as suspeitas de Marialva se confirmaram. Ela já devia estar com, aproximadamente, dez semanas de gestação. O doutor Vicente, assim como Alberto, era contra o aborto, de forma que Adélia foi obrigada a encontrar outra solução. Ouvira falar de uma parteira nos arredores da cidade, conhecedora de poções e chás dos mais variados.

A mulher ofereceu a Marialva uma infusão amarga, que ela ingeriu sem titubear. Pagamento feito, foram para casa, com a recomendação de repouso absoluto. Pouco depois, Marialva perdia o filho em meio a forte hemorragia e dores terríveis. Chamado às pressas, Alberto correu com ela ao hospital. Marialva foi submetida a uma cirurgia de emergência que, embora não lhe roubasse a vida, roubou de Alberto a última esperança de voltar a ser pai.

— Como pôde fazer isso comigo? — perguntou, indignado, a Adélia.

— Não fiz nada com você. Procurei apenas satisfazer o desejo de minha filha.

— Você fez foi a sua vontade.

— Minha vontade? Imagine, pois se nem era eu que estava grávida!

— Eu bem sei que você também não desejava que Marialva engravidasse, já que não quer admitir que está ficando velha.

— Velha, eu?

— É isso mesmo. Você é bem mais velha do que eu, tem idade suficiente para ser avó.

— Alto lá, meu caro. Está certo que sou mais velha do que você, mas nem tanto. Sequer poderia ser sua mãe.

Se pensa que sou assim tão velha, então creio mesmo que já chegou a hora de nos separarmos.

Só então se dando conta do que dissera, Alberto arrependeu-se no mesmo instante. Tentando consertar a situação, amansou a voz e, enlaçando-a pela cintura, disse com docilidade:

— Não é nada disso, querida. Perdoe-me. É claro que você não está velha nem parece mãe de uma moça da idade de Marialva.

— Então por que disse isso? — tornou magoada.

— Foi só porque me vi frustrado no meu desejo de ser pai. Não queria ofendê-la.

— Mas ofendeu. E muito. Você sabe como me sinto, sendo bem mais velha do que você.

— Já disse mil vezes que não parece.

— Mentiroso! Hoje você se descuidou e acabou revelando o que realmente pensa.

— Não é verdade. Eu não penso assim. Se pensasse, não estaria mais com você, não acha?

Adélia deixou-se convencer. Era melhor. Não queria ser avó nem pretendia perder o jovem amante. Por isso, silenciou e fingiu acreditar no que ele dizia.

Demorou um pouco até que Marialva tivesse alta do hospital e voltasse para casa. Ao chegar do trabalho, tarde da noite, Alberto encontrou-a profundamente adormecida, pálida devido à enorme quantidade de sangue que perdera. Já havia pegado no sono quando foi despertado por gritos alucinantes:

— Deixe-me! — gritou Marialva, adormecida. — Já disse que não quero vê-lo. Vá-se embora!

Assustado com os gritos da mulher, que se debatia no sono, Alberto sacudiu-a com força, fazendo-a despertar daquele pesadelo horroroso.

— Acorde! Marialva! O que houve?

— Hã? O quê? O que foi que aconteceu? — indagou ela, abrindo os olhos cheia de pavor.

— Eu é que pergunto. Você estava falando no sono.

— Falando? O que eu dizia?

— Não sei bem. Algo assim como "deixe-me... vá-se embora". O que significa?

— Devo estar ficando louca.

— Por quê? Com o que sonhava?

— Você não vai acreditar. Sonhava com Alfredo.

— O irmão de Rosali?

— Esse mesmo.

— Mas ele morreu há uns dez anos! Por que foi sonhar com ele agora?

— Não sei. Tenho pesadelos em que ele me aparece, todo ensanguentado, com uma ferida na testa, dizendo que vem me buscar. É horrível.

— Por que não me contou logo?

— Porque achei que era bobagem. Mas agora, esses pesadelos estão se tornando constantes, e eu estou ficando aterrorizada. São tão reais! Alfredo parece vivo e é como se realmente falasse comigo.

— Você deve estar passando por um período de extrema tensão. Creio que já está na hora de você fazer aquela viagem à Europa.

— Boa ideia. Já adiamos demais essa viagem. Podemos partir logo.

— Gostaria muito, mas não posso ir. Muito trabalho no consultório.

— Sozinha eu não vou. A solidão só vai piorar meu estado. Talvez se mamãe for comigo...

Alberto estremeceu. Essa não era sua intenção. Ao contrário, queria afastar a mulher dali por alguns tempos. Precisava recuperar a credibilidade junto a Adélia, e nada melhor do que um período a sós com a amante. Contudo, sem motivos para desaconselhar a companhia da sogra sem levantar suspeitas, mesmo a contragosto, concordou.

— Ótimo! — exultou Marialva. — falarei com ela amanhã.

— Faça isso. E agora volte a dormir. Você precisa descansar. Boa noite.

— Boa noite.

A enfermidade de Marialva só fez agravar a situação entre Adélia e Cristiano. Ele percebia claramente que a mulher se utilizava de artifícios maliciosos para tentar enganá-lo. Eram telefonemas sigilosos, saídas furtivas à noite, sempre com a desculpa de que ela estivera em companhia de alguma amiga que nunca aparecia.

— Você não toma jeito! — esbravejou ele. — Quando será que vai me respeitar?

— De novo com isso? Não estou fazendo nada.

— Não me venha com essa! Sei muito bem de seus telefonemas, suas escapadas.

— Quer que eu repita o motivo de minhas saídas? Deveria dar-se por satisfeito por ainda ter mulher.

— Que mulher? Você quase nem fala comigo.

— Falar o quê? Nós não temos mais assunto. Nosso casamento é só aparência. Se começarmos a revolver, veremos quanta podridão há escondida por baixo de nossa vida de perfeição.

— Você é desprezível!

— E essa situação que você me impôs, o que é? Pensa que gosto de procurar homens na rua, porque o que tenho em casa não cumpre com seus deveres conjugais?

— Nem procura mais esconder que tem amantes?

— Para que esconder? Estamos sozinhos, não precisamos fingir que somos felizes e perfeitos.

— Você não tem vergonha.

— Claro que tenho. Vergonha de possuir um marido que só é homem pela metade.

— Cale-se, vagabunda!

— Posso ser vagabunda, mas você é...

Não conseguiu terminar. Cristiano saltou diante dela e tapou-lhe a boca com violência.

— Cale-se, ou não responderei por mim — rugiu com ódio.

Ela não sentiu medo. Seus olhos espelhavam todo o desprezo que sentia por ele. Atingido pela arrogância no seu olhar, Cristiano a soltou.

— Idiota — desdenhou. — Pensa que tenho medo de você?

— Diga quem ele é — retrucou com fúria. — Preciso saber.

— Você não o conhece.

— Diga-me ao menos o seu nome.

— Não seja ridículo. Você é o único culpado pela farsa em que se transformou nosso casamento. Se não me rejeitasse, eu não seria obrigada a ter amantes para satisfazer meus desejos. Preciso de sexo, Cristiano, e se você não pode me dar, não faltam homens que possam!

— Prostituta! — berrou, fora de si. — Você vai aprender a me respeitar!

— Ouse encostar a mão em mim, e contarei a todo mundo que você não é homem de verdade.

Havia uma sinceridade cruel e mordaz na voz dela que fez Cristiano recuar. Ele mesmo não entendia por que o incomodava tanto saber que ela possuía um amante, esse em especial. Há muito haviam deixado de se relacionar, e ele aceitava bem suas escapadelas, desde que continuassem a manter as aparências. Daquela vez, contudo, era diferente. Sentia uma necessidade absurda e inexplicável de conhecer o amante dela. Não era ciúme. Não sabia o que era.

Alberto chegou à casa mais cedo do consultório e encontrou Marialva na sala, tomando chá com sua amiga Lenita, a quem não via há três anos. Ao avistá-lo, Marialva exclamou:

— Que bom que chegou, Alberto. Lembra-se de Lenita?

— É claro — respondeu ele gentilmente. — Como vai?

— Lenita está de passagem pelo Brasil e aproveitou para me visitar.

— É mesmo? Onde está morando?

— Casei-me com um diplomata, hoje a serviço em Milão — falou ela com delicadeza. — Moro lá há alguns anos.

— Eu estava justamente falando com Lenita dos meus problemas de saúde, da infelicidade que tive de perder um bebê e de como você me recomendou que viajasse. Disse também que não gostaria de ir sozinha e que pretendia pedir a mamãe que fosse comigo, mas imagine só! Lenita me convidou para passar uns tempos em sua casa, na Itália. O que você acha?

Alberto mal podia crer no que estava escutando. De repente, quando tudo parecia perdido, aparecia aquela amiga há muito sumida, com um convite que era tudo o que ele desejava. Era maravilhoso demais para ser verdade. Dissimulando a ansiedade, aquiesceu naturalmente:

— Acho que seria uma boa ideia. Apesar de sentir sua falta, ficarei mais tranquilo sabendo que você está em boa companhia, hospedada em casa de gente direita e de família.

— Quanto a isso, não precisa se preocupar — esclareceu Lenita. — Marialva será muito bem recebida em nossa casa e tratada feito uma princesa.

— Tenho certeza que sim. E quando pretendem partir?

— Eu estava praticamente de partida. Mas agora, vou esperar o tempo que for necessário.

— É muita gentileza sua.

— Não é gentileza alguma. Marialva é minha amiga, será um imenso prazer tê-la como hóspede. Passo os dias em companhia de estranhos e muito me alegrará ter alguém com quem conversar em minha própria língua.

— Já posso me imaginar frequentando os salões maravilhosos de Milão — comentou Marialva, sonhadora.

— Podemos viajar por toda a Europa, se você desejar — disse Lenita.

— Se você puder, eu adorarei.

— Daremos um jeito.

No dia imediato, Marialva começou os preparativos para a viagem. Em companhia de Lenita, saiu às compras, disposta a renovar o guarda-roupa. Ouviu dizer que as mulheres milanesas eram extremamente elegantes e não queria fazer feio.

Ao chegar o dia da viagem, Alberto, Adélia e Cristiano foram ao cais se despedir das moças. Quando o navio zarpou, os sogros se despediram, e Alberto ficou ainda algum tempo olhando a embarcação se afastar, agradecendo aos céus pelo acaso que lhe salvara o romance com Adélia.

Ele ignorava que a visita de Lenita nada tinha de acaso, e o convite para a viagem não se tratava de mera coincidência. Fora obra de Alfredo que, desconhecendo o romance entre Adélia e Alberto, captou apenas sua intenção de afastar Marialva dali. Seria uma excelente oportunidade para Alfredo tê-la só para ele, livre da intimidade com Alberto.

De tanto pensar numa solução para o problema, Alfredo acabou atraído pelas ondas de pensamento de Lenita, que pensava em visitar Marialva. Assim, ligado a ela, facilmente encontrou o lugar em que estava hospedada, encorajando a visita. E tudo dera certo. Marialva partia para a Europa, e ele era o único homem que a acompanharia.

10

Rosali conversava com Henrique, enquanto ele se preparava para ir à escola.

— Às vezes sinto falta de Portugal — comentou ele. — Principalmente da praia. Adoro o mar!

— Não gostaria de ir à praia aqui? — indagou ela, após pensar por alguns segundos.

— Eu adoraria!

— Podemos combinar com sua tia Elisa. Será divertido.

Elisa achou a ideia maravilhosa, embora Leonardo tivesse um pouco de medo. Mesmo assim, foram. O domingo amanheceu com muito sol e calor, as crianças acordaram numa animação contagiante. Encantaram-se com a praia. O mar estava calmo, de um azul sereno convidativo para um mergulho. Elisa, preocupada, advertia os filhos a todo instante:

— Mário, cuidado! Tome conta de sua irmã. Não deixe que ela entre muito. E você, venha mais para a beira! Voltem, crianças, estão muito distantes! Olhem a onda!

Rosali ria gostosamente, achando divertida a excessiva preocupação da prima. Henrique, por sua vez, demonstrava tanta intimidade com o mar que parecia haver nascido dentro da água. Nadava feito um patinho, mergulhava, subia e descia, deixando Elisa apavorada e aflita.

Foi um dia inesquecível. Na hora de partir, as crianças não queriam ir, protestando veementemente, somente se deixando convencer depois que Rosali e Elisa prometeram voltar na próxima semana. Chegaram à casa depois das seis da tarde, e Leonardo os aguardava com ansiedade.

— Pelo visto, você gostou da praia — disse ele a Elisa.

— Foi muito bom. Parece até que rejuvenesci.

— Elisa está certa — interrompeu Rosali. — O passeio foi adorável. As crianças nem queriam vir embora.

— É verdade, papai — concordou Mário maravilhado. — Nunca me diverti tanto!

— Você não teve medo do mar?

— Eu não. Mas Celeste, sim.

— É mentira! — protestou a menina fazendo beicinho. — Henrique estava lá e me deu a mão. Ao lado dele, não tenho medo de nada.

— Fico feliz em ouvir isso — disse Rosali.

— É verdade, tia Rosali. Henrique é meu melhor amigo.

— Está bem crianças, chega — atalhou Elisa. — Subam para o banho. Ivete, por favor, leve Joana. Eu também vou tomar banho e me deitar um pouco até a hora do jantar. Estou cansada.

— Vá, querida — incentivou Leonardo. — Descanse. Quando a mesa estiver servida, eu mesmo irei chamá-la.

Elisa subiu e Rosali também já ia se retirar quando Leonardo a impediu.

— Por favor, fique mais um pouco. Gostaria de agradecer-lhe.

— Pelo quê?

— Por amar Elisa e por me ensinar o que é amor.

— Não compreendo. Não lhe ensinei nada.

— Você me ensinou o verdadeiro valor do amor. Sei que amo você como mulher, mas meu amor por Elisa é tão grande que causar-lhe algum tipo de sofrimento me deixaria mais infeliz do que a felicidade que poderia vir a sentir ao seu lado.

— Fico feliz de ouvi-lo falar assim. Você não sabe como me deixa aliviada.

Rosali subiu, satisfeita com a atitude de Leonardo e com a sua verdadeira descoberta do amor. Ela também amava a prima muito mais do que poderia amar qualquer homem.

Se ela e Leonardo cedessem à paixão, tinha certeza de que ela sofreria muito mais do que Elisa. Apesar da traição, a prima era forte, conseguiria compreender e perdoar. Ela, porém, jamais se perdoaria. E se era para tomar uma atitude da qual se arrependeria depois e não conseguiria mais reverter, tendo consciência disso, melhor seria nada fazer.

A campainha soou com estridência, e Ivete foi atender, voltando com um telegrama nas mãos endereçado a Elisa.

— Dona Elisa, com licença — falou a criada. — Este telegrama acaba de chegar para a senhora.

— Obrigada, Ivete.

Depois de ler o telegrama, Elisa fitou Rosali com ar grave.

— Alguma notícia ruim? — quis saber a prima.

— Não sei.

— O que foi?

— Tia Helena avisa que breve chegarão de Minas Gerais para passar uns tempos aqui em casa.

— O quê? Você não pode estar falando sério.

— Estou.

— Preciso pegar meu filho e sair daqui o mais rápido possível!

— Para onde irão?

— Não sei, para um hotel, talvez.

— Seja razoável, Rosali. Henrique tem avós, seus pais possuem um neto. É direito deles se conhecerem.

— Como direi a eles que estou viva, depois de tanto tempo, depois de tudo o que aconteceu? E se meu pai me rejeitar?

— Ele não vai fazer isso. Já disse que ele hoje é outro homem. Está arrependido.

— Não sei, custo a crer. Papai sempre foi de um rigor excessivo.

— Por que não lhe dá outra chance? Por quanto tempo pretende continuar fugindo de si mesma, de seu passado, de sua vida? Não é melhor ficar e enfrentar, libertar-se dessa prisão de mentiras em que você se enterrou?

Rosali quedou-se pensativa. Talvez fosse mesmo hora de acabar com os mistérios e revelar a verdade. Afinal, os pais eram os únicos que não sabiam que ela estava viva e havia voltado.

— Está certo. Acho que você tem razão. Mas como faremos para prepará-los? Tenho medo de que a emoção seja forte demais para eles.

— Talvez seja melhor eu falar com eles antes de você aparecer.

— Concordo. Vai evitar que o choque os faça passar mal.

— Segundo o telegrama, eles chegarão daqui a três dias. Até lá, você terá tempo de prevenir Henrique. Por que não aproveita e lhe conta também sobre o pai?

— Isso nunca. Ele jamais terá esse desgosto.

— Eu não teria tanta certeza de que Henrique vai ter um desgosto.

— Por que diz isso? Por acaso sabe de alguma coisa que eu não sei?

— Claro que não. Mas, pelo que pude observar de seu filho, ele é muito mais compreensivo do que você pensa.

Rosali balançou. Talvez fosse melhor contar ao filho quem era o pai e alertá-lo para o fato de que ele nunca poderia se aproximar de Alberto. Decidida, ela resolveu que não mais ocultaria a verdade de Henrique e, sustentada pela força do amor materno, respondeu com segurança:

— Farei isso.

Henrique ficou muito feliz em saber que iria encontrar os avós, pois já perdera a esperança de um dia vir a conhecê-los. Quanto ao pai, demonstrou-se muito maduro e preparado para aquela notícia, embora seu olhar denotasse certa amargura. Mas era naturalmente compreensivo e logo achou justificativa para as atitudes de Alberto. As ilusões em que fora criado não lhe permitiam enxergar os verdadeiros valores da vida, o que o transformava em uma criatura merecedora de sua compaixão e especial atenção. No íntimo, sentia que o pai gostava dele.

Helena e Osvaldo chegaram no dia seguinte ao esperado, um sábado, quando a família se encontrava reunida para o almoço. Ao serem anunciados, Rosali e Henrique, apressadamente, se retiraram para o andar superior, enquanto Elisa os recebia em companhia de Leonardo.

Após breves, mas efusivas saudações, Elisa entrou logo no assunto. Em detalhes, narrou-lhes o que acontecera, as mentiras, as tramas, tudo.

— Eles agora vivem aqui conosco — finalizou ela, ante o olhar de espanto e incredulidade dos tios.

Helena desatou a chorar, agradecendo a Deus por aquela graça inesperada.

— Onde ela está? — indagou aflita. — Onde está minha filha? Chame-a, por favor. Oh! Meu Deus, obrigada, obrigada!

— Calma, tia Helena — retrucou Elisa com ternura. — Ainda não é o momento de trazê-la. Ela está com medo, é natural, depois de tudo o que houve.

— E você, Osvaldo? — indagou Helena. — Não diz nada?

Osvaldo, que até então nada conseguira falar, juntando forças, balbuciou:

— Não sei o que dizer. Estou confuso, arrependido, envergonhado. Minha atitude foi imperdoável, ela deve me odiar. Como poderei encará-la depois de tudo o que fiz?

— Rosali não o odeia — afirmou Elisa. — Ao contrário, ela o perdoou e quer amá-lo. Mas teme que o senhor ainda a culpe pelo que fez e a rejeite, bem como ao filho.

— O filho... Tenho um neto. Como disse mesmo que se chama?

— Henrique.

— É um bonito nome.

— O menino é lindo, inteligente, educado, amoroso — acrescentou Leonardo com entusiasmo. — Todos o amamos muito, meus filhos o adoram.

— Não sei como olhar para minha filha. Minha própria filha. Como pude ser tão cruel?

— Não pense mais nisso — confortou Elisa. — O senhor e tia Helena já sofreram muito. Não acham que Deus está sendo bom com vocês, dando-lhes uma nova oportunidade de reconstruir a família?

— A bondade de Deus é infinita — balbuciou Osvaldo. — Não sei se mereço.

— É claro que merece. Tudo que vem de Deus é perfeito. E se Ele está lhe dando a oportunidade de reencontrar sua filha e seu neto, por que duvidar de seus desígnios?

— Minha filha não é Deus. Não sei se conseguirá perdoar-me.

— Se ela não o perdoasse, não marcaria esse encontro.

— Elisa tem razão — interrompeu Helena. — O que você fez é passado, foi fruto da ignorância. O importante agora é que ela voltou e quer se reaproximar de você. Não gostaria de conhecer o seu neto?

— Sim, mas...

— Mas nada. Vamos, Elisa, traga Rosali aqui com o menino. Não posso mais suportar essa demora.

Elisa saiu e voltou acompanhada da prima e de Henrique. Ao vê-la, Helena correu e a abraçou fortemente, sem dizer nada, tamanha era sua emoção. Osvaldo, por sua vez, segurou a mão dela e gaguejou:

— Rosali... não sei o que dizer... Graças a Deus você está viva... Minha filha... perdoe-me...

Prorrompeu em prantos. Rosali, também profundamente emocionada, abraçou o pai e permaneceu em silêncio, dando vazão às lágrimas que corriam soltas pelo seu rosto.

— Minha filha — repetiu com orgulho. — Como estou feliz em vê-la! Que alegria saber que você está viva!

— É uma alegria para mim também. Estou feliz por viver, estar aqui, reencontrá-los e poder lhes dizer o quanto os amo e o quanto sofri com a sua ausência.

Osvaldo não parava de chorar. A culpa o atormentava ferozmente, acusando-o pelas suas desgraças e as de seu neto.

— Por favor, papai, não se culpe — falou Rosali com sincera doçura. — Deixemos as tristezas no passado, que se encarregará de enterrá-las e transformá-las. O que importa é que estamos todos juntos.

— E esse menino lindo? — perguntou, segurando o queixo de Henrique com carinho. — É o meu neto?

— É sim, este é Henrique.

— Venha cá e dê um abraço no vovô.

Meio sem jeito, Henrique deixou-se abraçar por Osvaldo, ambos derramando lágrimas de uma incontrolável alegria.

— Agora vamos — prosseguiu ele, enxugando os olhos. — Dê também um abraço em sua avó.

O menino, mais uma vez, foi abraçado com amor e sentiu na avó um carinho tão profundo, que teve certeza de que havia encontrado sua verdadeira família.

— Você é um mocinho muito bonito, sabia? — elogiou Helena, emocionada. — Então? Não fala nada? O gato comeu sua língua?

— Não, senhora — respondeu ele, timidamente.

— Compreendam que Henrique não está habituado a ter uma família — justificou Rosali. — Ele está apenas confuso. Dê-lhe um tempo para se acostumar.

— Não estou confuso — contestou ele. — Um pouco tímido, talvez. Estou feliz em conhecer meus avós e tenho certeza de que nos daremos muito bem.

— É claro que sim, querido — assentiu Helena. — Você vai ver.

Logo Henrique se acostumou à presença dos avós e, com o passar dos dias, os laços entre eles se estreitaram cada vez mais. Osvaldo levantava cedo para levá-lo à escola e ia buscá-lo também. Depois do almoço, ajudava o neto com as lições, e à hora de dormir, Helena subia com ele, a fim de juntar-se a Rosali nas histórias que ela lhe contava. Henrique estava tão feliz que quase não pensava no pai.

Não querendo mais se separar da filha e do neto, Osvaldo e Helena insistiram para que eles se mudassem para Minas Gerais, mas Rosali não concordou. Passara muito tempo no exílio, não queria sair do Rio de Janeiro. A solução foi trazer os pais de volta. Venderam o sítio e se mudaram de novo para a capital.

Compraram uma casa em Laranjeiras, bem próxima da de Elisa. Graças à influência de Leonardo, conseguiram ainda uma das poucas linhas telefônicas então disponíveis na cidade. Rosali mudou-se para lá com o filho, e a vida voltou a ser tranquila, apagando as agruras do passado.

Enquanto isso, Mariano e Maria do Socorro festejavam o reencontro de Rosali com os pais e destes com Henrique, felizes por verem que a união voltava àquela família. Satisfeita, Maria do Socorro dizia a Mariano:

— Finalmente, meu amigo, conseguimos reuni-los. Você viu como estão todos felizes?

— O amor que já existia no coração de cada um deles se revelou neste momento. A família está unida por fortes laços de amor que se solidificaram hoje, fruto sobretudo do perdão, que leva ao amadurecimento espiritual. Por que cobranças se todos agem conforme o que compreendem?

O amor falou mais alto entre aquelas almas que, apesar de algumas divergências de pensamentos e ideias, deixaram de lado as cobranças e as acusações, compreendendo que cada um é dono de seu destino.

11

A nova casa de Rosali fora enfeitada para receber os convidados da festa de aniversário de Henrique. O menino comemorava os dez anos e estava feliz, sentindo-se todo importante, agindo feito um rapazinho. Todos os amigos da escola foram convidados, além dos priminhos Mário, Celeste e Joana. Elisa chegou logo cedo, a fim de ajudar nos preparativos.

Das cerca de trinta crianças convidadas, somente umas dez estavam presentes, contando com os filhos de Elisa. Henrique estava decepcionado. Não compreendia por que os amiguinhos não compareceram. Avisara-os com quinze dias de antecedência, e eles haviam prometido ir.

Rosali não sabia o que fazer. Conhecia o motivo daquela ausência e não podia deixar de se entristecer junto com o filho. Com os olhos, procurou a professora de Henrique. Encontrou-a a um canto, conversando com um dos alunos, e aproximou-se.

— Dona Judite — começou ela — estava mesmo à sua procura. Será que a senhora faz alguma ideia de por que as crianças não vieram? Todos da turma foram convidados.

Um tanto quanto constrangida, Judite encolheu os ombros e revelou indecisa:

— A senhora sabe que a problemática de Henrique não é segredo na escola, não sabe? — Rosali ergueu as sobrancelha. — Lamentavelmente, alguns pais são muito seletivos e não aprovam amizade com filhos de mãe solteira.

— Eu sabia. Só podia ser isso.

— Sinto muito.

— A senhora concorda com isso? — retrucou Rosali, com raiva.

— É claro que não. Estou aqui, não estou?

Rosali olhou para a outra magoada. O filho não merecia aquilo. Olhou ao redor em busca de Henrique, encontrando-o a um canto do jardim, em atitude de derrota que revelava todo seu desapontamento. Lágrimas lhe subiram aos olhos, reafirmando a mágoa. De longe, Elisa acompanhava tudo. Percebendo o que se passava, acercou-se da prima e disse com voz animadora:

— Deixe disso, Rosali. Ânimo. Ao invés de lamentar pelas crianças que não vieram, valorize as que estão aqui. Vamos juntar todas e fazer algumas brincadeiras. Pelo seu filho, mude essa cara e demonstre alegria. O seu exemplo vai fazê-lo reagir e se animar.

— Você tem razão, Elisa, como sempre — retrucou Rosali, emocionada.

— Dona Elisa tem razão — encorajou a professora. — Vamos chamar as crianças para os jogos. Eu as ajudarei.

— Enxugue as lágrimas — aconselhou Elisa. — Não quer que seu filho a veja chorando, quer?

Rosali limpou o rosto e foi com as duas chamar as crianças. Aos poucos, os convidados se contagiaram com a animação das moças, e Henrique incitou os amigos a participarem da cabra-cega, a pularem corda e carniça, a fazerem a dança das cadeiras. Mais tarde, quando a criançada se reuniu em roda para os parabéns, Henrique soprou as velinhas sem nem mais se lembrar da decepção que lhe causara a falta dos colegas.

Do lado de fora, Alberto vigiava cada passo, cada movimento do filho. A casa amplamente iluminada e as janelas abertas permitiam que ele, de longe, acompanhasse a alegria de Henrique. Como desejava estar ali junto dele, apresentar-se como seu pai, abraçá-lo, amá-lo!

Estava ali desde cedo, ansioso por vislumbrar a figura esguia do filho, aproveitando-se da ausência de Marialva, há meses em viagem pela Europa. Não havia dia em que não fosse espreitá-lo, acompanhando, em silêncio e às ocultas, toda a vida de Henrique. Até que, para sua surpresa, descobriu que era seu aniversário.

Depois que todos os convidados se retiraram, Rosali fechava as janelas quando ouviu a campainha tocar. Pensou que alguma das crianças, ou mesmo Elisa, tivessem esquecido alguma coisa e correu a abrir a porta. O espanto a paralisou ao dar de cara com Alberto, olhar ansioso a perscrutar o interior da casa por cima de seu ombro.

— O que faz aqui? — perguntou com rancor.

Sem esperar resposta, ameaçou bater a porta, mas foi impedida por Alberto, que a segurou com força.

— Espere — suplicou ele.

— Vá embora daqui. Ninguém o convidou.

— É o aniversário de meu filho. Só queria vê-lo.

— Você não tem filho. Perdeu-o no dia em que o abandonou naquele navio, ainda em meu ventre, roubando-lhe a chance de uma vida decente e digna.

— Por que tanto ódio?

— Você é ridículo. Ainda pergunta?

— Eu era muito jovem naquela época, não sabia o que fazia.

— Sua atitude não foi consequência da pouca idade, mas da total ausência de caráter. Você não presta.

— Não fale assim. Você não sabe o que sofro.

— Não sei e não quero saber. Todo sofrimento é pouco para você.

— Você não me perdoa mesmo, não é?

— Não. Creio que jamais poderei perdoá-lo.

— Mas o menino é meu filho. Você não pode me impedir de vê-lo.

— Já disse que você não tem filho. Não comigo. E se tentar se aproximar dele, serei obrigada a tomar providências.

— Por favor, Rosali, não quero brigar. Deixe-me apenas vê-lo.

— Para quê? Confundi-lo?

— Você não precisa dizer que sou pai dele. Diga apenas que sou primo de Elisa. Ele não desconfiará de nada.

— Saia daqui — rosnou entre dentes.

— Não antes de falar com ele.

— Saia daqui agora mesmo, rapaz! — era a voz de Osvaldo, que se fazia ouvir, autoritária, atrás de Rosali. — Sua presença não é bem-vinda nesta casa.

— Seu Osvaldo, por favor...

— Saia daqui, já disse, ou serei obrigado a chamar a polícia.

Puxando a filha para dentro, Osvaldo bateu a porta na cara de Alberto que, vencido, foi-se. Amargurado, vagou durante o resto da noite, parando em qualquer bar para beber. Quando voltou para casa, notou que a luz de seu quarto estava acesa, o que o deixou preocupado. Subiu as escadas às pressas, temendo que alguém tivesse invadido a casa, e encontrou Marialva recostada na cama, meio adormecida, um livro caído sobre o peito.

— Marialva! — exclamou surpreso. — O que faz aqui? Quando voltou? Por que não mandou avisar que vinha?

Ela abriu os olhos, espantada, e fixou-os no marido, sem ocultar a irritação.

— Cheguei hoje à tarde, e você não estava. Por onde andou o dia todo?

— Por que voltou tão cedo? — redarguiu ele, sem lhe dar explicações. — Podia ter me mandado um telegrama ou mesmo telefonado.

— Está fazendo frio na Europa, e como estou fora há quatro meses, pensei em fazer-lhe uma surpresa, mas parece que você não gostou. E você ainda não me respondeu. Onde esteve até estas horas? Com alguma vagabunda?

— É claro que não! — ofendeu-se.

— Se não esteve com nenhuma mulher, o que fazia então?

Alberto hesitou um pouco, mas terminou por confessar:

— Fui ver Henrique.

— Você o quê? — enfureceu-se.

— Fui ver o meu filho.

— Não acredito que você ainda insiste em chamar aquele bastardo de filho — revidou com raiva.

— Hoje é aniversário dele. Por acaso eu estava passando, vi movimento na casa e parei para olhar. Não pude ir embora, fiquei ali na rua, na expectativa de vê-lo.

— Quer dizer que você passou o dia todo do lado de fora da casa de Rosali só para ver aquela criança horrorosa?

— Não fale assim. Ele é meu filho.

— Já disse mais de mil vezes que não vou tolerar a presença daquela criança entre nós.

— Não recomece...

— Não recomece você! Estou farta desse seu sentimentalismo barato. Não percebe o quanto fica ridículo, choramingando por aquele bastardinho sem eira nem beira? Você é desprezível, tenho nojo de você e daquela criança imunda!

— Cale a boca! — bradou ele.

— Não me dê ordens! Você é tão imundo quanto ele e a mãezinha dele, já que teve a coragem de tocar o corpo daquela vagabunda!

— Cale-se, ordinária, já mandei!

— Você não manda em mim!

— Estou lhe avisando, Marialva, não me provoque, ou vai se arrepender depois.

— Ah, é? — desdenhou. — O que pretende fazer? Bater-me outra vez? Experimente!

— Pare com isso, mulher! Não me provoque mais!

— Canalha, idiota, crápula!

Cego pelo ódio, alterado pela bebida, Alberto acabou perdendo o controle e desferiu violento tapa na face de Marialva, jogando-a contra o armário. Marialva caiu e, levando a mão ao rosto, sentiu o sangue escorrer da boca, gritando com ainda mais raiva:

— Cachorro, covarde! Como ousa me bater novamente?

Inteiramente fora de sim, Alberto pôs-se a bater nela com tanta selvageria que só parou quando a deixou desacordada no chão, o rosto como uma massa disforme embebida em sangue.

— Isso é para você aprender a não me provocar mais — concluiu com desprezo. — Agora vamos, levante-se.

Marialva não se movia. Alberto cutucou-a com o pé e esbravejou:

— Ande, levante-se! Deixe de fingimentos!

Nada. Nem um movimento sequer. Agora temeroso, Alberto abaixou-se e mediu-lhe a pulsação, escutou seu coração. Suspirou aliviado. Marialva estava apenas desacordada. Refeito do acesso de fúria de que fora acometido, olhou para a esposa e caiu em si, aos poucos tomando consciência da loucura que fizera.

Rapidamente, ergueu-a e colocou-a na cama, correndo até o armário para buscar sua maleta de médico. Limpou os ferimentos, passando pomadas cicatrizantes e bálsamos refrescantes para aliviar a dor. Derramou algumas gotas de remédio em sua boca e deitou-a confortavelmente, cobrindo-a com o lençol. Em seguida, apagou a luz e sentou-se ao lado dela, sentindo uma tonteira súbita que quase o derrubou. Apertando as pálpebras, deitou-se, a cabeça explodindo, enquanto Alfredo, desesperado, tentava inutilmente acertar-lhe um soco no queixo.

12

Adélia e Alberto continuavam a se encontrar frequentemente. Seu relacionamento já não era mais o mesmo, contudo, havia um forte elo que os prendia, tornando-os assíduos nas tardes que passavam na casa alugada em Copacabana. Não sabiam que haviam sido descobertos. Tomado de ódio, Alfredo acompanhara Alberto em uma de suas saídas e descobrira o envolvimento dele com a sogra.

Seguindo o rival, surgiu-lhe a ideia de urdir uma trama para vingar-se dele e libertar Marialva. Vingaria também a irmã, a quem antes julgara morta. Foi uma surpresa descobrir que Rosali vivia e tinha um filho. Por eles, Alberto também merecia sofrer.

Não foi difícil descobrir onde ela vivia. Seu espanto foi ainda maior ao ver que os pais moravam com ela e o sobrinho em clima de visível harmonia e compreensão. Os pensamentos dos pais sempre o evocavam com saudade, amor e arrependimento, causando-lhe imensa comoção.

A presença de Maria do socorro era quase uma constante. Ela tentava, a todo custo, chamá-lo à razão, inspirando-lhe o perdão e a fé. Alfredo, contudo, não estava interessado nas coisas de Deus. Preferia apegar-se aos encarnados para ultimar sua vingança.

Integrado ao ambiente doméstico da casa da irmã, Alfredo passou a conhecer os hábitos da família. Sabia a hora em que o sobrinho saía para o colégio e quando voltava, quem o acompanhava, em que dias a irmã costumava sair e muitas coisas mais. Foi assim que descobriu os banhos de mar em Copacabana. Tudo parecia se encaixar, e a ideia ganhou forma.

Quando chegaram as férias de verão, as idas à praia se intensificaram. Naquele dia, tudo acontecia como sempre. Os meninos se divertiam com o mar, as ondas, a areia e as gulodices, carinhosamente preparadas por Helena.

Passava das três horas quando resolveram voltar para casa. O calor estava tórrido, e as crianças já se haviam exposto demais ao sol. Rosali estava a preparar a carruagem para a viagem de volta quando, subitamente, avistou Alberto abraçado a uma mulher, ambos sentados à sombra de uma palmeira, olhando o horizonte, a cabeça dela suavemente pousada em seu ombro. Pasmada, cutucou Elisa e perguntou:

— Olhe lá. Não é Alberto?

— Onde? — quis saber Elisa.

— Ali, debaixo daquela palmeira.

Seguindo a direção que o dedo de Rosali apontava, Elisa deu de cara com o primo e soltou um grito. Ele e Adélia estavam a uma certa distância do carro delas e nada viram ou escutaram.

— Meu Deus! — exclamou Elisa. — É ele mesmo.

— Quem é aquela que está com ele?

— Você não vai acreditar. É dona Adélia.

— Quem?

— Dona Adélia, a baronesa de Arcoverde.

— Baronesa de quê?

— De Arcoverde. A mãe de Marialva.

— O quê? Você deve estar enganada, não é possível.

— Não estou, não. É ela mesma.

— Minha nossa! Como pode ser? Alberto e a sogra assim, juntos? Será que são amantes?

— Como vou saber?

— É o que parece.

— As aparências enganam. Talvez sejam apenas amigos.

— Sei. Não acha que eles estão por demais íntimos para serem apenas amigos? E depois, estranha amizade essa, entre uma mulher e o marido de sua filha. Pensa que Alberto seria capaz?

— Não sei nem quero saber. Não é problema meu.

— Será que ele se atreveria a tanto? Tomar por amante a própria sogra? Mas... sim, é possível. Sua preferência por mulheres casadas é do conhecimento de todos. Essa Adélia até que é uma mulher bem bonita, embora daqui não dê para ver direito. E nem parece tão velha. O que você acha?

— Não me interessa a vida dos outros.

— Credo, Elisa, deixe de ser mal-humorada.

— Não é mau humor. É que não gosto de me intrometer na vida alheia, e esse tipo de mexerico me desagrada profundamente.

— Ele é seu primo!

— E daí? Não é meu marido. E agora venha, vamos embora.

— Espere. Quero ver mais.

— Para quê?

— Curiosidade.

Sem dizer nada, Elisa voltou a arrumar as coisas no carro, enquanto Rosali, oculta atrás de uma charrete, tentava ver melhor. Em pouco tempo, Alberto e Adélia se levantaram. De mãos dadas, deixaram a areia, seguindo por uma rua transversal, até chegarem a um sobrado discreto, a poucos metros da praia.

Alberto tirou uma chave do bolso e abriu a porta, dando passagem a Adélia. Antes que ela entrasse, puxou-a para si e deu-lhe um beijo apaixonado, sussurrando algo em seu ouvido. Ela olhou para cima e riu maliciosamente. Em seguida, entraram e fecharam a porta, para, pouco depois, abrirem uma janela no segundo andar e puxarem a cortina de rendas brancas, impedindo que Rosali visse o interior da casa.

Mentalmente, ela anotou o endereço, sabendo que jamais esqueceria aquele sobrado enquanto vivesse. De volta à carruagem, encontrou o olhar severo de Elisa, que a censurava sem dizer uma única palavra. Rosali murmurou uma desculpa e tomou seu lugar, seguindo viagem pensativa e em silêncio.

Rosali mal via a hora de chegar à casa e livrar-se do olhar de reprovação da prima. Quando, finalmente, ela e Henrique desceram, soltou um suspiro de alívio, despedindo-se brevemente. Já ia subindo as escadas do alpendre quando Elisa, estendendo-lhe um livro, atalhou:

— Ah! Já ia me esquecendo. Trouxe este livro para você, mas não tive oportunidade de lhe entregar. Espero que aprecie a leitura tanto quanto eu.

Rosali pegou o presente e agradeceu, embaraçada. Subiu para tomar banho e descansar, atirando o volume displicentemente sobre a cama. Banhou-se demoradamente, vestiu-se e deitou-se para um cochilo, não percebendo, contudo, que o livro ficara sob seu corpo. Sentindo a dureza do couro pressionando suas costas, puxou-o e lançou um olhar sobre o título. Espantada e surpresa, Rosali leu "*O evangelho segundo o espiritismo*, de Allan Kardec", e adormeceu.

Por mais que se esforçasse, Rosali não conseguia se esquecer do que vira no outro dia. Sem falar com ninguém, tomou o bonde para Copacabana, a fim de espionar Alberto e a amante. A janela aberta era indício de que o casal se encontrava no quarto. Durante muitas horas, Rosali permaneceu à espreita, até que, ao final da tarde, uma mão fechou a janela e, logo a seguir, o casal surgiu na porta, despedindo-se com um longo beijo.

O sangue de Rosali fervia, de ódio, inveja, ciúmes, despeito. Eram tantos sentimentos juntos que ela não podia definir qual era o mais intenso. Surpreendeu-se ao constatar que, no fundo, ainda o amava, sem saber que o que sentia era tudo menos amor. Com raiva de si mesma, concentrou-se na vingança que pretendia perpetrar. Ela não podia amá-lo. Não depois de tudo o que ele lhe fizera. A seu lado, o vulto desfigurado de Alfredo vibrava de excitação. A vingança dele era também a dela, e ambos se regozijariam com a derrota de Alberto.

Depois da saída dos amantes, Rosali voltou a tempo de pegar o último bonde para casa. Chegou quase na hora do jantar e encontrou os pais profundamente preocupados com ela.

— Rosali! — exclamou a mãe. — Graças a Deus que voltou. Já estávamos aflitos!

— Ora, mamãe, que bobagem — protestou ela. — Então não posso mais sair?

— Esteve com papai? — indagou Henrique, de súbito.

— É claro que não! — esbravejou descontrolada. — Mas que despautério! De onde tirou essa ideia absurda?

— Não sei. Apenas me passou pela cabeça.

— Você andou se encontrando com aquele Alberto? — interrogou Osvaldo.

— Pare com isso, papai! Onde já se viu?

— Onde esteve então?

— Não é de sua conta. Não sou mais criança e não preciso dar satisfações de meus passos a ninguém, muito menos ao senhor!

Rodando nos calcanhares, começou a subir as escadas, parando no patamar apenas para concluir:

— Vou me deitar. Podem jantar sem mim, não tenho fome.

— Mamãe — chamou Henrique. — Está zangada comigo?

— Não, meu filho. Jamais me zango com você.

— Posso subir ao seu quarto após a refeição para dar-lhe um beijo de boa noite?

— É claro, querido. Ficarei muito feliz.

De volta ao quarto, Rosali, sem querer, pousou os olhos no Evangelho que Elisa lhe dera, ainda esquecido sobre o criado-mudo. Passou por ele sem lhe prestar atenção, quando algo em seu íntimo puxou-a para ele, e ela o segurou nas mãos, folheando-o ao acaso. A leitura a impressionou. Havia ali coisas sobre as quais jamais havia pensado.

Mas havia também um alerta. As palavras que exortavam ao amor e ao perdão soaram estranhas a Rosali. Ainda despreparada para aquelas verdades, não as acolheu de imediato, inconscientemente temendo a responsabilidade que advém do conhecimento. A ignorância serviria para justificar seus atos de vingança, levando-a a abandonar a leitura.

Estava quase adormecida quando ouviu leves batidas na porta, e a mãe entrou, sentando-se a seu lado. Segurando-lhe a mão com doçura, foi logo dizendo:

— Você foi muito injusta com seu pai ainda há pouco. Ele apenas se preocupa com seu bem-estar.

— Eu sei, mamãe, mas é que perdi a paciência. Ele passou a vida toda tentando me controlar.

— Seu pai não é mais assim, e você não é mais uma menina. Ele sabe disso. No entanto, com tantos malfeitores que andam por aí, é natural que se preocupe.

— A senhora está certa. Vou agora mesmo me desculpar com ele.

Ao se levantar, Rosali deixou cair o Evangelho no chão, e Helena se abaixou para pegá-lo. Ao erguer o livro, indagou surpresa:

— *Evangelho Segundo o Espiritismo*? O que é isso? Você agora se interessa por essas coisas de ocultismo?

— Não é ocultismo. Foi Elisa quem me emprestou.

— Você está gostando?

— É interessante.

— É sobre o quê?

— É uma doutrina baseada no Evangelho de Jesus Cristo, só que com uma visão diferente.

— Já acabou de ler? Pode me emprestar?

— Acabar, eu não acabei. Mas pode levá-lo. Ao menos por enquanto não estou interessada nesse tipo de leitura.

Helena não entendeu, mas achou melhor não perguntar. Não queria aborrecer a filha. Voltaram para a sala e Rosali desculpou-se com o pai, saindo todos em seguida para tomar um refresco na confeitaria.

Marcel estranhou a presença de Alfredo. Nunca o vira nem conhecia suas intenções. Temendo uma possível disputa pelos encarnados, acirrou o ataque a Henrique, numa tentativa de demonstrar ao outro que era ele quem mandava ali. Em pouco tempo, contudo, percebeu que Alfredo não estava interessado em Rosali ou Henrique e não lhe deu maior importância.

Para surpresa de Marcel, suas investidas contra Henrique, de uma hora para outra, começaram a perder força. Orientado pela avó, o menino adquirira o hábito de rezar todas as noites, pedindo a proteção de Jesus. Encantada com as palavras do Evangelho, Helena transmitira-as a Osvaldo e, posteriormente, ao neto, que as assimilara com naturalidade.

Henrique orava todas as noites com uma fé nunca antes experimentada, habituando-se a ler, em voz alta, uma página do Evangelho antes de se deitar. A leitura não afastou Marcel, mas provocou nele uma reflexão sobre o que vinha sendo sua vida até ali. Aos poucos, tocado por aquela doutrina de amor, Marcel sentiu a inutilidade da vingança.

Com o tempo, Helena, Osvaldo e Henrique passaram a praticar o culto no lar, estimulados por Maria do Socorro e Mariano. A leitura elevada desmanchou os fluidos densos de Marcel e purificou o ambiente, para ali trazendo vibrações mais elevadas. Apenas Rosali não participava dessas reuniões, e até Elisa vinha de vez em quando.

13

Elisa e Leonardo tocaram a campainha da casa de Rosali. Queriam convidá-la para assistir à estreia do balé, e Henrique correu a chamar a mãe.

— Que ótima ideia! — aprovou Osvaldo. — Rosali precisa mesmo de uma boa distração. Anda muito estranha ultimamente.

— Como assim? — indagou Elisa, apreensiva.

— Ela agora deu para sair sem dizer aonde vai, passa as tardes fora, sabe-se lá com quem.

Quando Rosali entrou na sala, Osvaldo se calou. Ela tentou recusar o convite, mas Helena acabou convencendo-a, prometendo acompanhá-la. Há muito não saíam e precisavam se divertir. Só Osvaldo preferiu ficar em casa, fazendo companhia a Henrique.

— Vou me aprontar — anunciou ela, virando-se para subir as escadas.

— Vou com você — informou Elisa, subindo atrás dela.

Rosali controlou o ar de desagrado. Vinha evitando ficar sozinha com a prima, temendo que ela tocasse no nome de Alberto, mas não encontrou desculpas para impedir que a acompanhasse. No quarto, Elisa fechou a porta e, sentando-se na cama, interrogou:

— O que está tramando, Rosali?

— Eu? Nada.

— Eu a conheço. Sei que está tramando algo.

— Não sei do que você está falando.

— Sabe muito bem. Tio Osvaldo disse que você anda estranha, sai sem falar com ninguém e passa as tardes fora. Posso saber aonde vai?

— Não é da sua conta. Não lhe devo satisfações. Nem a você, nem a ninguém.

— Tem medo de que eu não aprove sua atitude, não é mesmo?

— Não preciso de sua aprovação para nada. Posso fazer o que quiser.

— Por que não tem ido à nossa casa?

— Porque ando ocupada.

— Fazendo o quê?

— Já disse que não é da sua conta.

— E a praia? Não gosta mais de ir à praia? Até as crianças estão estranhando. Ou será que agora você prefere ir sozinha?

— Deixe de bobagens. O que faria eu sozinha na praia?

— Não sei. Bisbilhotar a vida de Alberto, por exemplo.

— Não seja ridícula.

— Acha mesmo que estou sendo ridícula? Vai me dizer que não tenho razão? — Rosali não respondeu. — É claro que não vai, porque sabe que estou certa. Você tem ido a Copacabana sozinha, todas as tardes, espionar Alberto e dona Adélia, não é? Não é?

— Chega, Elisa! Não me obrigue a brigar com você.

— Não quero brigar, mas não posso fingir que não estou vendo o que está acontecendo. Você sabe que a amo e me preocupo com você. Não posso ficar passivamente observando você se envolver nessa história sórdida, que nem lhe diz respeito.

— Não estou envolvida em nada.

— Será que não? Então por que vai vigiá-los?

— Eu não disse isso.

— Vai negar?

Rosali balançou a cabeça negativamente. Com os olhos cheios de lágrimas, encarou a prima e desabafou, a voz carregada de emoção:

— Você não sabe o que sofri! Passei dez anos no exílio por causa de Alberto, dez longos anos em que imaginava o que pensaria ou o que sentiria se um dia tornasse a vê-lo.

— E o que sentiu?

— Não sei — respondeu ela num sussurro, atirando-se nos braços de Elisa. — Não sei.

Elisa acariciou-lhe os cabelos, acrescentando docemente:

— Mas eu sei. Você ainda o ama?

— Não sei. Creio que sim. Oh! Elisa, o que posso fazer? Ele esteve aqui no dia do aniversário de Henrique, mas não era a mim que queria ver, e sim ao filho. Depois de todos esses anos, acho que não o esqueci. Mas ele... será que chegou a me amar um dia? Fui apenas uma distração, uma conquista sem importância. Quase morri de ciúmes e de ódio ao vê-lo com aquela mulher. Será que ele a ama? Não, não deve amá-la. Alberto não ama ninguém.

— Se você sabe disso, não devia sofrer. Um homem que não sabe amar não merece as lágrimas de uma mulher.

— Falar é fácil, mas sentir é diferente. Ao ver Alberto com dona Adélia, senti-me usada. Ele me usou e me jogou fora quando não precisava mais de mim. Depois, não hesitou em correr para os braços de outra quando os de sua mulher já não foram mais suficientes para saciá-lo. Ele é assim: usa as mulheres pelo tempo que lhe servem. Depois as larga como se fossem lixo.

— Não quero desculpar o que ele fez, mas se você não tivesse permitido, ele não a teria usado.

— Eu estava apaixonada!

— Ele também. Só que, como ambas sabemos, a concepção de amor de Alberto difere um pouco da nossa. Ele conhece bem a paixão e o desejo, talvez até os confunda com amor. Depois que o fogo se apaga, vê-se embaraçado com mulheres que não deseja mais. É assim com todas, foi assim com você, é assim que ele é.

— Você ainda o defende?

— Não o estou defendendo. Eu apenas aprendi a conhecê-lo melhor. Alberto não vale o seu sofrimento, homem nenhum vale isso. Se ele não sabe amar da forma como você compreende o amor, penso que a melhor coisa a fazer é esquecê-lo.

— Não posso esquecer o homem que me fez sofrer, roubando-me a dignidade e, a meu filho, o direito de ter um nome e uma família.

— Se não pode esquecer, ao menos tente compreender e perdoar.

— Não posso. Jamais poderei entendê-lo, muito menos perdoá-lo.

— Você leu aquele livro que lhe dei da última vez em que fomos à praia?

— Como?

— *O evangelho segundo o espiritismo*. Você leu?

— Algumas partes, por quê?

— Porque se o tivesse lido todo, veria como essa atitude é prejudicial a você mesma, acima de tudo.

— Por favor, Elisa, sermão agora, não.

— Não é sermão. É verdade e a verdade muitas vezes é dolorosa. Tanto que não gostamos de ouvi-la.

— Pare, por favor. Pare ou não sairei mais com vocês.

— Está bem. Mas pense no que lhe disse.

— Pensarei.

Rosali terminou de se vestir e ambas desceram as escadas, encontrando Leonardo e Helena impacientes com tanta demora.

— Puxa! — exclamou Leonardo. — Até que enfim.

— Desculpem-me — falou Rosali. — Não conseguia encontrar o que vestir.

— Você está linda, mamãe! — elogiou Henrique, admirado.

— É verdade, Rosali — complementou Leonardo extasiado. — Linda como nunca!

Até então, Elisa nunca suspeitara dos sentimentos do marido para com a prima. Até ouvir aquele elogio embevecido. Pelo canto do olho, fitou-o desconfiada, sentindo no coração que a doçura daquelas palavras ocultava uma paixão.

Ainda discretamente, percebeu o contentamento velado no sorriso de Rosali, algo que ela tentava ocultar sob as pálpebras caídas.

A energia que fluiu entre ambos foi de amor. Era tão intensa que Elisa pôde senti-la. O choque da descoberta quase a derrubou. Havia entre ambos um sentimento que vibrava muito além da amizade ou simpatia. Havia amor e paixão. Não lhes notou, contudo, nenhum indício de traição. Ao contrário, o que percebeu era que os dois evitavam uma aproximação maior não com medo de serem desvendados, mas para evitar ferir os sentimentos dela, Elisa.

Elisa seguiu o marido em silêncio. Leonardo evitava olhar para Rosali, que, por sua vez, não se aproximava muito dele. Chegaram ao teatro poucos minutos após o início do balé. Conduzidos ao camarote, sentaram-se em silêncio, atenção presa nos bailarinos que encenavam *O Quebra-Nozes*.

Em dado momento, Rosali virou o pescoço para os lados, a fim de aliviar a tensão muscular, quando um movimento no camarote em frente prendeu sua atenção. Ela quase soltou um grito ao perceber que eram Alberto e Marialva, ao lado de Adélia e Cristiano.

Daí em diante, Rosali não conseguiu mais prestar atenção ao balé, acompanhando todos os movimentos dos dois casais, seguindo a direção de cada olhar de Alberto e Adélia. Notou que o marido desta parecia consternado, mal se concentrando na dança, e , por vezes, sussurrando algo ao ouvido da mulher, fazendo com que ela desse de ombros e levasse a mão à testa, num gesto típico de quem já está saturado.

Ao final da apresentação, Rosali segurou a mãe pelo braço, tentando sair com ela às pressas. Queria evitar uma situação desagradável. Não houve tempo, contudo. Vindo na direção oposta, Alberto e família se aproximavam rumo ao inevitável encontro.

— Boa noite, Elisa — cumprimentou Marialva formalmente. — Que surpresa. Gostaram da estreia?

— Boa noite — respondeu Elisa, cordial. — O balé stava maravilhoso.

— É verdade — concordou Alberto, tentando puxar assunto. — Os figurinos, então, estavam belíssimos.

— E a orquestra, muito bem ensaiada — completou Adélia.

— Vocês repararam na leveza dos bailarinos? — prosseguiu Marialva. — Que graça, que beleza, que...

Parou a meio, ao dar de cara com Rosali, que aparecera por detrás do ombro de Elisa.

— Lembra-se de Rosali? — indagou Elisa, notando o constrangimento da outra.

— Claro que sim. Como vai?

Sem conseguir disfarçar a raiva e o constrangimento, Rosali replicou entre dentes:

— Vou bem, obrigada. Agora, se me dão licença, preciso sair e respirar um pouco. Sinto-me sufocada aqui dentro, com todo esse calor. Venha, mamãe, vamos esperar Elisa e Leonardo lá fora.

Já na rua, Rosali perguntou à mãe:

— A senhora percebeu como o barão estava estranho?

— Que barão?

— O pai de Marialva.

— Não. Por quê?

— Notei que ele mal prestava atenção ao palco, parecia distante e aborrecido. E vivia murmurando coisas no ouvido da mulher.

— E daí? O que você tem a ver com isso?

— Nada. Só fiquei curiosa.

— Não é problema seu.

— A senhora tem razão. Isso não me diz respeito.

Elisa e Leonardo chegaram, e os quatro seguiram em direção à carruagem, Leonardo se desculpando:

— Lamento muito que os tenhamos encontrado aqui.

— Você não é culpado — protestou Helena. — O teatro é público, e sempre há a possibilidade de encontrar pessoas conhecidas em locais frequentados por muita gente.

— Isso lá é verdade. Ainda assim, não foi um encontro dos mais agradáveis.

— Deixe isso para lá — disse Rosali. — Não nos incomodou em nada.

Chegaram à casa por volta da meia-noite, e Osvaldo e Henrique já estavam dormindo. Em silêncio, Rosali foi para a cama, mas não conseguiu conciliar o sono. Roía-se de ciúmes, imaginando o que poderia fazer para desmascará-los e concretizar sua vingança. Passou a noite inteira a pensar, sem imaginar que o espírito do irmão se encontrava a seu lado, inspirando-lhe ideias de vingança que ela recebia como se fossem suas.

Alfredo saiu da casa de Rosali certo de que conseguiria livrar a amada da influência perniciosa daquele monstro. Instantaneamente, viu-se de volta ao quarto de Marialva, encontrando-a sob o corpo nu de Alberto, que acabara de ter com ela intensa relação sexual. Alfredo sentiu ânsias de vômito e chegou a ter raiva de Marialva, que ainda se permitia deixar tocar por aquele canalha. Coberto de ódio, tentou acertar Alberto, mas o único resultado que obtivera fora provocar-lhe uma leve dor de cabeça.

A madrugada avançava em silêncio, e o casal logo adormeceu. Tudo parecia tranquilo quando Marialva, de repente, começou a se agitar e a ciciar coisas ininteligíveis que Alberto não conseguiu distinguir. Tentou acordar a mulher, sacudindo-a pelos ombros, mas ela não despertava. Depois de algum tempo juntando forças, Marialva balbuciou com voz arrastada:

— Ti... tire... suas... mãos... de.. dela...

Assustado com aquele tom de voz que nem parecia de sua esposa, Alberto largou-a e saltou da cama, acendendo a luz e olhando para ela. Seu rosto estava pálido, a respiração ofegante, os olhos semicerrados, o corpo imóvel, sem mexer um músculo.

— Marialva! Marialva! — gritou Alberto. — O que há com você? Por que fala assim?

— Se... seu... cre... cre... ti... no...

— O que é isso? Está louca ou o quê? Acorde, vamos!

Marialva, que internamente lutava para despertar, abriu os olhos e encarou o marido, completamente aturdida.

— O que houve? — indagou apavorada.

— Eu é que lhe pergunto. Você começou a agir de forma estranha. Assustou-me, nem parecia você.

— Eu... não sei o que dizer nem explicar. Foi uma sensação esquisita. Parecia que eu estava presa em outro mundo, ouvindo-o à distância. Escutei minha voz, mas ela me soou estranha, como se alguém falasse por intermédio de minha boca. Meu corpo todo se tornou dormente e até meus pensamentos ficaram confusos. Foi inusitado! Como se fosse eu e não fosse ao mesmo tempo. Sem falar na terrível dor de cabeça.

— Realmente é muito estranho. Nunca vi nada semelhante.

— Será que estou ficando louca?

— Não creio. Deve ser algum distúrbio neurológico. Um tratamento adequado e você voltará ao normal.

— Será?

— Com certeza. Na próxima semana iremos procurar um médico de nervos. Agora durma. Vai lhe fazer bem.

Marialva virou para o lado e, na mesma hora, adormeceu. Colado a ela, Alfredo também não compreendia o que fizera. O que se dera fora que ele, nela tentando incorporar para expressar sua fúria, realmente o conseguira, mas a mente da médium, que mantivera parcialmente a consciência, oferecera resistência, e Alfredo viu-se frustrado em seus objetivos. Era como se o corpo físico de Marialva, não aceitando aquela incorporação, não colaborasse com o espírito, que se viu obrigado a manipular uma matéria densa e inerte. Foi por isso que Marialva não pôde se mover, e sua voz soou confusa e balbuciante, pois Alfredo não conseguia manipulá-la facilmente sem o seu concurso. Travada a luta com o espírito desencarnado, Marialva conseguiu, depois de muito custo, assenhorear-se do próprio corpo e, com muito esforço, expulsá-lo, voltando logo a si.

A cada dia, Alfredo acumulava mais e mais forças no que se referia a Marialva, que nunca se lembrou de rezar ou ter bons pensamentos. A falta de oração e vigilância permitia o livre acesso do espírito, que com ela mantinha contato durante as horas de sono, quando o corpo astral de Marialva, livre, encontrava-se com o espírito dele. Quando ela acordava, guardava as sensações do assédio espiritual, sem contudo, lembrar-se de quem o fazia.

14

Sentado em seu escritório, Leonardo olhava a forte chuva que caía do lado de fora da janela, pensando em Rosali e no quanto gostaria de falar com ela. Mecanicamente, pegou o telefone e pediu o número de sua casa, e ela atendeu.

— Alô? Rosali?

— Sim. Quem está falando?

— Sou eu, Leonardo. Será que poderíamos almoçar juntos? Preciso muito falar com você.

Ela hesitou por alguns segundos antes de responder:

— É claro.

O encontro foi num restaurante conhecido de ambos, um lugar público onde nenhum conhecido estranharia a presença de ambos. Pediram os pratos, e Rosali foi a primeira a indagar:

— Muito bem. Do que se trata?

— Não sei se está direito chamá-la aqui para alarmá-la, mas eu mesmo morro de preocupação. É Elisa.

— O que tem ela?

— Está doente.

— O que ela tem?

— O médico não sabe direito. É alguma coisa no útero, não sei bem. Tem hemorragias frequentes e sente dores agudas.

— Meu Deus! O que será?

— Não sei. Ela precisa terminar os exames, mas o médico pensa que pode ser algum tipo de tumor.

— A vida dela está em risco?

— Talvez. Se ela precisar operar, sempre há riscos.

— Operar? Que coisa horrível! E Elisa sabe?

— Você a conhece. É uma mulher forte e decidida, é impossível enganá-la.

— Elisa jamais se deixaria enganar mesmo.

— Por favor, Rosali, não diga que lhe contei. Ela não quer que ninguém saiba, por enquanto.

— E os pais dela?

— Também não sabem. Ela não quer preocupar ninguém sem necessidade. Só lhe contei porque você é amiga dela, e eu também precisava desabafar.

— Fez bem. O que poderei fazer para ajudá-la?

— Finja que desconfia de algo e pergunte-lhe. Ela vai acabar lhe contando.

— Deixe comigo. Na primeira oportunidade, darei um jeito de conversar com ela.

— Obrigado. Sabia que podia contar com você.

Rosali saiu do restaurante com o coração apertado. Não podia ser. Elisa não. Era sua amiga, sua irmã, viveram muitas coisas juntas. E ela era ainda muito jovem para morrer.

Ao entrar em casa, Henrique foi recebê-la e abraçou-a com força, chamando-a para o quarto, a fim de contar-lhe o sonho que tivera naquela noite.

— Foi muito esquisito. Sonhei que havia um outro menino aqui e ele seria seu filho também.

Rosali riu e objetou:

— Isso é impossível. Não terei mais nenhum filho além de você. Você é meu único tesouro.

— Ele não havia nascido da sua barriga.

— Como assim?

— Não sei dizer. Só sei que ele era seu filho, mas ao mesmo tempo não era. E havia um homem conosco, cujo rosto não pude distinguir.

— Um homem? Seria seu pai?

— Creio que não. Só vi meu pai uma vez e não lhe prestei muita atenção. Por falar nisso, quando poderei ver meu pai?

Rosali estranhou a pergunta. Era a primeira vez que Henrique demonstrava desejo de se aproximar do pai.

— Por quê? — indagou ela. — Tem vontade?

— Gostaria muito.

— Não temos vivido bem até agora, sem ele?

— Até agora eu não sabia que meu pai estava tão próximo.

— Desde que lhe contei, você nunca perguntou por ele. Por que esse interesse repentino?

— Se nunca perguntei nada antes, foi para não magoá-la, pois sei que você está com raiva dele. Mas esse sonho reavivou o desejo de conhecê-lo.

— O que me pede é impossível.

— Por quê?

— Porque seu pai é um homem casado, e a mulher dele não gosta de você.

— Mas ela nem me conhece!

— Você não é filho dela, e isso basta para ela não gostar. E creio que seu pai também não o queira muito bem.

— Isso não é verdade. Sei que meu pai esteve aqui no dia do meu aniversário, tentando falar comigo.

— Você andou espionando atrás das portas?

— Não. Eu havia descido para ir à cozinha buscar um copo d'água quando escutei a campainha tocar. Ia atender, mas você passou por mim sem me ver. Ouvi uma voz vagamente familiar e me escondi, certo de que ali estava meu pai. Qual não foi o meu espanto quando descobri que era ele mesmo. Quando você não permitiu que ele falasse comigo, e meu avô surgiu para mandá-lo embora, eu nada disse e corri para o meu quarto, com medo de que me descobrissem e brigassem comigo. Aí então eu percebi o quanto você estava com raiva, e como a amo muito, não quis magoá-la com esse assunto.

Rosali pôs a mão na consciência e chorou baixinho. Já arrependido do que falara, Henrique abraçou-a com força e disse:

— Perdoe-me, mamãe. Não devia ter dito nada. Não quero magoá-la. Desculpe-me, por favor, juro que nunca mais tocarei nesse assunto.

Rosali, olhos banhados em lágrimas, estreitou o filho contra o peito e retrucou:

— Não estou magoada com você. Não foi por causa do que você disse.

— Então por que está chorando?

— Porque só agora percebo o quanto tenho sido egoísta, só pensando em mim.

— Não compreendo.

— Afastei você de seu pai para puni-lo, porque você se tornou alvo do seu maior desejo. E tive medo... Medo de que você gostasse dele mais do que gosta de mim. Dei vazão à minha raiva, ao meu ressentimento, você foi instrumento da minha vingança. Fui egoísta, sim, e hoje me arrependo disso. Não tenho o direito de impedir que você conheça seu pai. Por mais que o ame, não posso tê-lo só para mim. Se quiser conhecê-lo, é um direito que você tem, mesmo depois de tudo o que ele me fez.

— Não quero que você fique triste. Se é para lhe trazer sentimentos ou lembranças ruins, prefiro ficar longe dele.

— Você não deve reprimir o que sente só para me agradar. Se é seu desejo conhecer seu pai, não tentarei mais impedi-lo. Só não me peça para ir junto. E tenha cuidado. A mulher dele não gosta de você e pode tratá-lo mal.

— Não pretendo procurá-lo ainda. Acho melhor entregar esse caso nas mãos de Deus deixar que o tempo se encarregue de tudo. Quando for o momento certo, a oportunidade surgirá.

Henrique segurou a mão da mãe e desviou a conversa para as aulas, que em breve iriam começar. Rosali não insistiu no assunto, mas ficou admirada com a compreensão e a maturidade do filho, uma criança de apenas dez anos de idade. Apesar de jovem, Henrique possuía um discernimento extraordinário e mostrava-se muito bem preparado para enfrentar as dificuldades que a vida lhe apresentava com serenidade e equilíbrio.

Ajoelhado ao lado de Henrique, Marcel chorava copiosamente ao escutar a leitura de *O evangelho segundo o espiritismo*. Falava de misericórdia e brandura, de perdão e amor.

As palavras tocaram profundamente o coração magoado do espírito, que começava a questionar a utilidade de estar ali, embrenhado naquela vingança sem fronteiras de tempo ou de espaço. Enquanto se apegava ao ódio, seus antigos desafetos conseguiam reencarnar, ao passo que ele permanecia agrilhoado aos elos de vingança que o impediam de avançar.

Refletindo sobre o que fora sua vida até ali, questionava-se sobre a razão daquela vingança. Já nem se recordava direito de como tudo começara. Lembrava-se, porém, de ter sido um homem mau, segundo seus próprios princípios. Tão mau que não merecia perdão. Como podia ele agora cobrar dos encarnados algo que não perdoava em si mesmo? Não estaria tentando descontar nos outros o desprezo que sentia por tudo o que fizera? Os outros ao menos tentavam melhorar. E ele? Passavam-se dias, séculos, e continuava ali, insistindo numa vingança que há muito perdera a razão de ser. Rosali e Henrique nem se lembravam mais de quem era ele.

Com essas dúvidas, Marcel lembrou-se de Deus e de que lhe disseram que Ele era infinitamente bom. Experimentou uma oraçãozinha tímida e discreta, embora muito verdadeira. Não demorou muito e o ambiente se iluminou. Aos poucos, uma figura diáfana foi se materializando à sua frente, tomando corpo e forma, até que o doutor Mariano surgiu, fitando-o com tanta bondade que ele começou a soluçar:

— Deus, Deus! Será possível que ouviu as minhas preces? Por acaso é um anjo de sua guarda que veio para me salvar?

Caiu de joelhos, aos prantos.

— Levante-se, meu filho — convidou o doutor com uma voz doce e amiga, que muito emocionou Marcel. — Não sou nenhum anjo, apenas um seguidor de Jesus enviado para auxiliá-lo e conduzi-lo a um local mais agradável e ameno, a fim de que você se recupere da enfermidade que o acomete.

— Enfermidade? Não compreendo as suas palavras. Estou morto, e a enfermidade que me matou não foi provocada por mim.

— Engana-se, amigo. Você não está morto. Não percebe que vive?

— Meu corpo de carne se foi. Sou apenas um espírito das trevas que erra pelo mundo em busca de vingança.

— E por que apelou para Deus?

— Porque não quero mais ser assim. Sou infeliz, estou cansado e não vejo mais sentido em me vingar. Quero esquecer e descansar.

— Então venha comigo.

— Para onde vai me levar?

— Você vai ver e gostar. É muito bonito, um lugar para aprender e se refazer dos processos difíceis de amadurecimento. Deus perdoa sempre, e todos somos dignos de seu amor.

— Suas palavras são por demais gentis para um réprobo como eu.

— Você está sendo muito severo consigo mesmo. Não existem réprobos, apenas espíritos em evolução. Você vai aprender isso e muito mais no lugar para onde pretendo levá-lo. Agora, venha. Dê-me a sua mão e feche os olhos — temeroso, Marcel se encolheu aos pés de Mariano, que gentilmente o tranquilizou. — Não se preocupe e confie em mim. Você não pediu ajuda a Deus?

— Pedi.

— Ele o atendeu e me mandou aqui para ajudá-lo. Feche os olhos e venha. Está seguro comigo.

Convencido, Marcel obedeceu e, cerrando os olhos, entregou-se aos cuidados de Mariano, que o conduziu à cidade astral que habitava, onde ele se prepararia para iniciar uma nova jornada em sua ascensão espiritual.

A partir desse dia, Henrique e Rosali nunca mais foram assediados por Marcel. O ambiente em casa ficara mais leve, cessaram os pesadelos e os sufocamentos. A família prosseguia com o culto no lar, o que contribuía ainda mais para a limpeza do ambiente doméstico.

Apenas Rosali permanecia alheia aos estudos. Não comparecia a nenhuma reunião, presa ainda a seus projetos de vingança. Em silêncio, continuava a arquitetar seu plano, esperando o momento certo para colocá-lo em prática.

A recuperação de Marcel foi comemorada por todos no mundo espiritual. Maria do Socorro estava feliz com a desistência da vingança. Apenas Rosali parecia não compreender a inutilidade de se vingar. Sempre que podia, retirava-a do corpo durante o sono, mas ela se mostrava irredutível.

— Sinto muito, vovó — disse numa dessas ocasiões. — Sei que o que vou fazer não é certo. No entanto, é mais forte do que eu.

— Esqueça isso. Não vê que fará mais mal a você do que a ele?

— Não posso. Já estou decidida.

— Por que se envolver mais com Alberto? Já não sofreu o suficiente?

— Por isso mesmo. Ele tem que pagar.

— Você não sabe o que diz. As consequências desse ato tresloucado podem ser muito mais desastrosas do que imagina. Não se permita usar como instrumento da desgraça alheia.

— Como assim?

— Cristiano, marido de Adélia, é um homem confuso e transtornado, capaz das maiores barbaridades. Pode cometer uma loucura.

— Que tipo de loucura? Matar-se?

— A si mesmo, à mulher e a Alberto. Tenho certeza de que não é isso que você deseja, não é mesmo?

— É claro que não. Mas não creio que ele seja capaz de tanto.

— Você não o conhece. Ele é capaz disso e muito mais.

— Ele me pareceu muito passivo e covarde para assassinar alguém.

— Engana-se. Cristiano é um homem atormentado que ainda guarda resquícios da crueldade de outros tempos. Sua alma tenta conter a sanha do assassino que foi outrora, o que nem sempre é fácil. Gostaria que fosse você a colocar a arma na mão dele?

— É claro que não desejo que isso aconteça. Mas se acontecer, a culpa não é minha. Não pretendo matar nem que ninguém seja morto.

— Ninguém pode ser responsável pelo ato de outro. Se ele escolher matar, a escolha será dele. Mas você fica com a sua. Pode escolher contribuir ou não para que isso aconteça.

— Já disse que não vou matar ninguém nem instigar que matem. Meu único desejo é desmoralizar Alberto e Marialva.

— Você só está pensando em si mesma e na sua vingança mesquinha. Pense no seu filho, em como ele se sentirá diante de tudo isso. Afinal, é o pai dele.

Rosali calou-se. A avó estava certa. E se o barão resolvesse matar a esposa e o seu amante? É claro que ela não desejava uma tragédia, não possuía instinto ruim. Além disso, o filho era um argumento poderoso. Ela não gostaria de fazê-lo sofrer em hipótese alguma. Após refletir alguns instantes, encarou a avó e falou:

— A senhora tem razão, vovó. Essa vingança é uma loucura que não levará a nada.

— Vai desistir?

— Pela felicidade do meu filho, sim.

Maria do Socorro despediu-se da neta aliviada, certa de que ela não levaria adiante aquela ideia insana. Quando se foi, Alfredo retornou ao quarto da irmã. Com a avó presente, não conseguira se aproximar de Rosali nem lhe dera ouvidos quando ela o convidara a partir. Persistindo em seus projetos de vingança, trabalhava para que a irmã não desistisse.

15

Rosali e Elisa faziam compras no centro da cidade quando resolveram fazer uma pausa para um lanche na confeitaria Colombo. Escolheram uma mesa reservada e pediram chá completo, acompanhado de torradas, manteiga, queijo, bolos e biscoitos. Regalavam-se com essas delícias quando uma voz conhecida chamou-lhes a atenção. Sentados a uma mesa um pouco atrás, Alberto e uma mulher, que estava de costas para elas e que parecia ser Adélia, conversavam animadamente, rindo e gargalhando como dois adolescentes. Surpresa, Rosali confidenciou para a prima:

— Mas que descaramento encontrarem-se assim em público!

— Não se esqueça de que dona Adélia é sogra de Alberto, e ninguém irá desconfiar de que existe algo entre eles — tornou Elisa, em tom de censura. — Todos pensarão que estão apenas fazendo um lanche inocente.

Rosali desviou o olhar de Elisa e fitou o rosto amadurecido de Alberto. Ele continuava bonito, com aqueles olhos azuis semelhantes a duas contas. Como Henrique se parecia com ele! De repente, ele virou o rosto para o lado e encontrou Rosali a encará-lo. Passados alguns instantes, recuperou-se da surpresa e, segurando a mão de Adélia, nela pousou um beijo revelador, deixando Rosali furiosa. Louca de ciúmes, ela se levantou da mesa apressada, seguida por Elisa, que não notara o gesto ousado do primo.

— O que foi que aconteceu? — questionou Elisa.

— Nada. Vamos embora, sim? Não me sinto bem.

— Foi a presença de Alberto que a incomodou?

— Por favor, Elisa, não quero falar sobre isso. Apenas vamos embora.

— Está bem. Se é o que quer...

— É o que quero.

As duas se foram, no coração de Rosali reacendendo todo o ciúme e o ódio de Alberto e sua amante. Na mesma hora, a promessa que fizera a Maria do Socorro esvaneceu no ar, e seus pensamentos retomaram os projetos de vingança. Rapidamente pensou no que fazer e decidiu acompanhar a prima até sua casa, a pretexto de buscar a receita de um bolo de coco, o preferido de Henrique. As crianças tiravam a soneca da tarde, e Leonardo estava no escritório.

— Posso telefonar para minha casa? — indagou a Elisa. — Não quero que mamãe e Henrique fiquem preocupados.

— À vontade — concordou Elisa, sem desconfiar de nada. — Vou buscar a receita.

Cuidadosamente, Rosali entrou na biblioteca. Vasculhando as gavetas, logo encontrou o livrinho de endereços da prima, onde sabia estarem anotados os telefones tanto de Alberto quanto da casa bancária de Cristiano. Tomou nota dos respectivos números e colocou o livrinho de volta no lugar. Em seguida, fez uma ligação para sua casa e falou com a mãe, avisando que tardaria ainda um pouco mais. Elisa entrou em seguida e estendeu-lhe um papelzinho com a receita, dando explicações sobre o modo de prepará-la.

Rosali mal a ouvia. Tinha montada na mente a série de acontecimentos que ultimaria sua vingança e a de Alfredo.

Às duas da madrugada, o silêncio imperava na mansão de Alberto, que dormia com tranquilidade. A seu lado, sem que ele notasse, Marialva se agitava na cama, contorcendo-se como se a tocassem. Sentia as mãos de alguém sobre seu corpo, passando pelo pescoço, descendo pelo colo e tocando suas partes mais íntimas. Parecia que lhe beijavam a nuca, seus cabelos se arrepiaram e ela gemeu de prazer. Zonza e sonolenta, sussurrava a todo instante:

— Pare com isso, Alberto. Deixe-me dormir. Hum...

Aos poucos, Alberto começou a perceber ao longe a voz da esposa e seus gemidos. Assustado, sacudiu-a e chamou--a, quase aos gritos:

— Marialva! Marialva! Pare com isso. O que está acontecendo?

Ouvindo seu nome, Marialva abriu os olhos, espantando--se com o semblante assustado do marido.

— Hã? O que foi?

— Eu é que lhe pergunto.

— Não entendo. Por que estava me acariciando?

— Eu, acariciando-a? Está maluca? Eu nem me mexi.

— Como assim? Senti suas mãos, seus lábios.

— Sinto muito, meu bem, você sonhou.

— Não sonhei, não. Foi real.

— Juro que não a toquei.

— Impossível. Eu senti.

— Já disse que você sonhou.

— Alberto, eu não estou louca. Sei que alguém me tocou, e esse alguém só pode ter sido você.

— Estou certo de que não a toquei.

— Está tentando me enlouquecer?

— Não seja tola. Foi apenas um sonho, nada mais. Volte a dormir. Tenho que levantar cedo para trabalhar. Não sou como você, que pode se dar ao luxo de permanecer na cama até às dez horas.

Marialva virou-se para o outro lado e começou a chorar baixinho. Estaria enlouquecendo? Ou será que o marido tentava confundi-la? Não sabia o que estava acontecendo mas, de uns tempos para cá, andava sentindo coisas muito estranhas. Primeiro, a dor de cabeça, os sonhos, a sensação de que alguém dominava seu corpo e sua voz. Agora, sentia-se tocada, gemia de prazer. Seria loucura ou estaria sendo vítima de algum demônio?

O médico que consultara fizera alguns exames, mas não diagnosticara nada de anormal. Ela parecia perfeitamente saudável. Talvez fosse melhor procurar um padre. Com esse pensamento, rezou um "Pai-Nosso" e uma "Ave-Maria". As orações trouxeram-lhe um pouco de sossego, e ela conseguiu adormecer.

Apesar do bem-estar momentâneo causado pela prece, Marialva não tinha fé suficiente para afastar Alfredo. Cada vez mais fortalecido, o espírito ia dominando não apenas o corpo de Marialva, mas também sua mente, praticamente subjugando-a. A moça, que desconhecia sua mediunidade, inconscientemente fornecia a ele os fluidos de que necessitava para provocar, no físico, o reflexo de suas ações no astral. E, facilitado pelo temperamento irascível e sensual de Marialva adquirido em vidas passadas e ainda não transformado, viu-se livre inclusive para o assédio sexual.

Nesse mesmo instante, acometido de mais uma cena de ciúmes, Cristiano interrogava a mulher:

— Por que não me diz logo quem é e acaba com isso?

— Não me aborreça, Cristiano. Ainda não se cansou?

— Não posso. Preciso saber.

— Isso está virando ideia fixa.

— Já disse que preciso saber. Conte-me, e prometo não fazer nada.

— Era só o que me faltava. Pare com isso ou serei obrigada a revelar o seu segredinho.

— Cale-se! Não se atreva!

Mudando o tom de voz, Adélia indagou quase em súplica:

— O que foi que houve conosco? Tínhamos tudo para ser felizes.

— Não sei — respondeu em lágrimas. — Eu tentei, mas não pude... Não posso mais suportar!

— O que não pode mais suportar? O fato de eu possuir outro homem ou o de você já não ser mais homem?

— Por que me tortura assim?

— Não o estou torturando. Você é quem me atormenta com esse seu ciúme tolo.

— Já disse que não é ciúme.

— Seja o que for, você não tem o direito.

Cristiano silenciou. Passados alguns minutos, refeito, proferiu temeroso:

— Tem algo que há muito desejo lhe perguntar, mas nunca tive coragem.

— O que é?

Ele hesitou por alguns instantes, até que, reunindo coragem, questionou:

— Marialva é minha filha?

Ela soltou uma gargalhada tão estridente que ele se assustou.

— Você é ridículo e tolo.

— Por favor, conte-me. Há anos venho guardando a dor dessa dúvida.

— Ela até poderia não ser, já que nunca pude contar muito com você. Mas até o seu nascimento, eu não havia conhecido outro homem além de você.

— Isso quer dizer que...

— Sim, ela é sua filha.

— Você jura?

— Juro. Juro que Marialva é sua filha.

— Obrigado. Não sabe o quanto me fez feliz neste momento.

— Pare com essas bobagens — considerou ela em tom mais ameno. — Temos vivido bem assim, por que se preocupar com isso agora?

— Não sei. É que antes eu nunca havia sentido realmente o que era ser traído. Você costumava ser discreta, sempre viajando, e ninguém nunca teve o que falar de você. Mas agora...

— Agora tudo continua como antes. Ainda sou discreta e ninguém tem nada para falar de mim. Deixe de bobagens e não pense mais nisso. Continuarei a guardar o seu segredo, ninguém jamais ficará sabendo o que se passa conosco. Quanto ao meu amante, fique tranquilo. Ele nunca falará, porque também é casado.

Adélia deitou-se para dormir, enquanto Cristiano descia as escadas e ia para a biblioteca, a fim de pensar. A mulher tinha uma certa razão. Ela era jovem, fogosa, precisava de um homem que a fizesse feliz. Podia suportar suas traições, desde que ninguém descobrisse. Mas jamais consentiria que outras pessoas conhecessem a verdade sobre seu casamento. Preferia a morte.

Cristiano abriu a gaveta da escrivaninha e tirou o revólver que herdara do avô. O cano brilhou sob a luz pálida do abajur, e ele acariciou a arma, convicto de que a usaria, se necessário. Mataria a mulher, o amante e depois se mataria também. Com eles, morreria o que considerava sua única vergonha.

16

A segunda-feira amanheceu chuvosa e fria. Rosali acordou cedo, decidida sobre o que fazer. Durante um longo período, observara Alberto e Adélia no sobrado de Copacabana, conhecia toda a rotina do casal. À hora do almoço, com ar displicente, comentou com a mãe sobre a receita do bolo de coco, e Helena prometeu ao neto que o assaria ainda naquela tarde.

Terminada a refeição, inspirada por Alfredo, Rosali resolveu agir. A chuva caía torrencialmente do lado de fora, mas ela não desistiria. Não seria uma chuvinha à toa que iria demovê-la de seu objetivo. Helena estava na cozinha com Henrique, que acompanhava a avó na preparação do bolo, e Osvaldo tirava um cochilo no sofá.

Em silêncio, apanhou o guarda-chuva e saiu em direção à confeitaria, três quarteirões abaixo, cujo telefone poderia usar sem levantar suspeitas. Certificando-se de que não havia nenhum conhecido por perto, depositou o dinheiro no balcão e pediu para usar o telefone, pedindo primeiro o número da casa bancária de Cristiano.

— Alô? — indagou uma voz feminina do outro lado da linha.

— Por favor, gostaria de falar com o senhor Cristiano — solicitou Rosali disfarçando a voz.

— Quem gostaria?

— É uma cliente.

— Lamento muito, mas o senhor Cristiano está muito ocupado. Talvez, se deixar seu número...

Mesmo nervosa, Rosali conseguiu controlar a modulação da voz e cortou a palavra da moça. Fingindo autoridade e arrogância, replicou:

— Escute aqui, meu bem, tenho muito dinheiro guardado nesse banco. Se não chamar agora o senhor Cristiano, farei uma queixa formal contra você e tenho certeza de que ele não hesitará em tomar as devidas providências.

Temendo perder o emprego, a moça disse timidamente:

— Queira perdoar, senhora. Aguarde apenas um instante.

— Pronto? — respondeu Cristiano, após alguns segundos.

— É o senhor Cristiano?

— Sim. Quem está falando?

— Isso não importa. Mas se deseja saber onde se encontra sua esposa neste exato momento, vá à rua da Igrejinha, número 27, em Copacabana.

Desligou antes que ele retrucasse. Em seguida, deu o número da casa de Alberto e pediu para falar com Marialva, o que foi mais fácil.

— Alô? — atendeu ela.

— É dona Marialva?

— Ela mesma.

— Dona Marialva, sabe onde está seu marido?

Rosali não pôde evitar uma vingançazinha pessoal, torturando a outra com requintes de sarcasmo.

— Está trabalhando. Por quê? Quem pergunta?

— Tem certeza?

— Sim, tenho. Por quê? Aconteceu alguma coisa?

— A senhora mesma é quem irá responder a essa pergunta.

— O que significa isso? Quem está falando?

— Não importa. Se pensa que seu marido está mesmo no consultório, experimente primeiro telefonar para lá. Estou certa de que não conseguirá falar com ele.

— Isso não quer dizer nada. Ele pode ter saído para atender um cliente. Mas afinal, quem é você e o que deseja?

— Talvez... quem sabe esse cliente não é uma mulher?

— Deixe de brincadeiras ou vou desligar...

Marialva, na verdade, estava profundamente interessada naquela conversa. Brincadeira ou não, aquela mulher falava de seu marido, e ela bem podia saber de algo que ela desconhecia.

— A senhora não fará isso. Se fizer, jamais ficará sabendo.

— Sabendo o quê?

— Onde ele está neste exato momento e com quem.

— O que quer dizer? Seja clara.

— Sei onde está seu marido e com quem. Se a senhora também quiser saber, dirija-se a Copacabana, na rua da Igrejinha, número 27, e descobrirá tudo.

— Como assim? Descobrir o quê?

— Veja com seus próprios olhos. Garanto que a surpresa não será das melhores.

Depois que ela desligou, Marialva ficou indócil. O que aquela mulher queria dizer? Que seu marido estava com alguma amante? Só podia ser. Mas como ela sabia? E se fosse trote? Achou melhor não se incomodar com aquilo e esquecer. Provavelmente era uma brincadeira de muito mau gosto. No entanto, a curiosidade falou mais alto, e Marialva não resistiu. Mandou tirar o tílburi e seguiu a toda brida para o endereço indicado.

Cristiano, por sua vez, sequer chegou a questionar aquele telefonema. Cego de ciúmes, apalpou a cintura e sentiu a pistola. Saiu apressado para a rua, requisitando um cavalo selado. Não queria um carro, pois demoraria muito. Iria rápido flagrar aquela adúltera nos braços de seu amante.

Encerrado o último telefonema, Rosali voltou nervosa para o quarto, sem que ninguém sequer houvesse percebido sua saída. Fechou a porta e deitou-se na cama, olhando o relógio e imaginando o que estaria acontecendo. Foi então que Maria do Socorro conseguiu alcançar a mente da neta, formando ecos em sua tela mental:

— Ficou louca? Pensou bem no que fez?

A exemplo do que acontecera outras vezes, Rosali registrou as palavras da avó como se fossem pensamentos seus, mentalmente respondendo a suas indagações:

— Será que agi corretamente? Talvez tenha me precipitado.

— Por certo que não agiu corretamente — censurou Maria do Socorro. — E se sobrevier alguma desgraça?

— E se acontecer alguma coisa grave? — pensava ela. — Bom, não tenho nada com isso. Não posso ser responsável pelos atos dos outros.

— E pelo seu ato? Pela sua estupidez, o ciúme cego que deu a um louco o poder de matar?

— Será Cristiano capaz de matar alguém?

— É lógico que é.

— E se ele matar os dois?

— Ele vai fazer isso! Não está vendo? Faça alguma coisa! Tente impedir!

Rosali começava a se arrepender do que fizera. Com Alfredo ausente, raciocinava com mais lucidez.

— Onde estava com a cabeça quando me deixei levar por essa loucura? — questionou-se.

— Se algo acontecer, será que você não vai se sentir culpada? — insistiu Maria do Socorro.

— Realmente, eu não serei responsável se o senhor Cristiano resolver matá-los.

— Pelo amor de Deus, Rosali, como pode ser tão teimosa e difícil? Você se engana. Morrerá de remorso.

— Será que não me sentirei culpada?

— Com certeza. Você não é uma pessoa ruim. Não atraia esse tipo de culpa para a sua vida. Você não precisa passar por isso.

— Talvez seja melhor impedir essa loucura.

— Faça isso.

— Acho que agora é tarde.

— Não é. Você está mais próxima de Copacabana do que Cristiano e Marialva.

— É verdade que Laranjeiras fica mais perto de Copacabana. Ainda assim é tão longe... Creio mesmo que não chegarei a tempo.

— Chegará, se correr.

— Ainda que corra muito, não conseguirei. Chove muito, e as ruas alagadas...

— Por favor, Rosali, saia agora! Pense no seu filho, na dor que lhe causará se o pai vier a ser assassinado. Ele, que tanto sonha conhecê-lo!

— Se Cristiano matar Alberto, o que será de Henrique? Com certeza, se descobrir que tive alguma participação nisso, não me perdoará.

— Sim, agora vá, corra, corra!

A ideia de que o filho poderia acusá-la determinou a decisão de Rosali. Apanhando o manto, saiu às pressas, rezando para conseguir chegar antes de Cristiano e Marialva, que já estavam a caminho. Chamou uma carruagem de aluguel e deu o endereço ao condutor, ordenando-lhe correr à maior velocidade possível. Tinha uma vantagem sobre os dois, além da menor distância entre as Laranjeiras e Copacabana. Conhecia o local e não perderia tempo procurando a rua.

Chegando ao bairro, indicou ao cocheiro exatamente onde ficava o sobrado. Passava das cinco horas, e o céu plúmbeo transformava a tarde numa quase noite. Quando a carruagem parou em frente à casa dos amantes, Rosali desceu apressada debaixo de forte chuva. Deu ordens para que o cocheiro a aguardasse mais adiante e bateu à porta com estrondo. Do interior da casa, ninguém respondeu. Temendo haver se retardado demais, começou a gritar em desespero:

— Alberto! Alberto! Abra essa porta!

Ao ouvir o seu nome, Alberto abriu a janela e espiou para baixo, surpreendendo-se imensamente com a inusitada presença de Rosali.

— Rosali? — perguntou ele estupefato. — É você mesma? O que faz aqui? Como me encontrou?

— Por favor, Alberto, não há tempo para perguntas. Saia imediatamente daí!

— Por quê? O que é isso? Voltou a fazer os escândalos de outrora? Pensei que isso já estivesse superado.

— Marialva e o pai estão, neste exato momento, a caminho daqui!

— O que foi que disse?

— Chame dona Adélia e fujam, ou uma desgraça poderá acontecer!

— Isso é alguma brincadeira?

— Por favor, não há mais tempo. Precisam sair agora!

Convencido de que Rosali não estava brincando, Alberto voltou para dentro e saiu logo em seguida com Adélia que, ao escutar aquela gritaria, tratara logo de se vestir. Na rua, Rosali puxou-o pela mão, enquanto falava, ofegante:

— Por aqui! Tenho uma carruagem me esperando no fim da rua.

Logo que o cocheiro deu partida, o cavalo de Cristiano dobrou a esquina, parando defronte do número indicado. Ele saltou, molhado dos pés à cabeça. Arma em punho, quase arrombou a porta, subindo os degraus de par em par. Ao chegar à sala, parou e tentou escutar. Silêncio. Vagarosamente, foi seguindo pelo corredor, passando pelo primeiro quarto, pelo segundo, pelo quarto de banho e pela cozinha. Nada. A casa estava vazia. Subitamente, ouviu um estalido no assoalho da saleta e voltou apressado, certo de que os amantes acabavam de voltar da rua. Apontou a pistola, dedo no gatilho e, ao divisar um vulto de mulher parado à porta da entrada, já ia atirar quando um grito agudo o deteve, seguido de uma profunda exclamação:

— Papai! O que vai fazer? Matar-me?

Reconhecendo naquela silhueta a figura da filha, Cristiano estacou estarrecido, pois por pouco não a matara. Confuso, indagou:

— O que faz aqui?

— Recebi um telefonema anônimo de uma mulher me dizendo que encontraria Alberto aqui com alguém.

— Engraçado. Também recebi um telefonema de mulher me avisando sobre sua mãe. Foi por isso que vim.

— É óbvio que alguém nos pregou uma peça.

— É o que parece. Mas quem faria isso e por quê?

— Não sei. Só sei que mamãe jamais poderia estar aqui com Alberto.

— Isso é verdade. Mas por que alguém faria uma coisa dessas?

— Talvez estivesse apenas se divertindo. Está chovendo horrores, e deve ter achado engraçado nos ver assim molhados e com cara de bobo.

— Seja quem for, vou descobrir. Você vai ver. Agora venha, minha filha. Vamos para casa.

Juntos desceram a escada, a carruagem de Marialva parada ao lado do cavalo de Cristiano. Ataram o cavalo atrás do carro e se foram, descendo a rua na mesma direção que a carruagem de Rosali tomara minutos antes.

— Será que isso é obra de um chantagista? — indagou Marialva.

— Não sei. Mas uma coisa é certa. Ambos estamos sendo vítimas de vergonhosa infidelidade conjugal.

— Será? De Alberto eu já desconfiava, mas mamãe? Acha mesmo que ela seria capaz?

— Acho.

Seguiram mudos a partir de então, certos de que aquela brincadeira possuía um fundo de verdade. Seus cônjuges eram adúlteros, mas os nomes dos amantes eram ainda desconhecidos. Nenhum dos dois supunha a dupla traição.

17

Seguindo as ordens de Rosali, o cocheiro rumou direto para Laranjeiras, onde Adélia e Alberto seriam deixados longe de casa. O olhar de Adélia era de interrogação, enquanto Alberto procurava entender o que havia acontecido.

— Muito bem, Rosali — começou a dizer. — Agora explique-me o que é tudo isso.

Ela estava insegura. Era um grande passo que iria dar naquele momento. Assumir diante dos dois que tramara um flagrante de adultério seria muita coragem. Rosali tremia de frio, os lábios roxos, sem encontrar as palavras certas. Não queria mentir e nem saberia, mas dizer a verdade era um salto enorme sobre o seu orgulho. Juntando coragem, encarou Alberto e balbuciou:

— Tudo é meio confuso... Não sei por onde começar.

— Então você é a tal de Rosali? — interrompeu Adélia, ríspida. — Alberto, não vê que ela preparou tudo isso? Ou mentiu sobre Cristiano e Marialva, ou mente agora. É tudo um plano para se reaproximar de você.

— Por favor, Adélia — respondeu ele com arrogância. — Prefiro esperar que Rosali nos conte a sua versão.

— Vamos — insistiu Adélia. — Estamos esperando. Exijo uma explicação.

— Escute aqui, dona Adélia, não vim até aqui para ouvir desaforos ou ironias — irritou-se Rosali. — A senhora não está em posição de fazer exigências. Fique quieta e escute, se não quiser que eu mude de ideia e termine o que já comecei. Não se esqueça de que a senhora é quem tem algo a esconder, não eu.

— É isso mesmo, Adélia — concordou Alberto. — Não percebe que nossa situação é delicada? Deixe Rosali falar e não a interrompa.

Ele estava curioso e, ao mesmo tempo, surpreso por constatar que Rosali se preocupava com ele. Adélia fez um muxoxo e virou o rosto para a janela, fingindo se distrair com a chuva, enquanto Alberto, voltando-se para Rosali, incentivou-a a prosseguir.

— Vou falar de uma vez, embora não me agrade — revelou ela. — Há alguns meses, vi-os abraçados na praia de Copacabana e segui-os até o sobrado. Foi assim que descobri que eram amantes.

— Descobriu? — desdenhou Adélia. — Você estava bisbilhotando!

— Se me interromper mais uma vez, juro que não lhes contarei mais nada e irei agora mesmo ao encontro de seu marido e de sua filha — ameaçou. — Pare de me provocar. A senhora não me conhece e não sabe do que sou capaz!

Rosali encarou-a com tanto furor que ela empalideceu, temendo que ela cumprisse o prometido. Alberto, impaciente, arrematou com exasperação:

— Fique quieta, Adélia! Quer piorar a nossa situação?

Contrariada, ela se calou. Detestava admitir, mas no fundo Rosali tinha razão. Era ela quem dava as cartas, e melhor seria não provocá-la.

— Vamos, Rosali, vá em frente — encorajou ele.

Após alguns minutos de reflexão, Rosali prosseguiu:

— Eu estava com raiva... Não queria fazer mal a ninguém. Passou-me pela cabeça desmoralizá-los, era uma ótima oportunidade de fazer você me pagar por tudo o que me fez sofrer. Dei um telefonema anônimo a Marialva e ao senhor Cristiano, contando-lhes onde vocês estavam.

— Mas você se arrependeu — afirmou Alberto.

— Sim. Tive medo de que acontecesse uma desgraça. Não queria ter participação na morte de ninguém.

— Quanta nobreza! — zombou Adélia.

Rosali fuzilou-a com olhos injetados de sangue, e Alberto procurou não dar importância ao comentário da sogra.

— Acha que Marialva e meu sogro foram até lá? — indagou.

— Não posso afirmar, mas creio que sim.

— Você disse a eles que nós somos amantes?

— Não. Não lhes revelei nomes.

Entre aliviado e desanimado, Alberto enfiou a cabeça entre as mãos e soltou profundo suspiro, cansado demais para se zangar com Rosali. Adélia, por sua vez, alisando os cabelos do amante, disse para tranquilizá-lo:

— Acalme-se, querido. Essa doidivanas tentou, mas não conseguiu nos destruir — voltou-se bruscamente para Rosali e indagou com raiva: — O que quer de nós? Dinheiro? Posso lhe dar quanto quiser para comprar o seu silêncio.

Ruborizada, Rosali atalhou com aspereza:

— Não quero seu dinheiro nem preciso dele. Se contei o que fiz foi porque pensei melhor e me arrependi.

— Engana-se se pensa que vou acreditar que ficou boazinha de repente. Você não me convence.

— Pouco me importa no que a senhora vai ou não acreditar. E não pense que fiz o que fiz por vocês. Não. Fiz por mim mesma, pois o meu compromisso é com a minha própria consciência, não com a sua reputação. Mas não se iluda porque, como a senhora, estou longe de ser um exemplo de virtude e não hesitarei em concretizar minhas ameaças.

— É bem típico de você! Sei tudo a seu respeito, Marialva me contou. Pelo visto, ainda é a mesma que saiu expulsa daqui há dez anos, carregando na barriga um filho bastardo.

Ao ouvir a referência feita ao filho, Alberto se enfureceu e esbravejou, antes mesmo que Rosali pudesse ensaiar uma resposta:

— Basta, Adélia! Não permitirei que você nem ninguém fale assim do meu filho! Cale-se ou nunca mais tornaremos a nos ver!

— A senhora não tem noção do que diz — interveio Rosali, colérica. — Ouse atacar meu filho mais uma vez, e revelarei seu segredinho. Será um escândalo que os melhores jornais de mexericos não vacilarão em publicar.

Espumando de raiva, Adélia abaixou os olhos e não respondeu, pesando bem as palavras da outra. Essa revelação seria realmente um escândalo extraordinário, e ela não podia permitir que Rosali estragasse sua reputação. Só por isso calou-se.

Ao chegarem às Laranjeiras, a carruagem parou para que Alberto e Adélia saltassem, e Rosali se foi sem se despedir. A caminho de casa, ia relembrando as palavras de Alberto. Ele parecia sincero quando tomou a defesa do filho, o que de certa forma a surpreendera. Em momento algum ele a recriminou ou se exasperou com ela. Ao contrário, parecia até entender os seus motivos. Seu ar era de compreensão, mas seu olhar denotava uma tristeza que não saberia explicar. De qualquer forma, ela estava satisfeita consigo mesma. Conseguira evitar o pior e esvaziara sua consciência. Não devia mais nada a eles.

Alberto, por sua vez, tomou um carro e seguiu sozinho, depois de colocar Adélia em outra carruagem e dar a direção ao condutor. Ele estava confuso. Por que não se zangara com Rosali? Ela agira feito uma pilantra, quase os destruíra. No entanto, não conseguia sentir raiva dela. Não depois de tudo o que lhe fizera. O que agora recebia nada mais era do que o resultado de suas ações pretéritas.

Mas ele estava envolvido demais com Adélia para pôr-se contra ela e defender Rosali. O fato, porém, é que Rosali era mãe de seu filho. O único que tivera e que teria pelo resto de sua vida. Ao menos isso lhe devia. Uma certa admiração por ela ser a mãe do filho que tanto sonhara ter com a esposa.

Passava das nove horas quando Rosali chegou à casa, toda molhada, espirrando, tossindo e tremendo de frio. Ela entrou feito um furacão, passando pelo olhar atônito do filho e dos pais. Estava pálida feito um boneco de cera, ardendo em febre. Subiu direto ao quarto, sem dar ouvidos às exclamações dos pais. Apenas Henrique parecia compreendê-la. Subiu e foi montar guarda à cabeceira da mãe, orando para que ela ficasse bem.

Alberto e Adélia decidiram que era melhor passar algum tempo sem se ver, temerosos de que aquele quase desastre acabasse por ganhar algum tipo de repercussão. Ao chegarem a seus respectivos lares, Marialva e Cristiano não haviam ainda voltado de Copacabana.

Quando Cristiano voltou, Adélia fingiu preocupação e indagou solícita:

— O que houve com você? Por que demorou tanto?

— Problemas no banco, que já estão resolvidos. E você? Chegou há muito tempo?

— Sim.

— Já jantou?

— Não. Estava esperando você.

— Então mande servir. Estou faminto.

Ela tocou a sineta, deu ordens para que servissem o jantar e sentou-se à mesa, agindo naturalmente, como se nada tivesse acontecido.

Marialva, por outro lado, encontrou Alberto ressonando na poltrona da sala, uma taça de vinho na mesinha ao lado. Ao ouvir sua entrada, ele se levantou zangado, fingindo-se aborrecido com a sua demora.

— Onde diabos você esteve? — indagou exasperado. — Já viu que horas são?

— Desculpe-me, querido. Não pensei que fosse tão tarde.

— Posso saber por onde andou?

— Fui visitar uma amiga e, como chovia muito, tive que esperar. Fui ficando e não vi a hora passar.

A história estava mal contada, mas Alberto achou melhor não insistir. Era óbvio que Marialva mentia. Com certeza, fora conferir a denúncia de Rosali.

Com o passar do tempo, tudo voltou ao normal. Ninguém mais tocou no assunto, e tanto Alberto quanto Adélia estavam seguros de que Marialva e Cristiano haviam esquecido o episódio, convencidos de que fora uma brincadeira. Cristiano, porém, muito mais do que a filha, não tirava da cabeça aquele telefonema e estava disposto a desmascarar a mulher e seu amante, nem que para isso tivesse que vasculhar meio mundo.

Pagou alguém para segui-la, um investigador que a espionasse sem que ela soubesse. Mas ele nada conseguiu apurar, já que Adélia e Alberto não se encontravam mais no sobrado em Copacabana, que fora alugado sob um nome falso.

Adélia tinha certeza de que era seguida. Aonde ia, via sempre o mesmo homem a observá-la e pensou que Cristiano era um tolo se achava que ela não perceberia. Para confundir o investigador, convidava vários amigos para sair, e cada dia era vista com um homem diferente, sempre em lugares de grande movimento. Fora isso, sua rotina continuava a mesma. Ficava na rua até tarde, conversando com os amigos, e só chegava à casa de noite.

— O que há com você? — questionou Cristiano. — Agora mantém romances abertamente em público?

— São todos meus amigos.

— Não acredito.

— Problema seu.

— Nenhum deles é seu amante?

— É claro que não. Seu espião não lhe contou?

— Que espião?

— Não adianta tentar me enganar. Sei que você colocou um detetive atrás de mim. Mas isso não vai funcionar. Não comigo.

— Por que não me conta qual deles é o seu amante?

— Que coisa mais doentia! Não percebe que está ficando louco?

— Isso está me corroendo por dentro. Eu só queria saber quem é. Juro que, se você me disser, eu paro de importuná-la.

— Saber para quê? Para se torturar ainda mais? Essa história já está me cansando. Ou você para com isso e tira esse detetive do meu encalço, ou eu deixo você. Peço o desquite, alegando você sabe bem o quê. E estou falando sério.

— Não permitirei que você exponha meu nome ao ridículo. Sou um homem de respeito, um nobre, um barão! Tenho uma reputação a zelar.

— Barão... Dane-se a sua nobreza. A república não se incomoda mais com ela.

— Mas eu sim. E você também deveria.

— Pois fique sabendo que não me importo nem um pouco. Agora chega de me aborrecer com essa conversa enfadonha. Estou cansada, vou dormir. E não se esqueça: pare de me espionar ou cumprirei minha promessa.

Cristiano estava derrotado. Seu caráter fora duramente atingido por aquela mulher sem escrúpulos que não titubearia em lançar seu nome na lama. Talvez ela tivesse razão, e o melhor a fazer fosse esquecer aquele assunto de uma vez por todas. Ele sempre soubera de seus casos e nunca lhes dera importância. Por que se incomodar agora?

Inconscientemente, Cristiano também servia de instrumento aos propósitos de Alfredo, que via nele um campo vasto onde jogar suas sementes de ciúme e desconfiança. Cristiano tentou não pensar mais naquele assunto e decidiu que, no dia seguinte, dispensaria o detetive.

Quando, por fim, Adélia se convenceu de que ninguém mais a seguia, telefonou para Alberto, passados quase dois meses sem se verem. Quando ele atendeu, ela desabafou:

— Alberto, meu amor, que saudades!

— Adélia, é você? Puxa vida, pensei que nunca mais fosse vê-la.

— Que bobagem. Eu o desejo muito, e nada vai me separar de você.

— Que bom que sente assim. Também não posso viver sem você.

— Quero vê-lo. Onde poderemos nos encontrar?

— Aluguei outra casa, dessa vez lá pelo lado de Botafogo. Que tal?

— Não é perigoso? É um bairro movimentado.

— Nem tanto. A rua fica um pouco afastada, e eu não conheço ninguém que more por lá.

— Está bem. Diga-me onde é, e eu o encontrarei dentro de duas horas.

— Não vejo a hora de tê-la em meus braços novamente.

Alberto deu-lhe a direção e ela, imediatamente, foi ao seu encontro. Assim que ela entrou, ele a tomou nos braços e beijou-a calorosamente, sussurrando palavras de amor em seus ouvidos. Depois de se amarem loucamente, entregou-lhe uma cópia da chave e pediu-lhe cuidado. Ninguém podia descobrir seu novo endereço.

18

Na vida espiritual, Marcel começava a compreender o que se passara com ele. Consciente da razão dos acontecimentos que tiveram lugar em suas sucessivas encarnações, arrependia-se de ter perdido tanto tempo perturbando Rosali e Henrique. Tudo o que haviam feito uns aos outros perdia importância diante da compreensão da vida, e Marcel ansiava por uma nova oportunidade para vencer o desafio de aprender a amar seus antigos desafetos.

Os dias passados na cidade etérea foram dedicados ao estudo e às orações, além de intensa atividade junto a Mariano. Médico em uma de suas encarnações, Marcel resgatara o antigo ofício e auxiliava Mariano a cuidar dos espíritos adoecidos que ali chegavam. Sentia-se feliz com sua nova vida, a oportunidade de fazer o bem lhe revelava um prazer novo e desconhecido. Jamais imaginou a sensação de felicidade e completude que advinha do simples ato de ajudar sem qualquer tipo de interesse.

Quase seis séculos se passaram desde sua última encarnação. O mundo se modificara, os costumes eram outros, as pessoas cultivavam novos valores. Marcel sentia que perdera um tempo precioso que precisava ser compensado. Antes, porém, tinha que se fortalecer. Recordar o passado ajudaria, e ele se preparava para evocar lembranças tristes. Era preciso, a fim de melhor compreender-se a si mesmo.

Quando se sentiu mais confiante, procurou o doutor Mariano. Encontrando-o disponível para uma conversa, levou-o a um banco do jardim, onde lhe narrou a história de sua última encarnação:

— Espero que possa me compreender. Os meus crimes foram muitos, sinto-me envergonhado de relatá-los. Minha vida foi pautada por inúmeros homicídios, desvirtuei e seduzi mocinhas puras e ingênuas, arrasei meus vassalos com impostos exorbitantes, deixando-os morrer à míngua.

— Desfaça em sua mente essa ideia de crime. Essa palavra só se aplica ao vocabulário humano dos encarnados, para aqueles que transgridem as suas leis. Quem viola as leis divinas é digno de piedade, não de punição. E só o faz quem não compreende a vida. Então, vamos lá. Conte-me tudo e não se aflija. Meu papel não é o de julgador, mas de amigo.

Com certo acanhamento, Marcel deu início à breve narrativa, evitando certos detalhes que lhe eram ainda muito dolorosos:

— Muito bem. Darei os nomes atuais das pessoas, para facilitar a compreensão. No ano de 1384, eu era um arquiduque francês rico, extremamente poderoso e dono de inúmeras terras na França. Era conhecido por minha sensualidade, frieza e crueldade, pois não hesitava em mandar exterminar qualquer um que se interpusesse em meu caminho. Dentre minhas vítimas, encontrava-se Henrique, na época um lenhador rebelde e atrevido, assassinado porque me roubara, ocultando o dinheiro com o qual deveria pagar os altos tributos que cobrava pelo uso de minhas terras.

"Casei-me com Elisa, mulher apagada, de uma beleza fria e sem qualquer pendor para a vida em sociedade. Seu maior sonho era internar-se em um convento, mas foi impedida pelo pai, que via naquele casamento uma ótima oportunidade de aumentar sua riqueza. Tinha ainda um irmão a quem muito amava, que era Alberto."

"Um dia, meu irmão e eu conhecemos a jovem Rosali, filha de Henrique, que alimentava desejos de vingança contra mim. Como era muito bonita, ambos nos interessamos por ela, contudo, inesperadamente, Rosali se apaixonou por Alberto. Mas fui eu que a tomei por amante em primeiro lugar e, ao cansar-me dela, foi a vez de meu irmão. Alberto se aproveitou da jovem por um tempo, até que eu o convenci a desfazer-se dela. Sozinha e revoltada, o ódio de Rosali por mim só fez aumentar, e ela vivia a rondar os muros do castelo, atirando-me impropérios de toda sorte. Quando descobri de quem ela era filha, não tive dúvidas. Cravei-lhe a espada no coração, matando-a instantaneamente."

Com os olhos rasos d'água, Marcel olhou para Mariano e acrescentou com pesar:

— Oh! céus! O que fiz? Como fui capaz? Como pude, em nova encarnação, ao deixar o corpo de minha mãe ali, naquele convento, sentir-me vítima e culpar Rosali e Henrique por me haverem impedido de nascer? O que poderia esperar deles senão ódio e desprezo, eu, que os destruíra impiedosamente?

— E quanto a Alberto? Ele foi o principal responsável pelo aborto de Rosali. Foi ele quem idealizou e arranjou tudo. Não que eu pense que você deveria odiá-lo. Apenas gostaria de entender por que não voltou sua ira contra ele também.

— Alberto é diferente. Foi meu irmão, e eu o amava. Por isso, pude perdoá-lo.

— Perceba o que você diz. O perdão brotou do amor. Não será esse o ingrediente que falta para que você e os demais aprendam a se perdoar?

— Não sei.

— Quando a vida nos nega o que desejamos, sentimos ódio, ficamos aflitos, revoltados porque acreditamos que nossos desejos não podem deixar de ser satisfeitos. Isso se chama orgulho.

— Tem razão.

— Agora que sabe disso, não gostaria de tentar dissolver esse ódio?

— É o que mais desejo.

— Então acredite e confie. Tenho certeza de que Deus não lhe negará essa oportunidade.

Estava um dia Marcel entretido com a leitura quando Mariano, aproximando-se dele, disse comovido:

— Meu amigo, trago-lhe boas notícias. Você conseguiu a autorização que tanto desejava para reencarnar.

Emocionado, Marcel mal podia acreditar no que ouvia. Olhos banhados em lágrimas, apertou as mãos de Mariano e beijou-as sentidamente.

— Obrigado, Mariano. Você é um verdadeiro amigo.

— Não me agradeça. Você mereceu.

— Serei filho de Rosali?

— Creio que não.

— De quem, então?

— De Elisa.

— Elisa? Não mereço tanto.

— Não se menospreze. Agora vamos, precisamos nos preparar para o encontro com ela. Se tudo der certo, traçaremos juntos as diretrizes de sua nova encarnação.

Marcel estava radiante. Ser filho de Elisa era uma dádiva muito maior do que poderia desejar. Embora sua maior dificuldade fosse com Rosali e Henrique, os três eram tão próximos que ele não encontraria dificuldades de formar um elo de amor com eles.

As crianças brincavam animadas no pátio da casa de Elisa, que conversava com Rosali na varanda.

— O que há, Elisa? Você não me parece bem.

— Bobagem. Estou ótima.

— Você anda estranha, sempre cansada e com olheiras. Está doente?

— Não.

— Diga-me a verdade. Eu a conheço e sei que você não está nada bem.

Nesse instante, os olhos de Elisa umedeceram, e ela falou angustiada:

— Não sei o que é. Sinto fortes dores na região do baixo ventre e tenho tido constantes hemorragias.

— Não foi ao médico?

Rosali fingia nada saber. Havia algum tempo que tentava fazer com que Elisa se abrisse com ela, sem sucesso.

— Fui sim.

— O que ele disse?

— Que é um tumor.

— Meu Deus, Elisa! O que ele vai fazer?

— O que se faz num caso desses? Talvez uma cirurgia.

— Mas isso é perigoso demais.

— Creio não haver outro jeito.

— E Leonardo?

— Está deveras preocupado. E isso não é tudo.

— O que há mais?

Elisa hesitou por alguns instantes, mas acabou por se abrir:

— Estou grávida.

— Você o quê?

— Estou esperando outro filho.

— Tem certeza?

— Absoluta. O médico confirmou.

— Mas Elisa, você não pode.

— O que quer que eu faça? Que tire a criança?

— Não sei...

— Isso está fora de cogitação. Em primeiro lugar, porque estou absolutamente segura de que concordei com a encarnação desse espírito. Em segundo lugar, não sei se pioraria o meu estado. E, em terceiro, eu não quero.

— Leonardo já sabe?

— Ainda não.

— Quando vai lhe contar?

— Logo. Já estou com quase três meses de gravidez. Breve não poderei mais ocultar.

— Ele ficará muito preocupado e apreensivo.

— Eu sei. É por isso que ainda não lhe contei.

— Não contou o que a quem? — interrompeu Leonardo, que acabara de chegar.

— Olá, querido! — cumprimentou Elisa, desconcertada.

— Olá, Leonardo — disse Rosali. — Como vai?

— Bem. E então, Elisa? O que tem para contar?

Elisa corou e abaixou os olhos, temendo que ele descobrisse algo na sua expressão. Sentindo a gravidade daquele momento, Rosali levantou-se rapidamente, pretextando buscar uma limonada para as crianças.

— Volto logo — disse ela olhando para a prima que, sem saber por onde começar, não tirava os olhos do chão.

— Aconteceu algo que você não me contou? — sondou Leonardo.

— Aconteceu.

— O que é? O médico deu o diagnóstico final? Se é, pode me contar.

— Não é isso.

— O que é então?

— Leonardo, eu... estou esperando outro filho.

Leonardo empalideceu. Não que não quisesse mais filhos, adorava crianças. Mas o estado delicado de Elisa não aconselhava outra gravidez. Atônito, falou com preocupação:

— Como isso foi acontecer?

— Acontecendo. Perdoe-me, Leonardo! — e desatou a chorar.

— O que é isso, querida? Não chore. Você não tem culpa de nada. O maior culpado sou eu, que deveria respeitar sua enfermidade e não procurá-la mais.

— Assim você me ofende! Sou sua mulher, a quem mais deveria procurar?

— Desculpe-me. Não tive a intenção de ofendê-la. Mas não posso deixar de me sentir responsável.

— Não se sinta. Aconteceu porque tinha que ser. Foi a vontade de Deus.

— O que o médico disse?

— Que é arriscado.

— Meu Deus, Elisa, e agora?

— A criança vai nascer forte e saudável como as outras.

— E você?

— Estou nas mãos de Deus.

— Oh! Elisa, eu a amo tanto!

— Eu sei. Nada de mau me acontecerá.

— Como pode saber? Você pode...

— Morrer? Não se importe com isso. A morte não existe, e se chegar a minha hora de partir, irei certa da tarefa cumprida.

— Como pode falar assim? E os nossos filhos?

— Você é um pai dedicado e sempre poderá contar com a ajuda de Rosali.

— De Rosali? Mas ela tem a própria vida.

— Não percebeu ainda que ela o ama?

Leonardo tossiu encabulado, apanhado que fora de surpresa com aquela afirmação.

— De onde tirou essa ideia absurda?

— Não é absurda. Está em cada gesto, cada olhar dela para você.

— Você está enganada.

— Não estou, não. Ela pensa que ainda ama Alberto, mas eu sei que isso não é verdade. E noto também que você não lhe é indiferente.

— Agora você é quem está me ofendendo — contrapôs indignado.

— Nós sempre fomos sinceros um com o outro. Por que fingir que não sabe que Rosali o ama e que você também a ama?

— Isso não é verdade. É a você que amo.

— Eu sei e jamais duvidei disso um instante sequer. No entanto, o que sente por ela também é real.

— Não... Está enganada.

— Não adianta fugir. Eu sei de tudo, não sou tola.

— Sabe o quê? Nunca houve nada entre nós.

— Não duvido disso, pois sempre confiei em vocês dois. Mas vocês não conseguiram reprimir o amor.

— Não fale assim, Elisa. Desse jeito você me faz sentir mais culpado.

— Não se sinta. O amor é natural.

— Não quando se é casado.

— Foi por isso que vocês renunciaram a esse amor, não foi?

— Sim.

— Então, não há nada do que se culpar. Será que pode haver amor maior do que este, que se contenta em saber que existe, sem magoar ou ferir?

— Mas não é direito.

— E o que é direito? Sofrer?

— Não. E eu a estou fazendo sofrer neste momento.

— Engano seu. Desde que soube, nunca me senti traída ou infeliz.

— Desde quando sabe?

— Desde aquela noite em que fomos ao teatro, ver a estreia do balé. Notei o seu olhar de admiração para ela, e o olhar discreto de satisfação que ela lançou para você.

— Será que você pode me perdoar? — implorou ele, beirando as lágrimas.

— Não há o que perdoar. Sinto-me até aliviada, pois sei que, se eu morrer, ela tomará conta de nossos filhos junto com você.

— Quero que saiba que Rosali sempre lhe foi fiel. Ela a ama muito.

— Eu sei e sou-lhe grata por isso. Também a amo, como uma verdadeira irmã.

— Pare com essa conversa. Parece até que você vai morrer.

— Não sei. Mas se isso acontecer, quero partir sabendo que meus filhos estarão bem amparados. E você também. É jovem demais, bom demais para ficar viúvo.

— Não diga isso.

— Agora chega. Rosali já vem voltando com os refrescos, e não gostaria que ela soubesse dessa nossa conversa, não por enquanto.

Elisa mudou de assunto. Quando Rosali se sentou, segurou sua mão com ternura e disse baixinho, de forma a que somente ela pudesse ouvir:

— Alguma vez já lhe disse o quanto a amo e o quanto confio em você?

Rosali ia responder, mas Elisa se levantou e foi pegar Joana, que acabara de tropeçar na raiz de uma árvore e começara a chorar. Voltando-se para Leonardo, Rosali perguntou espantada:

— Por que ela disse isso?

— Disse o quê?

— Nada.

De onde estavam, podiam ver a figura inchada de Elisa, que sorria para eles com a filha no colo. Ambos, distintamente, pensaram em como era linda aquela mulher, a quem a natureza não presenteara com a beleza física, mas premiara com uma beleza de alma que jamais poderiam igualar.

19

A porta do consultório se abriu e o doutor Herculano, famoso e conceituado psiquiatra, pediu a Marialva e Alberto que entrassem.

— E então, doutor? — começou Alberto ansioso. — Chegou a uma conclusão?

— O caso me parece um tanto confuso. Pelo que pude perceber, dona Marialva está sendo vítima de frequentes alucinações, com alteração de seu estado de ânimo. Não pude constatar, contudo, nenhuma lesão cerebral, epilepsia ou senilidade, como é óbvio. Antes de dar o meu diagnóstico, há ainda algumas perguntas que gostaria de fazer. Mas o senhor, doutor Alberto, terá que esperar lá fora.

Contrariado, Alberto saiu do consultório e foi se sentar na sala de espera.

— Por favor, dona Marialva, seja o mais clara e verdadeira que puder — pediu o doutor Herculano.

— Vou tentar — respondeu ela, angustiada.

— Diga-me, por acaso há algum histórico de alcoolismo na família?

— Não.

— Uso de ópio ou outras substâncias tóxicas?

— É claro que não!

— Algum caso de loucura?

— Que eu saiba, não. Doutor, não estou louca.

— Sim, eu sei. Não se preocupe. Essas perguntas são apenas de rotina. Prosseguindo, a senhora dorme bem?

— Não. Tenho um sono agitado e repleto de pesadelos horrorosos, que me dão a sensação de que alguém me toca.

— A senhora vem perdendo peso?

— Bastante. Esses delírios, se é que se pode chamar assim, têm me tirado o apetite.

— Considerando que a senhora não apresenta qualquer sintoma físico de enfermidade mental, à exceção daquelas terríveis dores de cabeça, só nos resta passar a possíveis causas emocionais. Responda-me, dona Marialva, quando essas alucinações começaram, a senhora se lembra de haver passado por algum forte distúrbio emocional? Qualquer coisa que a tenha afetado profundamente?

— Bem, Alberto e eu tivemos alguns desentendimentos.

— Pode contar-me o que houve?

— Não sei, doutor. Foi muito difícil e constrangedor.

— Por favor, tente. É importante.

— Está bem.

Em poucas palavras, Marialva relatou o encontro com Rosali, a chegada do filho do marido, as várias discussões que se seguiram, omitindo, contudo, as surras que levara.

— Hum... já estamos começando a fazer progressos. A senhora julga que esses episódios de animosidade têm sido, digamos, traumáticos?

— Não sei dizer ao certo... Sim, creio que sim.

— Como reagiu a eles?

— Dissimulando indiferença.

— Sei. Mas no fundo...

— No fundo, senti e ainda sinto vontade de matar meu marido.

— Há mais alguma coisa entre a senhora e seu marido que a venha desagradando em demasia?

— Desconfio que ele tenha uma amante.

— E o que mais?

— Mais nada. Doutor, o que estou lhe contando é estritamente pessoal e íntimo. Nem minha mãe conhece esses fatos. Conto-lhe porque penso que posso confiar em sua discrição.

— É claro. Não se preocupe. Por falar em mãe, por acaso a senhora vem perdendo o afeto por seus familiares?

— Talvez. Confesso que ando desanimada e não sinto vontade de partilhar com ninguém a minha angústia.

— A senhora percebeu alguma mudança em sua personalidade, como deixar de gostar de coisas de que antigamente gostava?

— Sim, também notei isso. Antes, eu gostava de sair, ir a festas e às compras. Agora, isso já não me interessa mais.

— A senhora tem um temperamento irritável, irascível? Seja sincera.

— Tenho. Tudo me aborrece e contraria.

— Em suas alucinações, costuma ouvir vozes?

— E como! Às vezes penso escutar a voz de um antigo apaixonado, que se suicidou por minha causa quando me casei com Alberto.

— É mesmo? Mas que interessante! Conte-me mais sobre isso.

— Não há muito o que contar. Alfredo se suicidou bem na minha frente, depois de me ameaçar com uma pistola no dia do meu casamento. Foi horrível.

— Posso imaginar. E é a esse Alfredo que as vozes pertencem?

— Sim e não.

— Como assim? Explique melhor, por favor.

— Às vezes, parece que ouço vozes amigas em um ouvido e inimigas no outro.

— Verdade? Como isso ocorre?

— Não sei explicar. Só sei o que escuto.

— O que escuta, exatamente?

— Quando as vozes soam em ambos os ouvidos, a do direito é como o diabo no inferno: dita-me ordens, faz ameaças, chora por mim, diz que me quer e que jamais me abandonará. Ao mesmo tempo, o ouvido esquerdo escuta palavras de consolo e de perseverança, que me induzem a rezar e pedir ajuda a Deus.

— E o que a senhora faz?

— Tapo os ouvidos, para não ter que escutar nenhuma das duas.

— Essas vozes têm alguma ligação com os ataques pelos quais é acometida?

— As do ouvido direito, sim.

— Quem a senhora pensa que a ataca dessa forma?

Nesse ponto, Marialva, que já não aguentava mais aquela ladainha, mudou o tom de voz e passou a falar com nervosismo e agitação, perdendo a calma que, até então, vinha ostentando.

— Ouça aqui, doutor. Sei que pensa que estou louca, mas não estou. Também não acredito que necessite de médico. Só vim consultá-lo porque meu marido insistiu. Na verdade, o que preciso mesmo é de um padre.

— Por que um padre?

— Porque estou segura de que o que vem me acontecendo é obra do espírito de Alfredo, que voltou das profundezas do inferno para me atormentar.

— Entendo. E o padre poderia afastá-lo?

— Creio que sim. Deve haver um meio de exorcizar esse demônio.

— Diga-me apenas mais uma coisa. Por que esse espírito, que já morreu há mais de dez anos, somente agora resolveu aparecer?

— Não sei. Talvez estivesse preso em algum lugar.

— Está certo. Nossa consulta terminou. Vou acompanhá-la até a saída.

— Terminou assim, tão de repente?

— Creio que já possuo todos os elementos de que necessito para chegar a um diagnóstico.

— É mesmo? E qual é?

— Por enquanto, nada posso revelar. Preciso estudar o caso um pouco mais, compará-lo com outros já conhecidos. Mas não se preocupe, tudo acabará bem.

— Doutor, eu não sou louca.

— É claro que não! Agora, por favor, pode se retirar.

O médico abriu a porta e chamou Alberto que, aflito, perguntou:

— Então, doutor? O que lhe parece?

— Bem, doutor Alberto, como disse a sua esposa, já estou de posse de todos os elementos necessários. Agora só me falta estudá-los um pouco mais a fundo. Fique tranquilo. Logo lhe darei o diagnóstico decisivo.

— E quando será isso?

— Em breve. Telefonarei para o senhor.

Uma semana depois, Alberto foi chamado ao consultório do doutor Herculano para uma conversa em particular. Após os devidos cumprimentos, o médico entrou direto ao assunto.

— Doutor Alberto, o senhor, assim como eu, é um médico experiente, e por isso não vou tentar enganá-lo. Pelo que pude perceber, sua mulher sofre de algum tipo de cisão da personalidade, de ruptura da mente, um processo psicótico em estágio bastante adiantado.

Alberto ficou mortificado. Isso já era demais!

— O senhor tem certeza?

— Os sintomas são típicos: perda de afetividade, de iniciativa, alterações da personalidade, irritabilidade, alucinações, agitação, ideias de perseguição. É o que um psiquiatra suíço denominou de esquizofrenia, uma doença que vem sendo pesquisada há bem pouco tempo.

— Meu Deus, e eu nem percebi! E agora, doutor, o que fazer?

— O correto seria a internação a longo prazo. Mas vamos iniciar um tratamento com acompanhamento psiquiátrico. Esse tipo de doença mental está ainda em estudo, e não posso afirmar nada com absoluta confiança. Contudo, aconselho que o senhor e o restante dos familiares sejam compreensivos com ela, não a provoquem ou contrariem. Isso pode piorar a situação.

— Nunca havia escutado falar nessa doença. É perigosa? Quero dizer, é algum tipo de loucura?

— Temo que sim.

— E os que sofrem dessa doença podem se tornar perigosos?

— Com certeza. Muito me admira que sua esposa não tenha cometido nenhum ato violento. Mas ela me confessou, isso aqui entre nós, que teve e tem vontade de matá-lo.

— É mesmo? Quem diria! E ela falou por quê?

Alberto queria saber se Marialva havia lhe contado sobre as vezes em que batera nela.

— Tudo indica que seja por causa das discussões que tiveram. Mas deixe-me esclarecê-lo sobre as possíveis reações de sua mulher. É comum que os loucos se tornem impulsivos, o que pode levá-los a agredir e matar, agindo com inopinada violência. Possuem uma mentalidade selvagem, sujeita a explosões de fúria, quando então nada os intimida. Não temem a lei, a justiça, ameaças ou mesmo a prisão. Possuem, por assim dizer, uma tendência natural para o crime e as reações violentas. Minha opinião pessoal é de que essa doença não tem cura. Penso que, em alguns casos, podem-se atenuar essas tendências, mas elas sempre existirão.

— O que sugere? Que eu a interne?

— Como lhe disse, esse é o tratamento indicado. No momento, contudo, isso não convém, até que tenhamos absoluta certeza. No entanto, se for preciso, se ela se tornar violenta, creio que não haverá outra solução, pois o diagnóstico estará, então, sobejamente confirmado. Sinto muito.

Alberto deixou o consultório do doutor Herculano profundamente abalado. Apesar de tudo, ela era sua esposa, e ele não gostaria de vê-la jogada num hospício fétido, como uma demente qualquer. Em todo caso, ele era rico e poderia pagar-lhe uma internação no melhor sanatório do país.

Pensando bem, isso até lhe facilitaria os encontros com Adélia. É certo que ele não contribuiria para que Marialva fosse parar no hospício, mas também não lutaria contra essa possibilidade. Deveria apenas tomar cuidado para que ela não cometesse nenhum desatino. Não estava em seus planos morrer assassinado ou permitir que alguém mais o fosse.

Não. Cuidaria dela direitinho. Precisava apenas deixar que a natureza agisse e o destino decidisse se ela deveria ou não ser internada.

De volta da Europa, a primeira coisa que Lenita fez foi visitar Marialva. O aspecto doentio da amiga lhe causou imenso espanto e a deixou deveras preocupada.

— Marialva, o que você tem? — indagou assustada. — Parece um fantasma.

— Apenas uma dor de cabeça, coisa sem importância. — Marialva não queria contar à outra que estava tendo problemas psiquiátricos. — Quando voltou?

— Há três dias.

— E a Itália, como vai?

— Bela como sempre. Mas o frio não anda me fazendo muito bem, e o médico recomendou banhos de mar em um clima mais quente. Por isso voltei e resolvi me hospedar na casa de uma tia, em Botafogo.

— Sorte sua. Deve ser bom ficar longe de casa por uns tempos.

— Tem razão. Não gostaria de me visitar em casa de minha tia? Ela é uma senhora viúva e adora companhia. Passe uma tarde conosco. O banho de mar vai lhe fazer bem.

— Pensando bem, até que seria divertido. Está decidido. Irei, sim.

À noite, quando Alberto chegou à casa, Marialva narrou-lhe a visita de Lenita e o convite que fizera para visitá-la em casa de sua tia, esquecendo-se de lhe contar que pretendiam ir à praia em Botafogo. Alberto não demonstrou maior interesse e até a incentivou a ir. Só assim poderia ficar mais à vontade com Adélia. Depois do incidente, os dois pareciam mais apaixonados do que nunca e continuavam com a mesma rotina de sempre, apenas transferindo seus encontros para Botafogo.

Dali a alguns dias, ainda nos braços um do outro, Alberto confidenciou:

— Estou muito preocupado com a saúde de Marialva.

— Por quê? Ela piorou?

Ele assentiu e explicou:

— Acho que o tratamento do doutor Herculano não está surtindo efeito. Ela continua com aquelas crises, falando coisas sem sentido, como se fosse outra pessoa. Chegou a engrossar a voz e disse que não era Marialva, mas alguém cujo nome não ia revelar e que me odiava. Depois passou a me xingar e a me ofender. Quando consegui fazê-la voltar a si, disse-me que escutara tudo, mas não fora capaz de interferir. Então teimou comigo que havia um espírito a atormentá-la.

— Que espírito?

— Pasme. Disse-me que era o espírito de Alfredo.

— De novo esse Alfredo? Ela não andou sonhando com ele?

— Pelo visto os sonhos estão quase se tornando realidade. Ao menos para ela.

— Meu Deus, isso é terrível!

— Eu sei. Confesso que já estou até com medo dela.

— Medo? Você?

— Nessas horas, parece que ela vai me agredir.

— Não seja ridículo. Marialva jamais teria forças para feri-lo.

— Não enquanto eu estiver acordado. Mas o doutor Herculano me disse que os loucos podem se tornar violentos, e eu posso ser atacado enquanto durmo.

— Fala sério?

— Se não acredita, telefone para ele.

— Eu acredito. Mas a situação é bem mais grave do que eu imaginava.

— Sim. E os métodos de tratamento estão se esgotando.

— Qual será o próximo passo do doutor Herculano?

— Segundo ele, se as coisas continuarem desse jeito, a solução será a internação.

— Hospício? Isso nunca. Espero que você jamais permita que minha filha seja internada numa casa para loucos.

— Acalme-se. Essa é a orientação médica. Nós temos dinheiro e podemos pagar um bom sanatório.

— Hospício é hospício.

— Com dinheiro podemos proporcionar-lhe maior conforto.

— Preferiria não falar nisso.

— Mas precisamos. Ela é sua filha.

— E é sua mulher. Depois que se casou, passou a ser responsabilidade sua. Não que eu não queira me responsabilizar por ela. Marialva é minha filha, e eu a amo. Legalmente, contudo, não poderei intervir.

— Eu sei. Estou apenas pedindo conselhos. Também não gostaria de vê-la internada, mas se ela piorar e começar a nos ameaçar ou agredir, ou quem sabe até mesmo a si mesma, não verei outra saída.

— Por favor, não faça isso. Você vai matá-la. Conheço minha filha, sei que ela não suportaria. Tampouco eu.

Alberto acendeu um cigarro e se voltou para a janela. Iniciara aquela conversa apenas para testar Adélia, saber como ela se sentiria ao ver Marialva internada. Sua reação não foi das melhores, e ele não podia culpá-la. Ele mesmo não estava convicto de que aquela seria a melhor solução.

Tentando desviar o assunto, ele falou com ternura:

— Que tal um passeio?

— Excelente ideia. Aonde quer ir?

— Podemos dar uma volta na praia. O que acha?

— Acho ótimo. Espere um instante que vou me vestir.

Já na rua, Adélia sugeriu:

— Será que podemos passar na padaria? Estamos precisando de pão.

— Sim, claro.

Ele a abraçou e apertou sua cintura, falando embevecido:

— Sabe que a amo?

— Eu também. Mas às vezes me sinto culpada. Ninguém no mundo aprovaria nosso romance.

— Ninguém no mundo sabe do nosso romance.

— Engano seu. Aquela Rosali sabe.

— Rosali não está preocupada conosco.

— Como pode ter certeza?

— Não estrague o dia falando de Rosali. Esqueça-a, assim como ela já nos esqueceu.

Embora Adélia não acreditasse, Alberto confiava na discrição de Rosali. Em seu íntimo, ele sabia que ela não iria contar nada a ninguém. Sentiu saudades do filho, a quem não tentava procurar desde o episódio no sobrado de Copacabana. Como estaria? Pensou tanto nele e com tamanha intensidade, que seus olhos se encheram de lágrimas, chamando a atenção de Adélia.

— O que foi que aconteceu? — perguntou ela, cheia de aflição.

— Nada. Não se preocupe.

— Mas você está chorando!

— Já disse que não foi nada.

— É claro que foi. Por que não me conta?

— Não há nada para contar.

— Está bem. Se quer que eu acredite, finjo que acreditarei.

A reação dele ao nome de Rosali trouxe desconfiança a Adélia. Será que ele gostava da moça? Ou seria pelo fato de que tinha um filho com ela, o único de sua vida?

Alberto silenciou e continuou calado o resto do caminho, até chegarem à padaria. Ao entrarem, Adélia, sem querer, esbarrou numa moça que ia saindo e murmurou mecanicamente:

— Desculpe.

Quando a moça se virou para responder, Adélia já havia sumido no salão apertado e cheio de gente àquela hora. Procurou-a com os olhos, achando aquele rosto familiar. Onde o tinha visto? Não saberia precisar. O encontrão fora rápido demais, mas ela tinha certeza de que conhecia aquela senhora de algum lugar. E o rapaz que a acompanhava? Não lhe vira a face.

Ela deu de ombros e deixou para lá. Não tinha importância, na certa confundira a mulher com alguém. O fato não era relevante, e Lenita subiu a rua, já esquecida do pequeno incidente. Dobrou a esquina e seguiu até a casa da tia, três quarteirões abaixo daquela alugada por Alberto.

20

Henrique e os primos haviam saído com Leonardo para o cinema, enquanto Elisa fazia companhia a Rosali. Não se sentia bem. A gravidez difícil recomendava repouso, e o máximo que conseguira, naquela tarde, fora visitar a prima em sua casa.

— Como você está? — indagou Rosali, preocupada com a palidez da outra.

— A verdade é que não me sinto nada bem. Canso-me à toa, e até cuidar de Joana se tornou uma tarefa extenuante.

— Sua gravidez tem sido difícil, não é?

— Sim. Foi por isso que insisti para que Leonardo saísse com as crianças. Precisava falar-lhe a sós.

— O que é?

— Tenho um pressentimento de que não sobreviverei a esse parto.

— Credo, Elisa, que mau agouro! De onde tirou essa ideia?

— Não é ideia, mas fato. Sabe que tenho um tumor no útero, e não é dos menores.

— Isso não quer dizer que você tem que morrer.

— Nós duas sabemos que para me livrar desse tumor será necessária uma intervenção cirúrgica, cujos riscos são enormes.

— Mas há uma chance, não há?

— Sempre há. Contudo, algo dentro de mim me diz que minha hora se aproxima.

— Não pode ser. Você tem três filhos, logo terá o quarto. O que será deles?

— Foi exatamente para tratar disso que vim aqui lhe falar. Conto com você para ajudar a criá-los.

— Pare com isso. Você mesma vai criar seus filhos.

— Sei que não vou.

— Como pode ter certeza? Por acaso você é adivinha?

— Não, mas tenho tido estranhas visões.

— Que visões?

— Não vai se assustar se eu disser?

— Claro que não.

— Tenho visto dona Maria do Socorro a meu lado, acompanhada de um homem de semblante meigo e bondoso.

— Minha avó? Como pode ser? Ela está morta!

— Não está. Apenas seu corpo morreu, mas seu espírito vive.

— Acho que você anda levando muito a sério essa história de espiritismo.

— Levando a sério, sim. Mas não é história, é a realidade. Sua avó me disse que eu me preparasse, pois minha programação aqui na terra já está no fim.

— Credo, Elisa, que coisa mórbida! Minha avó jamais diria uma coisa dessas.

— Por que não?

— Porque ela nunca ia querer assustar ninguém.

— Quem foi que disse que me assustei?

— Você não pode estar falando sério. Pensa que um espírito vem e lhe diz que sua programação está no fim só para prepará-la para a entrada no paraíso? Ora, francamente! Você deve ter sonhado e agora acredita que esse sonho é realidade. Mas não é. É apenas um pesadelo, uma ilusão, não vai acontecer.

— O que lhe dá essa certeza?

— E o que lhe dá a certeza de que é real?

— Minha convicção na doutrina dos espíritos.

— Lá vem você de novo.

— Você chegou a concluir a leitura de *O evangelho segundo o espiritismo*?

— Não.

— Por quê? Não gostou? Por acaso não encontrou ali as respostas a muitas de suas perguntas?

— Falando assim, até que eu achei alguns conceitos interessantes. Mas não me interessei mais.

— Por que não?

— Não sei. Não estava com ânimo para religião.

— Será que agora não está? Será que não é chegada a hora de você despertar sua consciência para novas verdades?

— Não sei, talvez.

— Por que não experimenta se juntar a nós em nossas reuniões semanais? Até Leonardo passou a frequentar.

— Leonardo nunca acreditou em espiritismo.

— Mas agora acredita.

— Posso saber o que o fez mudar de ideia?

— A esperança que nasce do sofrimento. Leonardo precisa acreditar que ficarei bem e sofre por me ver assim e porque ama uma mulher que jamais pôde possuir.

— O que foi que disse?

— Que Leonardo ama outra mulher.

— Como pode pensar uma coisa dessas de seu marido? Por acaso ele não é fiel?

— Eu disse que Leonardo ama outra mulher, não que me traiu com ela.

— Não estou entendendo.

— Não quero que leve a mal o que vou lhe dizer agora nem que me interprete de forma errada, mas sei que entre você e Leonardo existe um sentimento muito maior do que apenas amizade.

— O quê?! — horrorizou-se. — Sou sua amiga, jamais a trairia!

— Você continua não entendendo. Não estou preocupada se vocês me traíram ou não, até porque confio muito em ambos e sei que jamais fariam uma coisa dessas. Mas não sou tola e há muito percebi um brilho diferente em seus olhares. É claro que vocês se amam e sofrem com esse amor.

Rosali desatou a chorar e se abraçou à prima, suplicando entre soluços:

— Perdoe-me, Elisa, perdoe-me! Nunca faria nada para magoá-la. Foi mais forte do que eu, não pude conter esse sentimento. Mas eu juro que nunca a traímos. Juro pela felicidade do meu filho que nunca houve nada entre nós.

— Acalme-se, Rosali, sei disso. Não a estou acusando nem culpando. O amor é assim mesmo, não se pode evitar. E depois, ninguém escolhe a quem deseja amar. Se assim fosse, você jamais teria se apaixonado por Alberto, não é mesmo?

— Quer dizer que não está zangada?

— Claro que não. Eu a amo e sei que você também me ama. É por isso que vim pedir a sua ajuda.

— Mas Elisa...

— Por favor, deixe-me falar. Preciso de você. Depois que eu partir...

— Você não vai partir. Não agora. Você é a única pessoa que tenho no mundo, e não posso ficar sem você.

— Não diga isso. Você tem seu filho, seus pais e também Leonardo, que a ama muito.

— Eles não são como você. Só você foi capaz de cuidar de mim com amor e compreensão, mesmo quando a tratei mal e me afastei de você. Você foi a única que me deu apoio nos momentos difíceis de minha vida, a única a acreditar que eu não havia morrido. Sei que você seria capaz de enfrentar o mundo para me defender. Você é meu porto seguro. Mesmo quando estava em Portugal, sabia que se voltasse para o Brasil poderia contar com você. Não, Elisa, você não pode me deixar, eu preciso de você.

— Você não precisa de mim, não precisa de ninguém. É uma mulher forte e corajosa, capaz de enfrentar as dificuldades sem esmorecer. Na verdade, sou eu que preciso de você. Preciso do seu amor e da sua amizade para cuidar de Leonardo e de meus filhos. Por favor, não me negue isso.

— Não quero nem posso negar-lhe nada. Mas me recuso a crer que você vai...

— ... Morrer. Pode dizer, não tenha medo.

— Como pode falar isso assim, tão friamente?

— Não estou falando friamente. A realidade é essa e não adianta lutar contra ela. Mas não fique triste, a morte é apenas uma passagem.

— Como não ficar triste? Você não está?

— Não posso dizer que esteja feliz. Sentirei falta dos meus, de abraçá-los fisicamente. No entanto, inexistem barreiras para o espírito, e eu poderei visitá-los quando quiser.

— Pare com isso, Elisa. Você não vai morrer e pronto. Você não é Deus e não pode ter certeza. Deixe de pensar nessas bobagens e concentre-se no seu filho que vai nascer.

— Está bem, Rosali, não direi mais nada. Mesmo assim, prometa-me que, se algo me acontecer, você cuidará de Leonardo e das crianças.

— Nada vai lhe acontecer.

— Custa alguma coisa prometer?

— Está bem, prometo. Prometo que cuidarei de Leonardo e de seus filhos se algo lhe acontecer. Agora chega dessa tolice e não falemos mais em coisas tristes.

— Obrigada, Rosali. É muito bom saber que posso contar com você.

— Não há o que agradecer.

— Vocês serão felizes, tenho certeza. E você poderá enfim se libertar de Alberto.

— Não é bem assim. Você sabe o que sinto por ele.

— Nada. Você não sente mais nada por ele. Pensa que sim, mas não sente.

— É engraçado você falar por mim.

— Pense bem e verá que tenho razão. O amor que você pensava sentir por Alberto está morto aí dentro. — Rosali ia contestar, mas Elisa não permitiu e atalhou: — Agora, que tal irmos para a cozinha preparar um bolo de chocolate para as crianças? Tenho certeza de que elas irão adorar.

Elisa puxou a prima pela mão e apertou-a com força, fazendo os olhos de Rosali marejassem de emoção. A certeza de que Rosali cumpriria sua promessa encheu-a de conforto e felicidade. Podia deixar o corpo físico sem preocupações ou medo.

21

Era quarta-feira, dia de culto no lar em casa de Rosali. A família encontrava-se reunida em torno da mesa da sala, contando agora com a presença de Rosali, que há cerca de um mês passara a frequentar as reuniões. Atenta à leitura, Rosali ia reavaliando sua vida. Não via mais sentido na vingança que engendrara contra Alberto nem sentia mais raiva dele. Reconhecia que se deixara movimentar pelo orgulho e que nada, absolutamente nada do que lhe acontecera podia ser creditado a outros.

A cada ação corresponde uma reação, e essa verdade se estabeleceu no íntimo de Rosali. Dali em diante, só pensaria em gerar ações de amor para receber da vida gestos de amor. Pensou no tesouro que lhe fora concedido e agradeceu a Deus pela imensa dádiva que era o filho. E queria uma nova oportunidade para provar a si própria que conseguira vencer o ciúme, o ódio e o ressentimento, certa de que só assim estaria em paz consigo mesma.

Quando a reunião se encerrou, despediram-se com a alma leve, impregnada de luz. Ao entrar em casa, Elisa foi ao quarto das crianças e as beijou, uma a uma, um beijo prolongado, como uma despedida. Deitou-se na cama e beijou também o marido, virando-se para o lado e adormecendo imediatamente.

Elisa entrara no nono mês de gravidez. Estava pesada, mãos e pés inchados, a respiração bastante difícil. Passava os dias em repouso, somente se ausentando para ir à casa de Rosali nos dias das reuniões do Evangelho e, assim mesmo, amparada por Leonardo.

Por volta das duas da madrugada, ela acordou suando e gemendo. As contrações haviam começado. Calmamente, despertou o marido e balbuciou:

— Leonardo... meu amor.... Creio que... já chegou a hora...

As contrações aumentavam rapidamente. Leonardo pulou da cama e correu para o telefone, a fim de chamar o médico. Voltou para o quarto e segurou a mão de Elisa, que sentia fortes dores no ventre, enquanto ia rezando e pedindo a Deus que a amparasse.

Assim que o médico chegou, deu-lhe ordens para que providenciasse toalhas limpas e água quente, pedindo que esperasse do lado de fora. Leonardo voltou ao telefone e fez uma ligação para Rosali e outra para os pais de Elisa. Como Rosali morava próximo, foi a primeira a chegar, acompanhada dos pais e do filho. Henrique foi fazer companhia a Mário e Celeste, que haviam despertado com todo aquele alarido, enquanto a pequena Joana permanecia sonolenta no colo de Ivete.

— Quando começaram as contrações? — indagou Rosali.

— Ainda há pouco — esclareceu Leonardo.

— Acha que vai demorar?

— Não sei.

— Será que posso entrar?

— Temos que perguntar ao médico.

Rosali se afastou e entrou silenciosamente no quarto de Elisa, que gemia de dor, sendo no mesmo instante repreendida pelo médico.

— O que faz aqui, senhora? Quem lhe deu ordens para entrar?

— Desculpe-me, doutor. Sou prima e amiga de Elisa e gostaria de ficar a seu lado.

— A senhora é enfermeira?

— Não.

— Então sinto muito, mas não pode ficar.

— Vou ficar quieta, prometo.

— Já disse que não. Por favor, não insista. Agora saia.

Rosali já ia se retirar quando foi detida pela voz estertorosa de Elisa.

— Quem está aí? É você, Rosali?

— Sim.

— Que bom que veio... Por favor, fique... fique comigo...

Rosali olhou para o médico, que aquiesceu, e correu para o lado da prima. Segurando-lhe a mão, disse com ternura:

— Coragem, querida. Em breve tudo estará terminado.

— Eu sei... Não se esqueça da promessa que me fez...

— Não é hora de falar dessas coisas. A hora é de nascer, não de morrer.

— Mas não se esqueça...

Suas palavras, no entanto, foram interrompidas por um grito lancinante, que anunciava a proximidade do nascimento. O médico mandou que Rosali ficasse quieta e foi ajudar Elisa, que não parava de gemer e apertar a mão da prima. As contrações agora eram seguidas, e a criança começou, efetivamente, a forçar passagem para vir ao mundo. Elisa continuava a gritar, enquanto o médico, experiente, a encorajava.

— Vamos, dona Elisa, força. Já está vindo.

Elisa gemia, chorava e fazia força, sentindo aos poucos a criança saindo de dentro dela. Logo depois, ouviu um choro e a voz do médico, que dizia:

— É um menino! Um bonito menino!

Ela começou a chorar de felicidade, acompanhada por Rosali, que mal podia conter a emoção. O médico enrolou o pequeno em uma manta quentinha e o colocou nos braços da mãe que, derramando lágrimas de felicidade, disse-lhe baixinho:

— Bem-vindo ao mundo, filhinho.

Rosali presenciava aquela cena comovida, e o médico saiu para chamar Leonardo, que entrou ansioso.

— Elisa! — exclamou ele, correndo para ela. — Correu tudo bem. Não disse?

— Olhe, querido. É um menino. Veja como é forte e rosado.

— É lindo! Vai se parecer com você.

— Chame as crianças aqui. Quero que conheçam o irmãozinho.

— Espere um pouco — interveio o médico. — Ainda não é hora. Primeiro é preciso cortar o cordão umbilical e lavar o bebê. Em seguida, seus outros filhos poderão vê-lo.

— Está certo. Mas seja breve, por favor.

Subitamente, Elisa começou a gemer mais alto. A região uterina doía imensamente, enquanto o sangue se alastrava pelo lençol.

— O que foi, Elisa? — perguntou Leonardo apavorado.

— Não sei. Dói.

— Onde está o médico?

Leonardo saiu aos tropeços para buscá-lo, deixando a mulher a sós com Rosali, que chorava e implorava:

— Elisa! Por favor, aguente! O médico já vem vindo.

— Não... não adianta... É chegada... a minha hora...

— Pare com isso. Não é, não. Isso é do parto, passa logo.

— Eu... sei que não...

Leonardo entrou com o médico, que correu a examiná-la.

— Hum... — fez ele preocupado. — Há uma forte hemorragia.

— Não pode estancá-la?

— Aqui não. Precisamos levá-la a um hospital.

Esvaindo-se em sangue, Elisa perdia os sentidos, enquanto Rosali, coração em disparada, implorou entre lágrimas:

— Faça alguma coisa, doutor! Não há tempo de levá-la!

— Não dá! Não consigo conter esse sangramento!

— Elisa! Elisa! — chamou Leonardo aos prantos. — Por favor, querida, fale comigo!

Elisa não respondia. Olhar perdido em algum ponto do quarto, não parecia sofrer. Nesse momento, todos os familiares se encontravam presentes. Estavam todos atônitos, angustiados, as crianças chorando e gritando ao mesmo tempo:

— Mamãe, mamãe! Por favor, não se vá!

Súbito, ela falou com voz límpida, como se estivesse perfeitamente sã:

— Meus filhos, eu os amo a todos e quero que saibam que vocês foram as pessoas mais importantes da minha vida. Recebam seu irmãozinho com amor.

— Oh! Mamãe! — chorava Celeste.

Depois ela silenciou, para novamente voltar a falar, dessa vez esboçando um sorriso não de felicidade propriamente, mas de satisfação.

— Dona Maria do Socorro! Que bom que veio me buscar.

Os adultos estacaram e se entreolharam significativamente. Sabiam que ela estava vendo a mãe de Osvaldo, que orava fervorosamente. Lentamente, Elisa foi diminuindo a respiração até que, num último e pungente gesto, levou a mão ao coração e evocou, cheia de compreensão, amor e fé:

— Jesus...

Cerrou os olhos, levando nos lábios a palavra mágica que, muitos séculos atrás, usara para exprimir todo o seu horror diante da vida e da morte.

22

Duas semanas após o enterro de Elisa, o pequeno recém-nascido não havia ainda recebido um nome, e Leonardo não se decidia sequer a registrá-lo. Chamado às pressas para o enterro, Edmundo entrou na biblioteca em companhia de Rosali, encontrando-o abatido, jogado numa poltrona.

— Leonardo — chamou ele. — Não acha que já é hora de sair dessa prostração e pensar em seus filhos?

— Por quê? — retrucou com desinteresse — Rosali cuida de tudo, as crianças estão amparadas.

— Só que você ainda não se decidiu a registrar seu filho e quase não vai vê-lo — comentou Rosali.

Leonardo hesitou e abaixou os olhos, fingindo mexer numa xícara de chá pousada na mesinha à frente. Dissimulando naturalidade, retrucou:

— Não estou com cabeça para pensar nisso.

— Você está fugindo — observou Edmundo. — Isso não é bom.

— Não estou fugindo. Apenas não tenho ânimo.

— Seu filho precisa de você.

— Ele precisa é da mãe, que não está aqui para cuidar dele.

— Não adianta lutar contra o destino. Seus filhos perderam a mãe, e você deve fazer de tudo para compensá-los.

— Não posso! — desabafou em prantos. — Não posso! Está sendo muito difícil!

— Pensa que não é difícil para Rosamaria e para mim? Esquece-se de que Elisa era nossa única filha? Como pensa que nos sentimos, perdendo nosso maior tesouro?

Leonardo silenciou. O sogro estava certo. Ele estava sendo egoísta, pensando apenas em seu sofrimento, porque a dor da perda era imensa e ele não podia evitá-la. Com voz sumida, acrescentou:

— Sinto muito, seu Edmundo. Sei que o senhor e dona Rosamaria devem estar sofrendo muito.

— Com certeza estamos. Mas a vida não pode parar, e não devemos nos enterrar junto com aqueles que já se foram. Há outras pessoas que solicitam a sua presença, que requerem a sua atenção, que precisam de seu amor. Não faça isso com meus netos nem com você mesmo.

Leonardo desatou a chorar e se agarrou ao sogro, que o envolveu num abraço amigo, carinhoso e confortador.

— Conheço-o há muitos anos, desde que você nasceu — prosseguiu ele. — Seu pai é meu amigo, você sempre foi como um filho para mim. Perdemos uma filha e nada pudemos fazer. Mas você e as crianças, não. Vocês têm muito que viver.

— Não consigo reagir — lamentou Leonardo. — Sinto-me derrotado, não me julgo capaz de enfrentar a vida. É como se, perdendo Elisa, perdesse também o meu chão e começasse a afundar sem ter onde me segurar.

— Sei como se sente, pois me sinto da mesma forma — interveio Rosali. — Durante muito tempo, Elisa foi o meu ponto de apoio, a minha segurança. Mas ela me fez compreender que não podemos parar de caminhar somente porque nossa muleta quebrou. Ou encontramos outra que a substitua, ou então nos damos conta de que nossas pernas são fortes e estão aptas a caminharem por elas mesmas. O que acontece é que nos apegamos a um apoio e pensamos que ele será nossa pilastra pelo resto da vida, e assim tememos ter de assumir que somos capazes de nos suster sozinhos. Não tenha medo de ser livre e escolher seu próprio caminho.

— Não sei o que fazer! Você tem razão em tudo o que diz, mas o desânimo é imenso.

— E seus filhos? Por acaso não estão abatidos? Você é adulto, entende as coisas da vida. Eles são crianças, carentes da presença da mãe. Como acha que eles estão se sentindo vendo-se privados, de uma hora para outra, daquela que representava todo o seu mundo? Eles têm o direito de se sentirem desamparados, você não. Você tem o dever de auxiliá-los e mostrar a eles que juntos se manterão erguidos, e que podem contar com você para aprender a caminhar sozinhos. Não se acovarde. Mostre aos seus filhos que eles são capazes de prosseguir com suas vidas e não faça parecer que, além da mãe, perderam também o pai!

— Rosali está certa — concordou Edmundo. — Reaja! Vá ver o seu filho que acabou de nascer. É um inocente, não tem culpa de nada.

— Não estou culpando meu filho.

— Está, sim. Inconscientemente, você o acusa de haver roubado a vida de sua esposa, e isso não é justo.

— Não é verdade. Eu não o culpo, apenas penso... às vezes... que se ela não tivesse engravidado, isso não teria acontecido.

— Mas a criança não é culpada.

— Eu sei. Eu sou o culpado.

— Que bobagem é essa?

— Sou o culpado. Sabia que Elisa não podia mais ter filhos e assim mesmo procurei-a e não consegui me controlar. E agora...

— E agora você tem mais um filho.

— Um filho que não conhecerá a mãe por causa de um impulso irresponsável de seu pai. Não posso encará-lo. Vê? Na verdade, fui eu quem lhe roubou a mãe.

— Chega, Leonardo! — repreendeu-o severamente Rosali. — Nem parece que está estudando o Evangelho de Jesus. Onde está a sua fé? O que fez de tudo que aprendeu?

— Procuro ter fé, mas é tão difícil! Sem Elisa, parece que não sou ninguém.

— Você não faz jus à mulher que teve, falando desse jeito. Elisa sempre foi uma pessoa forte. Se fosse o contrário, se você tivesse morrido, ela estaria de pé, lutando por ela e pelos filhos. Jamais se entregaria ao desânimo e ao abatimento. Nem à dor.

— Eu... Não posso... Devo-lhe isso...

— Deve a quem? A Elisa? É isso que acha que ela merece? Desânimo e negligência? Não desvalorize a memória dela! Elisa era grande, forte, inteligente, segura! Deu à vida o destino que acreditou ser o melhor para o seu crescimento. Você deviria saber disso. Deviria saber que cada um escolhe seu caminho, e Elisa escolheu o dela, assim como o bebê que acabou de nascer. Por que não respeita a opção de sua mulher e de seu filho, ao invés de ficar se lamentando, fazendo-se de coitadinho só para despertar a piedade dos outros?

— Eu não me faço de coitadinho! — reagiu com raiva. — Não quero a piedade de ninguém.

— Ótimo, porque não a terá. Ao menos de mim. Quer apoio? Tem o meu, integral. Conforto, alívio? Também não lhe nego isso. Ajuda para criar e educar seus filhos? Tratá-los-ei como se fossem meus. Mas piedade, não. Não se auxilia ninguém a caminhar sentindo peninha nem levando no colo só para que ele não faça contato com suas dores.

Leonardo fitou-a com rancor. No fundo sabia que ela tinha razão em cada palavra que dissera. Ela estava mais do que certa. Nem ele sabia ao certo por que se deixara abater tanto. Achava que devia isso a Elisa.

A autopiedade impede que se reconheça a própria força, torna pesarosa a caminhada, e isso Leonardo não queria. Era homem, advogado, pai de família. Não podia simplesmente se deixar abater como um covarde, com medo de enfrentar a realidade e a vida. Tinha que superar. Por amor a si mesmo, a Elisa e aos filhos, precisava reagir.

— Então, Leonardo? — falou Edmundo. — Sei que é difícil ouvir certas coisas, mas Rosali está certa. Saia dessa prostração e vá ver seus filhos. O pequenino precisa de você mais do que nunca.

Leonardo olhou do sogro para Rosali, agora mais calmo e aliviado. As palavras dela tiraram um grande peso de cima dele. Agora compreendia que o que devia a Elisa era ser um homem forte, capaz de manter a família unida, criar os filhos com responsabilidade e amor. Como sabia que Elisa continuava viva no mundo invisível, acompanhando seus atos na terra, não queria que ela pensasse que se casara com um fraco.

Levantando-se, abraçou Edmundo e Rosali. Depois, falou com voz mais confiante:

— Têm razão. Perdoem-me a fraqueza. Vou ver meus filhos e cuidar deles — já ia saindo quando, de repente, parou, virou-se para o sogro e continuou: — O pequeno... vai se chamar Edmundo. Sei que Elisa gostaria disso.

Após brincar um pouco com os filhos, Leonardo subiu para ver Edmundinho, como logo passou a ser chamado. Satisfeita com o resultado alcançado, Rosali despediu-se e foi para casa, levando Henrique pela mão. Em frente ao portão, um vulto saiu de detrás de uma árvore, quase a matando de susto. Ela apertou ainda mais a mão do filho ao ver que era Alberto, os olhos vermelhos de quem havia chorado.

— Henrique, vá para dentro — ordenou ela.

— Sim, mamãe — respondeu ele sem questionar.

Depois que ele entrou, ela encarou Alberto e perguntou cautelosa:

— O que quer aqui?

— Gostaria de falar-lhe sobre o menino.

— Agora não. Elisa mal foi enterrada. Não pode esperar mais um pouco para me atormentar?

— Não quero atormentá-la. Quanto a Elisa, creia-me, também senti muito a sua morte.

— Bom para você. Agora, com licença. Preciso cuidar de meu filho.

— Espere um instante, eu lhe imploro. Ao menos me dê a chance de falar com ele.

— Por que o faria?

— Porque sou o seu pai!

— Não é, não. Nunca foi.

— Agora quero ser. Nunca é tarde.

— Deveria ter pensado nisso quando me abandonou naquele navio.

— Você não pode me odiar tanto. Sei que não me odeia. Se não, teria levado adiante seu plano de me desmascarar.

— Aquilo foi diferente. Foi uma questão de consciência.

— Se você tem uma consciência que lhe diz o que está errado, também há de ter uma que a sensibilize diante de um pai que quer amar o filho.

— Isso não é questão de consciência. E a minha me diz que o melhor para ele é manter-se afastado de você.

— Tem razão quando diz que não é questão de consciência. É de coração. Será que você perdeu o seu ao longo de todos esses anos?

— Você me ajudou a endurecê-lo.

— Ninguém tem um coração tão empedernido que não se apiede daqueles que choram lágrimas de sincero arrependimento.

— Arrependimento? Você? Não me faça rir. Seu coração é que é de pedra, e duvido que alguém um dia tenha conseguido penetrá-lo.

— Meu filho conseguiu. Você pensa que estaria aqui me humilhando se não o amasse tanto? Pensa que aceitaria aquele plano sórdido de vingança, não fosse você a mãe do filho que tanto amo? Por favor, Rosali, não seja cruel. Deixe-me entrar e dizer-lhe que sou seu pai, abraçá-lo e dar-lhe tudo o que puder dar.

— Ele não precisa de nada.

— Precisa de amor.

— Eu estou aqui para amá-lo, e o meu amor sempre foi suficiente.

— Ele agora já é um rapazinho. Precisa do pai para orientá-lo.

— Posso fazer isso sozinha.

— Você está sendo intransigente e irracional.

— Pense como quiser.

— Ele sabe que sou o pai dele? — ela não respondeu. — Sabe?

— Sim.

— E como reagiu?

— Não é da sua conta!

— É sim. Quero saber, tenho o direito.

— Você não tem direito a nada. Nem ao menos pode reconhecê-lo como seu!

— Não misture as coisas. Até quando um homem terá que pagar por um erro que cometeu no passado?

— Quer dizer agora que reconhece que errou?

— Claro que sim. Erro ainda hoje. Sei que tenho muitos defeitos, mas estou sendo sincero quando lhe digo que amo o meu filho.

— Você é um cínico.

— Por que pensa que venho aqui?

— Sinceramente, não sei.

— Sei que você é uma mulher inteligente e sensata. Pense bem: se não amasse meu filho, não teria motivos para vir procurá-lo, não é verdade?

— Você é quem está dizendo.

— Deixe-me dizer uma coisa, e não pense que estou sendo perverso ou vingativo. Venho aqui somente para ver Henrique. Não possuo nenhum outro interesse nessa casa que não seja o meu filho. Compreende?

— Não vejo mesmo que outro interesse você poderia ter.

— Vou ser mais claro. Não estou tentando reconquistá-la. O que houve entre nós acabou há mais de dez anos. Sei que a magoei, que a fiz sofrer, e quero que me perdoe. Mas não a amo e não pretendo voltar a ter nenhum romance com você. Não estou aqui por sua causa. Estou aqui pelo meu filho.

Os olhos de Rosali quase transbordaram de lágrimas de ódio. Tinha vontade de fugir correndo dali. Sentia-se humilhada e envergonhada, não queria passar por nenhum outro constrangimento. Mais por orgulho do que por compaixão ou compreensão, revidou com fúria:

— Pouco me interessa se você veio para me ver ou para ver Henrique. Tanto faz. Você não é bem-vindo aqui, não porque me sinta incomodada com a sua presença. Você para mim é um nada, eu é quem jamais voltaria a ter um romance com um canalha feito você. Se o proíbo de falar com Henrique, é para protegê-lo da sua influência perniciosa.

— Você sabe muito bem que isso não é verdade — tornou ele, tentando se controlar. — Você pretende apenas me agredir.

— Se quisesse agredi-lo, eu o teria feito naquele dia em Copacabana. Tive todas as oportunidades.

Alberto mudou de postura. Ela era muito teimosa e altiva, não valia a pena contrariá-la. Só a irritaria ainda mais.

— Não vim aqui para brigar — retrucou calmamente. — Vim fazer uma proposta.

— Que tipo de proposta?

— Fale você com Henrique. Conte-lhe que desejo vê-lo e deixe que ele mesmo decida. Já é quase um homem, pode tomar suas próprias decisões. Se ele disser que não quer me ver, irei embora conformado e nunca mais voltarei. Mas se ele demonstrar interesse em me conhecer, você me dará autorização para que eu fale com ele. E então, o que me diz?

— Não sei.

— Por favor, Rosali. Pense em Henrique. Se o ama tanto como diz, deixe que ele escolha. É um direito dele.

Ela estava se sentindo pressionada não apenas por Alberto, mas pelo próprio Henrique. Embora o filho não perguntasse mais sobre o pai, ela conhecia o seu desejo. Encarando Alberto com certa irritação, respondeu a contragosto:

— Está bem. Façamos assim. Volte aqui dentro de uma semana. Se ele quiser vê-lo, permitirei que o receba e vocês poderão conversar à vontade, sem que eu interfira. Mas se ele não quiser, você terá que me jurar que nunca mais tentará falar com ele. Concorda?

— Concordo. Obrigado, Rosali. Tenho certeza de que você não irá se arrepender.

Alberto rodou nos calcanhares e se foi, feliz com sua primeira vitória. Rosali não esperou para vê-lo se afastar. Entrou apressada, e Henrique foi logo perguntando:

— E então, mamãe? O que ele queria?

— Você sabe.

— O que você disse?

— Disse que ele poderia falar com você, se fosse do seu desejo. O que você acha?

— Quer que eu seja sincero?

— Claro!

— Você sabe que eu desejo muito conhecer meu pai. No entanto, se isso a fizer sofrer...

— Não, meu filho, não me fará sofrer. Não posso continuar sendo egoísta, tentando guardá-lo só para mim. Você já não é mais uma criancinha, não posso mais tomar decisões por você.

— Então quer dizer...

— Quero dizer que não me interporei entre seu pai e você. Disse-lhe que voltasse dentro de uma semana, que eu já teria sua resposta.

— Obrigado, mamãe! Não sabe como me faz feliz!

— É só isso que quero. Que você seja feliz, independentemente de sua mãe guardar ou não ressentimentos de seu pai.

Henrique correu a contar a novidade ao avô que, por mais que temesse a ideia, estava por demais envolvido pelas palavras do Evangelho para tecer recriminações. Todos, sem exceção, mereciam perdão e uma segunda chance. Também ele não tivera a sua?

A realidade, porém, foi diferente. Embora Rosali não se opusesse ao encontro entre pai e filho, não conseguia ocultar a frustração. O sorriso já não era mais constante em seus lábios, e ela se perdia a fitar discretamente o menino.

Não foi difícil para Henrique notar a tristeza dela. Ele a amava tanto que não queria que ela sofresse, preferindo renunciar ao desejo de conhecer o pai. Chamou-a a um canto, abraçou-a e anunciou com segurança:

— Mudei de ideia, mamãe.

— Como assim?

— Não quero mais conhecer meu pai. Não por enquanto.

Rosali não perguntou por quê. No fundo, conhecia o motivo. Limitou-se a receber com alegria e gratidão a decisão do filho. E quando Alberto, na semana seguinte, apareceu em sua porta para saber a resposta, não hesitou em dizer que Henrique não se demonstrou interessado em manter contato com ele.

Embora decepcionado, Alberto manteve a palavra e nunca mais foi procurá-lo.

23

O telefone tocou na casa de Marialva, que atendeu ainda sonolenta.

— Bom dia! — exclamou Lenita animada, do outro lado da linha.

— Como vai, Lenita?

— Estou bem, mas a sua voz é que não me parece lá muito boa.

— Não estou me sentindo bem.

— Está um bonito sol, e resolvi cobrar-lhe aquela visita aqui em casa de minha tia.

— Hoje? Ah! Lenita, não sei. Sinto-me tão cansada.

— Ora, vamos. Tenho certeza de que um bom banho de mar lhe fará bem.

— Não sei. Estou sem ânimo para sair.

— Deixe de bobagens. Você precisa relaxar.

Desde o fracasso do flagrante preparado para Alberto e Adélia, Alfredo não encontrou mais oportunidade de afastar o rival. Por isso, viu naquele convite a chance que esperava para concretizar o seu plano. Como a sintonia entre Marialva e ele aumentava a cada dia, não foi difícil para ela aceitar suas sugestões, convencida de que um passeio à praia seria divertido e lhe restituiria um pouco a alegria perdida.

Marialva levantou-se da cama e se vestiu, tomando rápido desjejum e pondo-se a caminho da casa da tia de Lenita. Como o sol começava a esquentar os primeiros dias de dezembro, decidiram ir à praia logo cedo. Momentaneamente liberta da influência de Alfredo, Marialva se sentiu melhor e até esqueceu que estava doente. A manhã terminou envolta numa aura de alegria e prazer. Depois do almoço, as moças se recolheram para repousar, saindo mais tarde para uma caminhada.

— Então, Marialva, o que me diz do passeio? — quis saber Lenita.

— Maravilhoso! Confesso que estava um pouco desanimada, mas esse banho de mar me fez um bem incrível! Melhor do que qualquer passeio à Europa.

— Eu não lhe disse? Você precisa sair, distrair-se um pouco. Antes, era uma mulher alegre, gostava de festas e passeios. O que deu em você para se isolar assim em casa?

— Nem eu mesma sei. Sinto dores de cabeça terríveis, sofro de alucinações.

— Que tipo de alucinações? — interessou-se.

— Não sei explicar. Vejo coisas, pessoas, sinto que me tocam enquanto durmo.

— E o que você fez?

— Promete que não conta a ninguém?

— Não, pode falar.

— Estou consultando um psiquiatra.

— Um psiquiatra? A coisa é tão grave assim?

— Não estou ficando louca. Não gosto nem de falar, porque ninguém acredita mesmo, mas às vezes tenho a nítida impressão de que estou sendo vítima de algum espírito demoníaco.

— De onde tirou essa ideia?

— É que a pessoa que vejo e sinto já morreu.

— É mesmo? Quem é ela?

— Alfredo.

— Alfredo... Esse nome não me é estranho, mas não consigo me lembrar.

— Lembra sim. Alfredo era aquele louco que invadiu a festa do meu casamento e se suicidou bem na nossa frente.

— Sim, é claro, lembro-me bem agora. Meu Deus, Marialva, isso é sério!

— Eu sei. E é isso que me assusta. Todos pensam que estou ficando maluca, e tenho medo de acabar mesmo louca, internada em algum hospício.

— Não creio que você esteja louca.

— Não?

— Acho que deve ser mesmo o espírito de Alfredo que a está perturbando.

— Você está falando sério ou está dizendo isso só para me consolar?

— Falo sério, Marialva. Aqui no Brasil não se toca muito abertamente nesse assunto, mas ouvi falar que na França, há mais de meio século, um homem chamado Allan Kardec conseguiu comprovar e documentar a presença dos espíritos na vida das pessoas.

— Sei, é o tal espiritismo.

— Dizem até que ele escreveu vários livros sobre o assunto.

— Você já leu algum?

— Li *O Livro dos Médiuns* e achei bem interessante.

— Médiuns? O que vem a ser isso?

— Kardec chama de médiuns aquelas pessoas dotadas de uma sensibilidade especial, capazes de perceber a presença dos espíritos por diversos meios.

— Será que isso é possível?

— Há quem duvide. Mas ele descreve determinados fenômenos com tanta precisão, que eu me convenci. Tais fenômenos começaram a acontecer ao mesmo tempo na América e na França, e mais tarde se soube que em outras partes do mundo também.

— Que fenômenos são esses?

— Mesas que giram, objetos que são arremessados e aparições.

— Cruzes, Lenita, isso são histórias de fantasmas!

— Mais ou menos isso. Segundo ele, essas manifestações somente são possíveis com a presença de um médium.

— Vejo que você conhece bem o assunto.

— Andei estudando. Você sabe que não sou uma pessoa religiosa, muito menos supersticiosa. Mas esse tal de Kardec colocou as coisas de uma forma tão clara que não pude duvidar. Há, inclusive, artigos de jornal publicados na Europa sobre ele e seus estudos.

— E onde me encaixo em tudo isso?

— É simples. Você deve ser médium, e o espírito de Alfredo pode realmente estar se manifestando através de você.

— Que horror!

— Não é um horror, mas pode ser perigoso. Não deixe isso como está. Procure ajuda ou você pode acabar mesmo se tornando louca.

— Ajuda de quem?

— De pessoas que se dedicam ao espiritismo e estão sempre dispostas a ajudar. Eu mesma poderei me encarregar disso.

— Lenita, você é extraordinária. Eu nem sabia que havia pessoas assim.

— Sou uma mulher bem informada.

— Preocupo-me apenas com uma coisa.

— O que é?

— Alberto. Ele não acredita nisso.

— Como sabe? Já conversou com ele a respeito?

— Já tentei. Quando lhe contei que via o espírito de Alfredo, ele riu e disse que era a minha imaginação. “Fantasmas não existem”, zombou ele. Então eu me calei, com medo de que ele me julgasse realmente perturbada.

— Se é assim, melhor mesmo não dizer nada.

— Há muitas coisas que não compreendo. Por exemplo, se Alfredo me acompanha, será que está aqui nesse instante, escutando a nossa conversa?

— É possível. Você sente a presença dele nesse momento?

— Não sei ao certo. Só sei que estou bem melhor agora. Não sinto aquelas dores horríveis nem aquele desânimo.

— Isso é ótimo. Talvez ele tenha se ausentado por algum momento, sei lá. Não conheço como vivem os espíritos.

— Deixemos isso para lá e não pensemos mais nesse assunto por ora. Quero aproveitar ao máximo este dia. Há muito tempo não me sentia assim tão bem.

De braços dados, Lenita e Marialva prosseguiram seu passeio, sem saber que Alfredo, realmente, não se encontrava ali entre elas. Fora ao encontro de Alberto e Adélia. Chegou bem no momento em que os dois se entregavam ao ato sexual e virou o rosto, enojado. Não que não gostasse de sexo, pelo contrário. Gostava, e muito, mas só sentia prazer quando acariciava o corpo macio de Marialva, transmitindo-lhe aquela sensação de prazer. Só depois, quando ela se dava conta de que não era Alberto quem a tocava e gritava repelindo-o, é que ele se magoava profundamente.

Alfredo sentou-se numa poltrona perto da cama do casal e ficou olhando pela janela, escutando os gemidos e sussurros que deixavam escapar. Quando terminaram, sentiu-se aliviado, pois aquela vibração de sexo já o estava deixando meio perturbado. Logo que eles se levantaram, começou a agir. Acercou-se de Adélia, já que a proximidade de Alberto lhe causava extrema repulsa, e sugeriu que saíssem para uma caminhada.

24

As moças voltavam para casa quando Lenita, de repente, lembrou-se de que havia se esquecido de comprar pão para o lanche. Na porta de casa, deu meia-volta, puxou Marialva pela mão e disse:

— Essa não! Esqueci-me de comprar pão. Temos que voltar.

— É preciso mesmo? Estou tão cansada!

— Vamos ou minha tia terá um chilique.

— É longe?

— Não, logo ali embaixo.

— Creio que seja melhor eu ir embora. Já está ficando tarde.

— Você pode passar a noite aqui e ir amanhã bem cedo. O que acha?

— Eu adoraria, mas Alberto pode ficar preocupado.

— Por que não telefona para ele? Uma noite sem a esposa não lhe fará mal.

— Sabe de uma coisa? Você tem razão. Mais tarde farei uma ligação para minha casa e o avisarei. Se ainda não tiver chegado, deixarei recado e o número de sua tia, para que ele me telefone quando voltar.

— Muito bem. Agora sim, parece a mesma Marialva de antes.

Enquanto isso, os amantes já se preparavam para tomar o chá da tarde antes de se despedirem, quando Adélia, inadvertidamente, impelida pela mão invisível de Alfredo, deixou cair a garrafa de leite, entornando todo o seu conteúdo.

— Mas que desastre! — lamentou ela. — E agora? Chá sem leite não tem a menor graça.

— Não se preocupe, meu bem. Sairei para comprar outra garrafa.

— Irei com você. Você tem preguiça e compra na padaria, mas o da leiteria é sempre mais fresquinho.

— Você não estava cansada?

— Já descansei e preciso de um pouco de ar puro. Depois de uma tarde como essa, o ar do mar será bom para refazer minhas energias.

Alberto riu e enlaçou-a, beijando-a calorosamente. Saíram abraçados, descendo a rua em direção à leiteria, que ficava uns cinquenta metros depois da padaria. Ao passarem em frente à panificadora, quase esbarraram em duas moças que vinham saindo. De tão entretidos, porém, não notaram a presença delas e seguiram adiante, rindo e gracejando.

— Lenita! — exclamou Marialva assustada. — Você viu o que eu vi?

Visualizando a cena que Alfredo lançava em sua mente, Lenita lembrou-se do outro dia, quando dera um esbarrão na mulher que lhe parecera tão familiar. Como não tinha muito contato com a mãe de Marialva, não lhe fixara bem a fisionomia e não pudera identificar com clareza aquele rosto que só vira de relance. Mas agora, ao fitá-lo novamente, não havia dúvidas. Estava certa de que era o mesmo que entrevira naquela tarde.

Sem saber o que dizer, ouviu a voz atônita de Marialva:

— São mesmo minha mãe e Alberto que ali seguem, abraçadinhos como um casal de namorados?

— É o que parece — confirmou ela, confusa.

— Como pode ser? Deve haver algum engano.

— Acho que não há engano algum. Outro dia mesmo, vi sua mãe bem aqui, nesta padaria.

Marialva fitou-a com assombro.

— E ela estava sozinha?

— Ela esbarrou em mim, mas não dei atenção. Por isso não notei a fisionomia do homem que a acompanhava.

— Que homem? Era Alberto?

— Como disse, não consegui ver o rosto dele.

— Será possível que minha mãe e Alberto... — calou-se, temendo a resposta.

— Não sei o que dizer. É terrível, mas é o que parece.

— Isso é impossível! Ela é minha mãe, jamais faria uma coisa dessas.

— Tem certeza?

— Claro. Deve haver uma explicação razoável para tudo isso.

— Talvez. Veja, eles estão voltando.

Os dois vinham voltando pela rua, e Marialva teve tempo de fixar bem a fisionomia do homem. Não havia dúvidas. Era mesmo Alberto, agarradinho com sua mãe. Por pouco ela não desmaiou de susto e indignação. A princípio, perdeu a fala e ficou ali boquiaberta, as pernas trêmulas ameaçando vergar, recusando-se a crer no que via.

— Vamos nos esconder — sugeriu Lenita. — Não é bom que nos vejam.

— Esconder-me, eu? Jamais! Vou agora mesmo desmascarar aqueles desavergonhados!

Foi saindo em direção aos dois quando a mão enérgica de Lenita a segurou, puxando-a para trás de uma pilastra, enquanto, em tom autoritário, ordenava:

— Não seja tola. Enlouqueceu? Quer fazer um escândalo?

— Solte-me, Lenita! — gritou Marialva, tentando desvencilhar-se da outra. — Pouco me importam os escândalos! Quero dar-lhes uma lição!

Lenita puxou-a vigorosamente pelo braço, arrastando-a para o interior da padaria. Desesperadamente tentando se libertar do jugo da amiga, Marialva dava-lhe beliscões e unhadas no pulso. Mas Lenita não soltava. Com admirável autocontrole, suportando a dor que a outra lhe imprimia, entrou com ela para o salão da confeitaria, sentando-se a uma mesa perto da janela envidraçada. Percebendo sua inferioridade física, Marialva não viu outro jeito senão acompanhar a outra a contragosto, quase esperneando.

— As senhoras desejam alguma coisa? — indagou, solícito, o garçom.

— Um copo d'água com açúcar, por favor, enquanto escolhemos nosso pedido.

— Está certo, madame. Fiquem à vontade.

O garçom se afastou e as duas ficaram ali, escondidas atrás do menu, sem tirar os olhos da rua, à espera de que o casal passasse diante delas. Logo eles apareceram, bem abraçadinhos, como dois apaixonados. No mesmo instante, Marialva sentiu o sangue ferver, as faces em brasa, e um ódio surdo começou a brotar dentro dela.

— Desgraçados! — esbravejou, enquanto se levantava, novamente impedida por Lenita.

— Sossegue, Marialva, e sente-se. Não adianta perder a calma.

— Como não, se estou sendo traída por meu marido e minha mãe! Já viu absurdo maior?

— Não acha que é mais prudente ter certeza?

— Quer prova melhor do que esta?

— Eles podem alegar qualquer outra coisa.

— Não quero saber. Para mim está mais do que provado. Solte-me!

— Não vou deixar que você se destrua. Alberto é inteligente e poderá arranjar alguma desculpa que a coloque em situação embaraçosa, fazendo-a passar por boba e ridícula. Pior, por louca. Com seu histórico, não será difícil para ele convencer a todos de que você é uma desequilibrada. Não é o que quer, é?

— Alberto não faria isso.

— Será que não? Esqueceu-se de que você está indo a um psiquiatra? Que anda tendo visões e estranhas sensações? Quer que Alberto e sua mãe digam que está louca e que essa é mais uma de suas alucinações?

Após refletir alguns segundos sobre as palavras da amiga, Marialva lhe deu razão. Não queria passar por louca.

— O que faremos então? — perguntou em tom provocador.

— Vamos segui-los.

— Isso mesmo. Vamos. Agora!

Levantaram-se e saíram apressadas, o garçom atrás delas a indagar-lhes o que havia acontecido. Sem responderem, ganharam a rua e partiram no encalço dos amantes, que já estavam bem na dianteira, seguindo-os a uma distância segura, Lenita esforçando-se para conter a ira de Marialva. Passaram pela casa da tia de Lenita e continuaram caminhando até que, três quarteirões acima, eles entraram numa casinha ajardinada, de apenas um pavimento.

— E agora? — perguntou Marialva, ansiosa por entrar e surpreendê-los.

— O importante é mantermos a calma.

— Você é muito engraçada, Lenita. Como posso manter a calma numa hora dessas? Minha vontade é entrar lá e matá-los.

— Não faça isso. Quer ir para a cadeia ou para o hospício e estragar sua vida?

— Qualquer tribunal do mundo me inocentaria diante de uma infâmia dessas.

— Não conte com isso.

— O que sugere? Que eu volte para casa e abrace meu marido, fingindo não sentir em seu corpo o perfume de minha própria mãe?!

— Eu não disse isso. Creio que o melhor seria preparar-lhes um flagrante, para que não possam arranjar qualquer escusa.

— Flagrante?

— Sim. Voltaremos amanhã.

— Por que não posso entrar agora?

— Porque seria melhor que você trouxesse seu pai.

— Meu pai?

— Claro. Ele também está sendo enganado, e a palavra dele confirmaria sua versão. E eu também posso servir de testemunha.

A ideia pareceu agradar Marialva que, quase dominada por Alfredo, antegozando a humilhação que os faria atravessar, começou a rir nervosamente, um riso que não era seu, um brilho insano de fascinação no olhar.

— O que deu em você? — censurou Lenita. — Ficou louca de vez? Quer que nos ouçam?

— Desculpe-me. É que a ideia de achincalhá-los me pareceu bastante divertida.

— Deixe de tolices e venha. Não podemos perder tempo. É imperioso que você vá para casa e aja normalmente, como se nada tivesse acontecido. Amanhã, acorde cedo, avise seu pai e volte com ele.

Descendo a rua, Marialva falou indecisa:

— Não sei se conseguirei esperar até amanhã.

— Se quer mesmo desmascará-los, não faça nenhuma besteira.

— Bem que tentaram me avisar.

— Como assim? Quem?

— Não sei. Há alguns meses, meu pai e eu recebemos um telefonema anônimo alertando-nos sobre mamãe e Alberto, dando-nos, inclusive, o endereço de um sobrado em Copacabana, onde eles se encontrariam. Quando chegamos lá, não tinha ninguém. Chegamos até a pensar em chantagem, mas ninguém nos procurou.

— Quem diria!

— Sabíamos que os dois tinham amantes. O que não sabíamos é que eles eram os amantes.

— Os homens não prestam, são todos iguais. Vou contar-lhe uma coisa muito particularmente. Não voltei ao Brasil para tratar de minha saúde. Vim porque descobri uma atriz italiana na vida e na cama de meu marido. Não pude suportar a humilhação.

— Sinto muito, Lenita. Eu não sabia. Mas por que não se separa dele?

— E perder toda aquela fortuna e aquele conforto?

— Lenita, como pode?

— Não sou tão rica como você. Se meu marido prefere ter amantes, que as tenha, desde que eu esteja longe e ele continue a enviar-me dinheiro suficiente para minhas necessidades. E olhe que não são poucas. Agora vamos, chega dessa conversa. Pegue o tílburi e volte para casa.

Não se esqueça de fazer tudinho conforme combinamos. Estarei esperando-os amanhã, naquele mesmo local, às duas horas. Está bem assim?

— Está bem.

— Até lá então. E lembre-se: finja que está tudo bem, se não eles podem desconfiar e não voltar. Ainda mais depois daquele telefonema anônimo. Eles devem estar alerta.

— Não se preocupe. Farei o possível para não delatar nosso plano. Adeus, Lenita, e obrigada.

— Não me agradeça. Agradeça à Providência, que lhe concedeu a graça de descobrir toda a verdade e não ser mais enganada por aqueles falsos.

Ouvindo isso, Alfredo desatou a rir. Depois de fazer com que Adélia derrubasse a garrafa de leite, e vendo-os descer a rua em direção à leiteria, correu ao encontro da amada, indo postar-se bem a seu lado. Providência era demais. Será que era assim que ele agora iria ser chamado? Até que não lhe caía mal. Começou a rir histericamente, o que fez com que Marialva soltasse um gemido de dor e pressionasse as têmporas, cujas veias pareciam prestes a estourar.

25

Marialva foi para casa, despiu-se e deitou-se para dormir. Era melhor que Alberto não a visse acordada. Evitaria ter que falar com ele. Alberto chegou mais tarde e não estranhou quando encontrou a mulher aparentemente adormecida. Na verdade, ela não pregara o olho a noite inteira. Apenas fingia dormir.

Ao acordar no dia seguinte, Alberto já havia saído para o consultório, e ela foi para a casa. Como Adélia ainda dormia, Marialva ficou à espera de que acordasse.

— Bom dia, mamãe — cumprimentou ela, ao ver a mãe descer as escadas, ainda de négligé. Sua voz saiu tão natural que ela mesma se espantou com sua frieza e falsidade.

— Bom dia, Marialva. O que a traz aqui tão cedo?

— Vim ver como você e papai estão passando.

— Estamos bem, obrigada. E você? Está com uma aparência melhor hoje. É dia de consulta?

— Não, foi na terça-feira.

— Já que está aqui, que tal fazermos umas compras de Natal?

— Agora?

— Sim.

— Não pode ser à tarde?

— À tarde tenho um compromisso.

— Que compromisso?

— Vou me encontrar com umas amigas para o chá.

— Posso ir junto?

— Não creio que você vá gostar. Sabe como é, conversa de senhoras, profundamente enfadonha.

— E por que vai?

— Já me comprometi. Então, o que me diz? Vamos ou não vamos às compras? O Natal está próximo, não queria deixar nada para a última hora.

— Desculpe-me, mamãe, mas não me sinto muito animada para andar e ver vitrines. Acho que vou para casa.

— Que pena.

— Até logo, mamãe, e dê um beijo em papai por mim.

— Está bem, minha filha. Cuide-se, viu?

— Pode deixar.

Marialva saiu apressada, o estômago a revirar. Sentindo que ia passar mal, abaixou-se na calçada e vomitou. Vendo-a, o cocheiro acudiu, indagando com preocupação:

— Senhora, sente-se bem? Quer que volte e chame sua mãe?

— Não precisa. Estou melhor agora. Foi apenas uma indisposição. Ajude-me a levantar, ainda estou zonza.

O cocheiro segurou-a pelo braço e ergueu-lhe o corpo, surpreendendo-se com sua extrema leveza. Conduzindo-a até o tílburi, auxiliou-a a subir e sentar, tocando em seguida para casa. Marialva estava indignada com o cinismo da mãe. Ela ficara ali falando como se nada estivesse acontecendo. Ainda por cima se atrevia a inventar uma mentira apenas para se livrar dela, tirá-la de seu caminho.

Pensou que a mãe era mil vezes pior do que Alberto. Ele era homem e não se prendia mesmo a ninguém. Mas Adélia! Ela era sua mãe. Como fora capaz de traí-la? Sem conseguir concatenar bem as ideias, uma infinidade de dúvidas e questionamentos começou a lhe assaltar a mente já tão conturbada. Sequer sabia definir com segurança que espécie de sentimentos experimentava. Em alguns momentos, sentia um ciúme louco, enquanto em outros era dominada por incomensurável ódio e, em outros ainda, caía em profunda depressão. Internamente, uma tempestade de indagações a consumia, e ela se fazia sempre as mesmas perguntas: Há quanto tempo seriam amantes? Estariam apaixonados ou era apenas uma aventura? E ela? Será que Alberto ainda a amava?

Pensou que talvez houvesse algum problema com ela. Mas que tipo de problema faria um homem trocar a esposa, no vigor da mocidade, por uma mulher mais velha e, ainda por cima, sua sogra? Quem sabe ele não procurara outra por causa de sua estranha doença? Sem saber como agir, deu ordens ao cocheiro para que vagasse a esmo, e o tílburi rodou a cidade até que a manhã se esgotasse, quando ela então ordenou que se dirigisse à casa bancária do pai.

Cristiano recebeu a notícia com dissimulada tranquilidade. Ficara surpreso, é verdade, pois jamais poderia imaginar que a mulher o traísse justamente com o genro. No entanto, partindo de Adélia, tudo era possível.

— Precisamos fazê-los pagar — falou, rilhando os dentes.

— Vamos, depressa. Não quero me atrasar. A essa hora, eles devem estar juntos em Botafogo.

Seguiram ao encontro de Lenita, que já os aguardava em frente à casa dos amantes.

— E então? — perguntou Marialva. — Eles estão lá?

— Estão. Chegaram há cerca de meia hora.

— Pronto, papai?

— Sim — respondeu Cristiano, apático. — Vamos logo, não quero perder nem mais um minuto.

Os três juntos, acompanhados de Alfredo, dirigiram-se para a casa em que os amantes se encontravam e, sem bater, entraram numa saleta guarnecida com alguns poucos móveis. Em silêncio, seguiram pelo corredor, a mente de Cristiano como um torvelinho, recordando-se daquela tarde tempestuosa em que percorrera, sozinho, os aposentos do maldito sobrado em Copacabana. A casa era pequena, e logo atingiram o único quarto. Os encarnados pararam e se entreolharam. Com a respiração ofegante, Cristiano girou a maçaneta e escancarou a porta, entrando no quarto logo seguido de Alfredo, Marialva e Lenita.

A cena que viram deixou-os estarrecidos, e Marialva soltou um grito agudo, chocada demais para falar. Adélia e Alberto, nus, movimentavam-se no êxtase do ato sexual.

— Vagabunda! — vociferou Cristiano, fora de si.

— Seu Cristiano... Marialva... — balbuciou Alberto atônito, enquanto tentava vestir as calças.

— Cale-se, calhorda! — explodiu Cristiano, desfechando-lhe pesado murro na boca que, imediatamente, começou a sangrar. — Como se atrevem a nos causar tamanha humilhação?

— Seu Cristiano, por favor, escute-me...

— Já disse para se calar! — esbravejou ele.

Cristiano perdeu o controle. Com fúria incontida, acertou vários socos em Alberto, até que ele não pôde mais se conter e reagiu, desferindo violento golpe no estômago do sogro, cujo corpo imediatamente dobrou até o chão. Foi a vez de Alberto ficar fora de si. Continuou a esmurrá-lo, acertando-lhe ainda numerosos pontapés ao longo do tórax.

Quase sufocando, Cristiano tentou aparar as pancadas, mas foi impedido pela selvageria do genro que, bem mais jovem, possuía mais agilidade, destreza e força. Subitamente, ouviu-se um grito de mulher, que histericamente, tentava chamá-lo à razão:

— Alberto! Alberto! Pare! Vai matá-lo! Solte-o! — era a voz de Adélia que, apavorada, temia que o marido não resistisse. — Deixe-o, é apenas um velho...

Ouvindo a voz da amante, Alberto caiu em si e cessou os golpes, olhando atordoado para a massa de sangue que se formara a seus pés. Estavam todos mudos, horrorizados com aquela cena de violência quando Cristiano, estimulado pelo vulto de Alfredo, de forma imperceptível, levou a mão ao bolso do paletó e sacou a pistola, apontando-a diretamente para a cabeça de Alberto. As mulheres gritaram novamente e Alberto estacou, o suor escorrendo-lhe pela face a delatar o medo que sentia.

— Miserável! — bradou Cristiano. — Vai me pagar, cretino! Os dois vão pagar caro!

Ninguém se mexia, olhos pregados no cano do revólver que brilhava imensamente. Embora duvidando que o sogro fosse capaz de atirar, temendo pela própria vida, Alberto tentou argumentar:

— Seu Cristiano, abaixe essa arma e vamos conversar.

— Conversar? Não tenho nada para conversar com você, canalha!

— Solte isso, alguém pode se machucar.

— E quem você acha que seria o primeiro?

— Papai! — interveio Marialva. — Não faça isso. Eles não merecem.

— Merecem isso e muito mais. Lavarei minha honra e a sua com o sangue dos traidores!

— Pense nas consequências. O senhor é um homem de requinte, não suportaria a vida na prisão.

— Com o melhor advogado criminalista do país, as chances de eu ser condenado são ínfimas, para não dizer inexistentes. Qualquer um no meu lugar faria a mesma coisa.

— Escute sua filha, seu Cristiano — estimulou Alberto. — E a sua consciência? Não irá acusá-lo?

— Tanto quanto a de vocês os vem acusando desde o dia em que resolveram nos trair. Farei um bem à humanidade, livrando-a de um cão imundo e de uma cadela no cio que não pode viver sem sexo. Vocês não prestam, não farão falta a ninguém.

Alberto avançou dois passos em direção ao sogro, para tentar desarmá-lo. Com o susto, Cristiano pressionou o gatilho e disparou arma, acertando um tiro na perna do rapaz. O ferimento não foi letal, mas suficientemente grave para infligir dor e derrubá-lo ao chão. Adélia correu a acudi-lo, enquanto Marialva, influenciada por Alfredo, não conseguia se mover.

— O que você fez? — gritou a mulher, desesperada. — Ficou louco? Vá correndo chamar um médico, ele precisa de ajuda!

— A única ajuda de que vai precisar será a de um legista.

O tom da voz de Cristiano era tão gélido, que até Marialva se assustou. Em seu canto, Lenita não ousava mexer um músculo, já arrependida de haver tramado aquele flagrante. Só Alfredo parecia exultar. Não via a hora de ver o rival morto, ultimando uma vingança há tanto esperada. Com espantosa frieza, Adélia ajudou Alberto a improvisar um torniquete, a fim de estancar o ferimento. Após certificar-se de que não era fatal, ergueu-se exaltada, apontou o dedo para o marido e rugiu:

— Como se atreve a julgar-nos, verme imundo? Quem você pensa que é?

— Cale-se, ordinária! Ainda não chegou a sua vez!

— Chegou a sua! Chegou a hora de contar à sua filha quem, ou melhor, o que você realmente é!

— Cale-se, já disse, ou eu a mato agora mesmo!

— Vamos, faça isso! Aperte esse gatilho e seja homem ao menos uma vez na vida!

— Pare, Adélia, já disse! Não me provoque!

— Estou farta de suas ameaças! Você é desprezível!

— Ao menos não ando por aí com o marido de minha filha.

— Oh! Sim, é claro. Você é o santo que nunca traiu a esposa, não é verdade?

— É verdade, e você sabe disso. Nunca tive outra mulher.

— Outra mulher não...

— Cale-se, estou mandando!

— Você não manda em mim, não manda nem em você, nem nas suas tendências extravagantes.

— Cale essa boca, vadia!

— Posso ser vadia, mas pelo menos nunca me deitei com outra mulher!

— O que é isso? — interrompeu Marialva, nesse momento voltando a si do torpor em que até então se encontrara.

— Pergunte a seu pai.

— Pare, Adélia, não diga mais nada!

— Você pode me matar, Cristiano, mas não antes de contar à sua filha que sou obrigada a buscar outros homens porque meu marido não é homem o bastante para manter relações comigo!

— Adélia, por favor! — a voz dele agora era súplice, mas a mulher enfurecida não parava de falar.

— Agora quer que eu pare. Por quê? Tem medo de que sua filha o rejeite e o despreze, depois de conhecer suas preferências sexuais?

— O que quer dizer com isso? — indagou Marialva confusa.

— Quero dizer que seu pai não me procura mais porque prefere se deitar com rapazinhos imberbes!

— Que horror! Isso só pode ser uma mentira infame!

— É verdade! Pergunte a ele!

Cristiano largou a arma e desatou a chorar convulsivamente, exclamando como se tentasse convencer-se a si mesmo:

— É mentira! É mentira!

— Mentira? Eu mesma vi!

— Não... Foi engano.

— Claro que foi. Foi engano casar-se comigo, quando quem desejava mesmo era aquele belgazinho louro que trabalhava em sua casa!

— Não é verdade! Não é...

— É sim. Eu vi, Marialva, ninguém me contou. Logo depois que você nasceu, eu o peguei na cama com um rapazola de seus dezessete anos, gemendo e uivando feito um animal!

— Adélia... por favor... não! — Cristiano soluçava feito criança.

— Como pensa que me senti? Uma mulher jovem, com uma filha recém-nascida, perder o marido para um garoto? Pensei que fosse morrer de desgosto! Mas aí descobri que podia buscar prazer em outros leitos. E foi o que fiz!

— Perdoe-me... Foi uma fraqueza... Só aconteceu aquela vez... eu juro... Depois disso, nunca mais... nunca mais...

— Isso não importa agora, não é mesmo?

Marialva estava chocada demais para falar. Até Alfredo ficou atônito e se afastou, envergonhado ante aquelas confidências. Lenita estava pasmada e Alberto chegou a sentir piedade do sogro que, jogado sobre uma poltrona, não parava de chorar.

Passado o primeiro impacto, Marialva se recompôs e, dedo em riste, esbravejou:

— Muito bem, dona baronesa de Arcoverde! Se papai não era homem suficiente para você, que fosse se divertir com seus amantes. Mas com o meu marido? Por que, mãe? Por que, quando podia ter qualquer homem que desejasse? — sufocada pela vergonha, Adélia não respondeu, e Marialva prosseguiu: — O que sou para você? Nada? O que você fez não merece piedade, e eu jamais voltarei a dirigir-lhe a palavra. Você me dá nojo.

Adélia apertou os olhos e sentiu uma pontada no coração. A filha, de forma impiedosa e soberana, continuava a despejar sobre ela todo o seu ódio e a sua indignação.

— Você é desprezível, cínica, falsa! Que tipo de mulher trai a filha de forma tão vil? Uma rameira! Oh, não, ao menos as rameiras têm a decência de se mostrarem como verdadeiramente são e não enganam as próprias filhas, mentindo que as amam enquanto dormem com seus maridos! Só os animais se acasalam assim, e você age como uma cadela, copulando com qualquer cão vadio, sem qualquer noção de moral. Mas você nunca teve moral, não é mesmo?

Sem poder mais suportar a humilhação e a dor de perder a única filha, a quem amava a seu jeito, Adélia rompeu em prantos, ocultando o rosto entre as mãos trêmulas. Sem se comover com aquele rompante, Marialva não conseguia parar de falar:

— Como fui tola confiando em você. Jamais poderia imaginar que fosse tão leviana! Devia se dar mais ao respeito. Uma mulher da sua idade, entregando-se a uma paixão obscura com um homem que bem poderia ser seu filho! Minha própria mãe, apunhalando-me pelas costas. Nunca mais quero vê-la. Para mim, você morreu; não tenho mais mãe. E quanto a você, Alberto, quero o desquite!

Alberto limitou-se a balançar a cabeça, sem coragem para encará-la.

— Você não vale nada! — ajuntou ela. — Eu bem deveria ter percebido quem você é logo que o conheci, quando forjou a morte da pobre Rosali. Pensei que você fosse digno, mas hoje percebo o quanto me enganei, por estar cega de amor. Você não passa de um cretino, infame, repulsivo!

O temperamento irascível de Alberto fazia borbulhar-lhe o sangue. Ele mordeu os lábios com força e cerrou os punhos. Ela estava certa, mas ele era homem, e aquela humilhação já era demais. Percebendo o furor crescendo dentro dele, Marialva o provocou com sarcasmo:

— O que é? Está com raiva de mim? Acha que tem o direito de sentir raiva? Ou vai me bater de novo? Vamos, bata. Mostre a todos o covarde que você é. Ou será que também já espancou minha mãe como fez comigo?

Sentindo cada vez mais recrudescer a raiva em seu coração, Marialva voltou a fitar a mãe com tanto ódio que ela chegou a recuar, como que atingida por inesperado golpe. Cheia de rancor, rilhou os dentes e prosseguiu:

— Traste imundo! No fundo, era isso mesmo que poderia esperar de uma velha recalcada e depravada, cuja única serventia é fazer do corpo um poço de alívio para jovens degenerados, que procuram nas mulheres mais velhas a figura da mãe, com quem não tiveram coragem de dormir!

Adélia empalideceu, e Alberto, furioso, dirigiu à parede o murro com o qual gostaria de quebrar o maxilar da mulher. Altiva e decidida como nunca, Marialva atravessou o quarto com passos firmes, pegou a pistola, que se encontrava caída ao pé da cama, ergueu o pai e, alcançando a porta, arrematou com frieza:

— Vocês são piores do que animais e deveriam estar trancafiados em jaulas onde pudessem dar vazão a seus instintos sem atingir outras pessoas. E mais uma coisa: se contarem à polícia o que papai fez, eu desmentirei e direi que ele apenas se defendeu. Ninguém acreditará na versão de dois imorais feito vocês.

Coberta de ódio e revolta, Marialva saiu amparando o pai, seguida por Lenita e Alfredo que, apesar de não haver conseguido matar o rival, conseguira mais do que desejara: desmoralizar e afastá-lo definitivamente do caminho da mulher que tanto amava.

Terceira Parte

1

Elisa foi visitar Maria do Socorro, que vivia em uma casinha branca rodeada por um jardim florido e bem cuidado. Ao chegar, foi recebida com alegria e afeto.

— Elisa! — exclamou a boa velhinha. — Como vai?

— Muito bem, obrigada. Confesso que estou cada vez mais maravilhada com a vida espiritual. Não podia imaginar que tudo fosse tão bonito e calmo. Sinto-me em paz aqui e, não fosse a saudade dos meus, jamais pensaria em voltar.

— Isso é natural. Logo que desencarnei, também voltei porque sentia muita falta dos entes queridos e me preocupava com eles, sobretudo com Alfredo e Rosali. E continuo me preocupando até hoje.

— Gostaria de rever minha família. Embora receba suas preces e as vibrações de amor e saudade que me enviam, apesar de saber que estão bem, gostaria de vê-los pessoalmente.

— Compreendo. E quer que eu interceda por você?

— Se a senhora puder...

— Verei o que é possível fazer. Creio que não haverá problema, visto que você, desde que chegou, tem se mostrado bastante receptiva, assimilando rapidamente as orientações de nossos mestres. Todos gostam de você e elogiam muito o seu discernimento e a sua coragem.

— É mesmo? Eu não sabia.

— É verdade. Você é um exemplo de fé que muitos aqui deveriam seguir.

— Obrigada.

— Você vai assistir à palestra? — Elisa assentiu. — Então vamos. Já está na hora.

Chegaram ao auditório justamente no momento em que o espírito palestrante acabara de entrar. Posicionado na tribuna, acenou para os presentes e iniciou:

— Vim aqui hoje para falar-lhes um pouco sobre o amor. Todo amor é verdadeiro, mas só alguns estão prontos para senti-lo de uma forma genuína. Esse amor, puro em sua essência, não se confunde com apego nem posse. O amor não prende, liberta. Não é egoísta nem exige exclusividade ou retribuição. Não tem limites, pois podemos amar vários seres ao mesmo tempo. Quanto mais o vivenciamos, mais o alimentamos, mais ele cresce e fortifica. Com o amor vem a confiança, que dispensa cobranças e expectativas. Dele nasce a compreensão. Quem compreende aceita com o coração, sem julgamentos ou críticas, o que é diferente de compactuar.

"Tem também a paixão, que muitos confundem com amor. É claro que pode haver paixão com amor, como amor sem paixão. Ela é o fogo que aquece, estimula, dá prazer. E muitas vezes se extingue. Isso não é uma coisa ruim, desde que tenhamos respeito, estejamos preparados e saibamos exatamente o valor de cada coisa. Prazer não é pecado nem crime. É saudável, eleva a autoestima, dá sentido a muitos aspectos da vida. Só não deve ser levado a extremos, para não transformar o homem em um escravo de seus desejos. Quando a paixão se consome, suas cinzas devem ser sopradas ao vento sem sofrimento ou apego.

"O mesmo se dá com a ilusão do poder. Ninguém sofre por amor verdadeiramente, embora muitos pensem assim. O amor jamais será causa de sofrimento. Quem pensa assim vivencia o orgulho e não se contenta em perder aquilo que, na realidade, nunca possuiu."

Elisa prestava atenção em silêncio, reconhecendo a verdade daquelas palavras. Gostaria que Rosali estivesse ali para ouvi-las.

No dia seguinte, Maria do Socorro foi procurá-la ao cair da tarde, encontrando-a no jardim a admirar, embevecida, o pôr do sol por detrás das colinas.

— Dona Maria do Socorro, que bom vê-la — saudou Elisa com emoção. — Sente-se e venha apreciar comigo esse incansável espetáculo da natureza.

— Obrigada, minha filha — respondeu a outra, sentando-se a seu lado e enlaçando-a com ternura.

— Eu jamais poderia supor que fosse encontrar aqui um pôr-do-sol tão maravilhoso, muito mais belo do que aqueles que vi na Terra.

— O mesmo sol que brilha na Terra brilha também aqui. Lá, porém, há agentes poluentes, mistura de gases e outras coisas que comprometem a pureza dos raios que chegam até nós. Sem contar que a visão física sofre limitações da matéria.

— É verdade. Bom, mas diga-me, tem novidades para mim?

— Tenho. Você recebeu autorização para voltar ao planeta.

— Ótimo. Muito obrigada, dona Maria do Socorro.

— Não me agradeça. Você merece essa visita. Tenho apenas uma recomendação a fazer. Seria bom que você conhecesse certos aspectos do passado.

— Do passado? Por quê?

— Para uma melhor compreensão das experiências vividas por você e por todos.

— A senhora acha que me faria bem?

— Se foi recomendado, com certeza, é para o seu bem. Então? Concorda?

— Não vejo a hora!

— Ótimo. Amanhã, Mariano e eu viremos buscá-la. E gostaria de convidá-la para viver comigo em minha casa, se você desejar, é claro.

— É claro que sim! Não que não goste dos meus companheiros lá do alojamento. Todos são muito gentis e amigos. Mas estar com a senhora seria como estar com minha mãe. Eu adoraria!

— Está bem, então. Amanhã, quando formos buscá-la, prepare-se para vir morar comigo. Você será muito bem-vinda em minha casa.

— Nem posso dizer-lhe o quanto sou grata! A senhora tem sido muito boa comigo.

— Gosto de você como gosto de Rosali, que a vida toda sempre foi a alegria de meu coração. Bom, agora tenho que ir. Preciso preparar suas acomodações. Amanhã, ao nascer do sol, estaremos em seu quarto para chamá-la. Não se atrase.

— Não me atrasarei.

Elisa estava feliz. A vida no mundo dos espíritos era bem diferente do que imaginava. Ela sabia que passaria a viver em um lugar alegre e acolhedor, mas não esperava encontrar uma cidade inteira, com edifícios, casas, ruas, enormes jardins, fontes e muitas árvores. Era fantástico! E as pessoas então? Todas comunicativas, cordiais e amorosas.

Estava tão empolgada com sua nova vida que começou a construir planos para depois de sua visita à Terra. Tencionava trabalhar em algum lugar, pois já estava há bastante tempo estudando e se preparando. O que faria? As possibilidades eram muitas. Esperaria recordar o passado, voltaria da Terra e então escolheria a tarefa que melhor atendesse a seus anseios e necessidades.

No dia seguinte, Elisa foi introduzida numa sala ampla e arejada, sem mobílias, guarnecida apenas de umas poucas poltronas e uma imensa tela, semelhante àquelas vistas no cinema. Após os preparativos habituais, a tela se iluminou, mostrando algo parecido com um filme, com cores muito mais nítidas e brilhantes. Então, Elisa recordou, ou melhor, viu e reviu cenas de um passado longínquo, em que as vidas de seus personagens encontravam-se irremediavelmente ligadas à sua própria existência.

2

França, 1518. O conde Victor Lagardy de Montsou largou a leitura e olhou pela janela, ansioso demais para prosseguir. Era tarde, a mulher há muito o estava esperando. Soprou a vela com vigor e, tateando em meio à escuridão, abriu a pesada porta que o separava do restante do castelo. Em silêncio, atravessou o corredor úmido, até chegar a uma escada de pedras. Era jovem, no vigor de seus trinta e tantos anos, amante da matemática e da astronomia.

Galgou os degraus de par em par e dirigiu-se à alcova, onde Catherine o esperava. Assim que ele entrou, ela virou para ele o semblante alvo e falou com voz melíflua:

— Até que enfim! Por que demorou tanto?

— Preciso de seus conselhos.

— Por quê? Aconteceu alguma coisa?

— Sim.

— O que foi? — silêncio. — Fale logo!

Após breve instante, Victor respondeu hesitante:

— Catherine, perdoe-me.

— Por quê? O que foi que você fez?

Envergonhado, Victor abaixou a cabeça e não respondeu. Apesar de tudo, amava a mulher e não queria perdê-la. Estava desesperado, sem saber o que fazer. Ela era objetiva, sempre pronta a encontrar soluções práticas para os casos mais difíceis. Por fim, decidiu-se a falar:

— Antes de mais nada, gostaria que você soubesse que a amo e que sofreria muito se a perdesse.

— O que houve? Não vai me dizer que arranjou outra amante!

— Como é que você sabe?

— Não é difícil adivinhar. Quem é dessa vez? Espero que Philoméne...

— Não — cortou ele, rapidamente. — Juro que nunca mais toquei em Philoméne.

Encarando-o bem nos olhos, tentando ler o que lhe ia no coração, ela desabafou com amargura:

— Depois do que houve entre você e Philoméne, acreditei que nunca mais me trairia. Como foi fazer isso outra vez? Pensei que me amasse.

— E a amo, já disse. Mas não pude evitar.

— Como a moça se chama?

— Lénore.

— Lénore... Esse nome não me é estranho. Será aquela criadinha?

— Ela não trabalha mais aqui. Eu a despedi.

— Essa é boa. E logo uma serviçal. Está apaixonado por ela?

— É claro que não! Ela serviu apenas para o meu divertimento. Quantas vezes preciso repetir que é a você que amo?

— No entanto, não hesitou em deitar com a primeira mundana que apareceu.

— Por favor, não fique com raiva de mim.

— Por que resolveu contar-me?

— Porque estou em uma situação, digamos, embaraçosa.

— Não vai me dizer que ela está grávida!

— Está. Saiu daqui há pouco e...

— E ameaçou-o com um escândalo.

— Mais ou menos.

— Quer dinheiro, suponho.

— Não é bem isso.

— Então o que é?

— Quer que a sustente e à criança.

Catherine soltou estrondosa gargalhada.

— Para uma aventura sem importância, até que ela está fazendo muitas exigências. O que quer que eu faça?

— Que me ajude a livrar-me dela.

— Eu? O que tenho com isso? Você não precisou de mim para tomá-la como amante, por que há de precisar agora?

— Não me vire as costas. Sei que você não é o tipo de mulher que se ofende com uma traiçãozinha sem importância. E a culpa não foi minha. Sou homem, Lénore me seduziu. Quando a vi, não pude resistir. Tive que tê-la para mim. Mas não sinto nada por ela, eu juro. Foi apenas uma aventura.

Victor tinha razão. Catherine era por demais orgulhosa para se deixar atingir por uma vagabunda qualquer. Era preciso salvar seu casamento, suas posses e sua dignidade. Não permitiria que um bastardo qualquer viesse ameaçar seus direitos. Ardilosa e inteligente, logo pensou numa forma de se livrar daquele estorvo.

— Quando tornará a vê-la?

— Pedi que voltasse daqui a dois dias, sozinha, à meia-noite.

— Em primeiro lugar, precisamos nos livrar desse pequeno incômodo.

— Tem alguma ideia? Não pretende matá-la, não é?

— Isso lhe causaria algum pesar?

— Não exatamente. Mas poderíamos ter pequenos aborrecimentos de ordem legal.

— Fique tranquilo. Não é bem isso que tenho em mente. Penso apenas em matar a criança, antes que chegue a nascer.

— Aborto?

— Sim, e ninguém ficará sabendo.

— Ótima ideia. Quem pretende chamar para realizá-lo?

— Quem mais haveria de ser, senão o seu fiel amigo Henri?

— Ele é o único em quem podemos confiar numa hora dessas. E depois?

— Depois dê a ela algum dinheiro e mande-a embora.

— Será que aceitará?

— Creio que sim. Pelo que me disse, ela é jovem e ambiciosa. Uma pequena fortuna em suas mãos fará com que esqueça o... incidente.

— Catherine, nem sei como lhe agradecer! Você é a melhor esposa do mundo.

— Sei... — desdenhou. — Só espero que isso não vire rotina e eu tenha que estar sempre consertando as suas besteiras, assim como fiz com Philoméne e agora com essa tal de Lénore.

— Isso nunca mais vai se repetir. Juro.

— Veremos.

Ao deixar o castelo, Lénore voltou para sua cabana cheia de esperanças. Tinha certeza de que seu senhor arranjaria uma solução. Era bem verdade que não poderia casar-se com ela, pois já era casado. Certamente, contudo, compraria um palacete para ela, em algum sítio mais afastado, onde visitaria diariamente a ela e ao filho. Seria maravilhoso!

Lénore ia em silêncio pela estrada, enrolada no tosco manto que lhe servia de agasalho. Como o vento era cortante, apertou o passo, tentando fugir do frio. Ao passar perto de uns arbustos, um vulto saltou à sua frente, e ela soltou um grito, estacando lívida, dominada pelo terror. O vulto, porém, afastando a capa, mostrou-lhe o rosto. Ela suspirou aliviada, embora tomada de raiva.

— Jean! — repreendeu com severidade. — O que pretende? Matar-me de susto?

— Desculpe-me, minha querida. Não tive a intenção.

— Se não teve, por que saltou assim na minha frente feito um lobo?

— Já não lhe pedi desculpas?

— Está bem. O que faz aqui? Anda me seguindo?

— Eu só estava passando quando a vi...

— Sei. O que quer?

— Apenas acompanhá-la.

Com receio de continuar pela trilha sozinha àquela hora, Lénore aceitou a companhia de Jean que, não mais podendo conter a curiosidade, indagou:

— O que veio fazer no castelo tão tarde?

— Não é da sua conta.

— Eu me preocupo com você.

— Não precisa. Não temos mais compromisso de noivado.

— Por que foi me deixar por ele? Aquele conde não presta. É um bonachão que vive a seduzir mocinhas feito você para depois abandoná-las. Não percebe?

— Você está com ciúmes.

— Estou. Mas é porque gosto de você. Não quero vê-la abandonada.

— Já fui abandonada. Meu pai me expulsou de casa.

— Foi? Posso cuidar de você.

— Não pode nem com você mesmo.

— Tenho emprego, posso sustentá-la e à criança.

Mal contendo a surpresa, Lénore parou e olhou para o outro com desconfiança.

— Que criança?

— Essa aí, que você traz no ventre.

— Como você sabe disso?

— Seu pai me disse.

— Você falou com ele? Quando?

— Hoje pela manhã, eu o avistei e perguntei por você. Ele quase me escorraçou, dizendo que não queria mais vê-la, que não tinha mais filha. Disse-me que você estava grávida e que essa criança somente traria vergonha para você e para ele. "Somos pobres, mas temos dignidade", disse ele aborrecido. Por isso resolvi procurá-la e oferecer-lhe a minha ajuda.

— Você não sabe o que diz. Você é um bom rapaz, não merece uma moça como eu. Merece uma mulher honesta, com quem possa se casar e ter filhos condignamente. Eu... já estou perdida.

— Não diga isso. Não me importo com o que você tenha feito.

— Mas eu sim.

— Não compreendo. Ofereço-lhe o meu amor, uma oportunidade de ter uma vida decente, e você recusa. Por quê?

— Porque não o amo.

— E por acaso ama aquele conde?

— Gosto dele. Ele sim tem meios de dar-me uma vida decente, com roupas finas, joias caras, comida farta. Tudo do bom e do melhor.

— Então é o dinheiro que a move?

— E daí?

— Decência não é dinheiro.

— O que é então? Viver mendigando por aí, dormir com qualquer um em troca de uma migalha de pão? Não, obrigada. Essa vida não é para mim.

— Falando assim, você até parece uma mundana.

— Não se engane, pois foi exatamente nisso que me tornei desde o dia em que me entreguei a ele.

— Ainda é tempo de mudar.

— Quem disse que quero mudar?

— Como pode falar assim? Você é só uma menina, quase uma criança.

— Sou mulher.

— Engana-se se pensa que esse conde vai lhe dar a vida de luxo que você imagina. Você é uma menina do povo, ele logo a deixará.

— Você é um despeitado!

— Pode ser. Mas não tenho ilusões.

Chegaram ao casebre onde Lénore vivia, quase à beira da estrada, cercado de árvores altas, onde o sol mal penetrava. A neve se amontoara na entrada, causando-lhe extrema dificuldade para abrir a porta.

— Agora, deixe-me em paz — concluiu ela. — Não preciso de seu auxílio nem de sua piedade.

— Como pode falar assim comigo?

— Saia daqui, peste! Não quero mais vê-lo. Você só me aborrece com as suas lamentações.

— Você ainda vai ver que eu tinha razão. Quando o tal conde a abandonar, lembrará que eu existo.

— Eu? Nunca, jamais! Não preciso de você, infeliz. O conde vai me tirar daqui, vai me colocar em uma mansão quentinha, e nosso filho crescerá feliz em meio às amoreiras.

— Vá esperando...

— Saia, já disse! Você está me incomodando. Preciso descansar. E não volte mais aqui, ouviu? Ou o conde mandará açoitá-lo como a um cão! Ah! Mais uma coisa: se disser a meu pai quem é o pai da criança, vai se ver comigo!

Furiosa, Lénore entrou em casa e bateu a porta na cara de Jean, que não teve alternativa senão ir embora, carregando no coração um ressentimento que nem o tempo poderia curar.

No dia seguinte, Victor acordou cedo, bem disposto, e foi receber o doutor Henri, que já o aguardava em seu gabinete. Vendo-o entrar, exclamou:

— Victor, meu amigo! Mandou chamar-me?

— Mandei.

— O que posso fazer por você?

— Preciso que me preste um favor. Não se preocupe, será bem recompensado.

— Sei que você é generoso. Mas o que o aflige assim, com tanta intensidade?

— É algo extremamente confidencial, e não gostaria que saísse dos muros deste castelo.

— Você sabe que pode contar com a minha discrição. Somos amigos há longos anos, partilhamos a infância e a juventude. Sempre fui leal a você e jamais o trairei.

— Eu sei e foi por isso que mandei chamá-lo. Agora vamos aos fatos. Como você sabe, estive envolvido com uma mocinha da aldeia, de nome Lénore que, infelizmente, espera um filho meu.

— Meu Deus! E Catherine?

— Ela sabe de tudo, mas meu nome não pode estar envolvido nesse tipo de escândalo. Então, resolvi chamá-lo aqui para que me livre desse... estorvo.

— É claro. O que pretende, um aborto?

— Penso que seria a solução mais adequada. Ela já deve estar no quarto mês de gravidez.

— Compreendo. Conhece os riscos a que se sujeita a mulher em situações como esta?

— Estou ciente de tudo. Mas ela é ainda jovem e bastante saudável. Creio que não haverá problemas.

— Está bem então. Se está decidido, não me oporei. Quando e onde será?

— O mais breve possível. A menina voltará aqui amanhã. Quanto ao local, gostaria que você me dissesse, já que está acostumado.

— Que tal o convento das irmãs de Maria?

— O convento? Mas e a abadessa?

— A abadessa é minha amiga e pessoa de inteira confiança. Não se importará de colaborar em troca de algumas moedas de ouro.

— Está certo. Se você a recomenda...

— Já estou acostumado a me utilizar de seus serviços, entende? Não será a primeira vez. Mas você deve tratar o preço pessoalmente com ela. Diga que fui eu quem o enviou.

— Farei isso agora mesmo. Amanhã, vá direto para lá e espere-me. Levarei a moça.

— Está bem, farei como você quiser.

Terminada a entrevista, o conde já ia se retirar quando a entrada de Philoméne, filha do primeiro casamento de Catherine, o impediu.

— O que você quer aqui? — inquiriu ele bruscamente.

— Nada. É que não pude deixar de notar a chegada do doutor Henri.

— Por quê? Desde quando Henri lhe interessa?

— Pensei se não haveria alguém doente.

— Não.

— O que veio ele então fazer aqui?

— Não é da sua conta. Henri é meu amigo e pode visitar-me quando quiser. Agora saia da frente e deixe-me passar.

— Por que me trata assim?

— Deixe-me em paz. Você já não me causou aborrecimentos bastantes? Saia, ordeno!

Vendo que Philoméne não se movia, o conde empurrou-a com violência, jogando-a de encontro à parede.

— Escute bem o que lhe vou dizer — disse entre dentes. — Duvido que essa Lénore possa fazê-lo feliz tanto quanto eu. Se prefere iludir-se, vá ao seu encontro. Eu, de minha parte, estarei aqui à espera de que você retorne, implorando para que o aceite de volta.

Victor estacou estupefato, arrematando cheio de desprezo:

— Jamais.

Saiu, deixando Philoméne entregue às inúmeras lágrimas de despeito que lhe sulcavam o rosto.

3

Ao se casar em primeiras núpcias com Édouard, Catherine era ainda uma menina, recém-saída da puberdade, forçada pelos pais a desposá-lo por motivos políticos. Quarenta anos mais velho, Édouard, impiedoso e cruel, via na masculinidade o maior motivo de orgulho de um homem.

Catherine era sua segunda esposa. A primeira, morta ao dar a luz seu único filho, não lhe fazia falta. Durante muitos anos, Édouard não se interessou por ninguém, até que a proposta do pai de Catherine lhe pareceu irrecusável, e ele aceitou contrair novas núpcias.

A nova esposa e Michel, seu filho, tinham quase a mesma idade. Logo surgiu uma amizade sincera e desinteressada entre os dois. Eram como irmãos, adoravam-se. Édouard, conselheiro na corte de Francisco I, fazia constantes viagens a Paris, deixando Catherine em companhia de Michel e de seu jovem camareiro italiano, de nome Pietro, dono de uma beleza clássica e gestos extremamente delicados.

O nascimento de Philoméne trouxe a Catherine novas responsabilidades, levando-a a afastar-se do enteado. Michel voltou então todas as suas atenções para Pietro, e a devoção do criado não passou despercebida a Catherine. Pietro dispensava a Michel um devotamento pouco habitual, um cuidado excessivo, uma exagerada submissão. Aos poucos, Catherine notou que ambos procuravam estar sempre juntos e tudo faziam para se tocar de uma forma que parecesse casual.

Embora não aprovasse um comportamento que ela considerava pouco adequado, Catherine nutria pelo enteado uma afeição genuína e o alertou dos riscos a que ele se expunha. Se o marido descobrisse, reagiria com violência e impiedade, pois jamais admitiria que seu único filho varão não se encaixasse nos padrões sociais de masculinidade, revelando-se, ao contrário, uma criatura efeminada que passava as horas a se distrair com o criado. Michel estava apaixonado e não tentou protestar. Ao contrário, assumiu seu romance com Pietro, garantindo a Catherine que não havia com o que se preocupar, pois somente se encontravam à noite, longe do castelo, no bosque que dava continuidade ao jardim.

Era costume de Édouard promover fabulosas caçadas, para as quais convidava todos os nobres da região, e foi numa dessas ocasiões que Catherine conheceu Victor, por quem logo sentiu forte atração. Victor, por sua vez, não deixou de se interessar pela jovem e linda esposa de Édouard, sem, contudo, tentar qualquer aproximação com ela.

A vida prosseguia normalmente, sem que Édouard desconfiasse do romance do filho e do que ia no coração da esposa. Quando Michel completou dezoito anos, Édouard resolveu que já era hora de mandá-lo para Paris, a fim de ser introduzido na sociedade e dar início à carreira política ou militar.

Mas qual não foi o espanto de Édouard quando Michel, de cabeça baixa, recusou a oferta, alegando que era feliz ali e que não possuía vocação para envolver-se em assuntos tão sórdidos e complexos. Gostava mesmo era de coisas simples e puras, como música, poesia, pássaros e flores. Jamais se adaptaria a uma vida grosseira e corrida como aquela da corte.

Édouard ficou furioso. Estava prestes a esbofetear o filho quando a entrada súbita de Pietro o deteve. Surpreso com a presença do conselheiro, o rapaz estacou embaraçado, para logo sair, murmurando um desajeitado pedido de desculpas. De tão nervoso, tropeçou nas próprias pernas, cambaleou e teria caído, não fosse a intervenção instintiva de Michel que, de um salto, pulou da poltrona e correu a segurá-lo, enlaçando-o pela cintura a tempo de impedir que fosse ao chão. Envergonhado, Pietro se desculpou e saiu, deixando Édouard com um estranho pressentimento.

Édouard recusava-se a crer nas desconfianças que lhe iam na alma. Aqueles dois se demonstraram íntimos demais. Seria possível? Não, certamente não. Michel fora criado ali sem amigos, e Pietro, depois que Philoméne nasceu, passou a ser seu único companheiro. Era essa a justificativa que dava a si mesmo. Contudo, a suspeita plantou sua semente, e Édouard tomou a decisão de vigiá-los mais atentamente.

— Você vai para Paris, querendo ou não — afirmou incisivo. — Você é meu filho e me deve obediência. É chegada a hora de você se tornar verdadeiramente um homem. E vou arranjar-lhe uma esposa. É melhor que se case logo.

Desesperado, Michel desatou a chorar. Ir para Paris? Nunca! Casar-se? Que horror! Jamais deixaria Pietro, a quem amava com todas as forças. Se o pai insistisse, fugiriam juntos para bem longe e passariam a viver escondidos em algum vilarejo longínquo, onde ninguém os conhecesse ou deles suspeitasse. Diria que eram irmãos, procurariam trabalho honesto e ninguém desconfiaria de que eram amantes.

Nos dias que se seguiram, Édouard não tocou mais no assunto, e Michel pensou que o pai houvesse se convencido de que aquela vida cheia de atribulações não era para ele. O conselheiro, contudo, não desistira. Observava. De repente se deu conta de que o filho possuía certos trejeitos efeminados, falava com afetação e caminhava com muita leveza, sutilmente requebrando as ancas, como faziam as mulheres da corte. O mesmo podia dizer de Pietro que, visto de longe, bem podia ser confundido com uma mocinha.

Seria possível que aqueles dois andassem se deitando feito dois amantes? A simples ideia horrorizou Édouard. Jamais admitiria uma infâmia daquelas. Antes, preferiria ver o filho morto. Seria a desonra total, um ultraje para o qual não haveria perdão. Não podia permitir que seu nome se tornasse alvo de escárnio e zombarias.

Certa noite, o esperado aconteceu. Édouard não conseguia conciliar o sono. A seu lado, Catherine dormia tranquilamente, mas ele estava inquieto. Fazia calor, e ele resolveu sair para tomar um pouco de ar fresco. Silenciosamente, levantou-se da cama, vestiu-se e foi para o jardim, aspirando com força o doce perfume de madressilvas, penetrando no bosque que se estendia logo adiante. Passava das onze horas, a quietude imperava no castelo. Apenas os sons da noite se faziam ouvir: uma coruja que piava, grilos que cricrilavam no gramado, cães vadios que uivavam à distância.

Subitamente, escutou um estalido, como de um galho se partindo. Prudente como era, escondeu-se atrás de uma árvore e espreitou. Era um ruído de passos sobre folhas secas que se aproximavam cada vez mais. Certo de que encontraria ali um ladrão, Édouard preparou-se para o ataque, surpreendendo-se imensamente ao vislumbrar não um malfeitor, mas a figura efeminada de Pietro esgueirando-se por entre os arbustos. Sentiu raiva. Mesmo sem ver, sabia ao encontro de quem ele ia e, decidido, pôs-se a segui-lo com cautela, pisando macio para não ser descoberto.

Cerca de dez minutos depois, alcançaram um pequeno córrego, à beira do qual estava Michel, completamente despido, o corpo molhado brilhando à luz do luar. Édouard teve vontade de matá-los, mas resolveu esperar para ver o que iria acontecer. Ao ver o amado, Pietro correu ao seu encontro e atirou-se em seus braços, rolando com ele para dentro da água, entre risos e beijos.

Cego de ódio e cólera, Édouard não pôde mais se conter. Saltou de seu esconderijo e agarrou o pajem pelo pescoço, torcendo-o com tanta fúria que logo o matou. Assustado, Michel desatou a correr. Embrenhando-se pelo bosque, sumiu em meio às árvores, deixando para trás o amante, preso às mãos e à ira do pai.

No dia seguinte, logo pela manhã, os criados levaram ao conselheiro a notícia de que o corpo de Michel havia sido retirado, nu e sem vida, do rio que corria atrás do castelo, e que Pietro fora encontrado estrangulado, caído à margem do riacho. Os crimes jamais foram solucionados, e Édouard recusava-se a comentá-los.

Desde aquele dia, Édouard passou a abominar e execrar todos os homens que apresentassem trejeitos femininos, expondo-os ao ridículo e revelando a todos suas preferências sexuais. Ficara tão obcecado que procurava descobrir os efeminados, para então achincalhá-los e humilhá-los, colocando-os nas situações mais embaraçosas. Quanto aos menos afortunados, perseguia-os impiedosamente, impedindo-os de trabalhar, levando-os à miséria e à morte.

Tanta crueldade acabou por despertar a ira não só dos pobres vassalos, como também de alguns nobres, temerosos por acabarem incluídos na lista negra do conselheiro. Até mesmo seus guardas não suportavam mais aquele terror. Numa emboscada cuidadosamente preparada por alguns fidalgos, com o conluio de seus próprios soldados, o conselheiro acabou apunhalado, sem que ninguém pudesse apurar a autoria do crime, que acabou sendo atribuída a assaltantes que teriam dominado a carruagem em que viajava. Ninguém se incomodou, pois Édouard se tornara uma criatura detestada por todos, e até Catherine deu graças a Deus por se ver livre para desposar Victor que, tão logo passado o período de luto, pediu-a em casamento.

Nessa época, Philoméne contava apenas cinco anos e muito se apegou a Victor, que a tratava com carinho e especiais atenções. Dotada de fascinante beleza, acostumou-se a ser bajulada e a ter todos os seus caprichos satisfeitos. Era fria, cruel e completamente desprovida de qualquer senso de respeito ou fidelidade, características que herdara da mãe.

Ao completar quatorze anos, no auge da beleza, não havia quem não lhe notasse os encantos. Victor, inclusive, não parava de admirá-la e elogiá-la, interessando-se cada vez mais pela sua criação. Tanta admiração não passou despercebida por Philoméne, que, dia após dia, via crescer seu interesse pelo homem que costumava chamar de pai. Victor, no entanto, não era seu pai, e ela, mais do que ninguém, conhecia essa verdade.

Certo dia, estava o conde sozinho em seu gabinete, examinando uns mapas astronômicos, quando Philoméne entrou sorridente.

— Posso entrar, papai?

— É claro, Philoméne. Deseja alguma coisa?

— Nada de especial. Vim ver o que estava fazendo.

— Estou estudando astronomia. Por quê?

— Deve ser interessante. Pode ensinar-me?

— Isso não é coisa para meninas. Você devia estar mais interessada em rendas e bordados.

— Rendas e bordados... não têm graça alguma.

— São próprios para mocinhas da sua idade.

Olhando-o maliciosamente, Philoméne sorriu e acrescentou:

— Ora, papai, já tenho dezesseis anos, não sou mais nenhuma criança. Sou mulher. Tenho idade suficiente para me casar. Já pensou nisso?

— Isso é verdade, mas você ainda tem muito que aprender.

— Por que não me ensina? — sussurrou em tom de malícia, aproximando-se dele e segurando-lhe a mão.

— O que quer saber? — indagou confuso, tentando soltar-se dela que, todavia, não o largava.

— Astronomia, por exemplo.

Começou a acariciá-lo com os dedos, passando-os pelas costas e palmas da mão, depois subindo pelo braço até alcançar-lhe o peito. Mal contendo a perplexidade, Victor ergueu-se de imediato, o rosto afogueado, o corpo ardendo de desejo. Refeito do susto, censurou-a energicamente:

— O que está fazendo? Por acaso se esqueceu de quem você é?

— Sou Philoméne.

— E eu sou seu pai.

— Não é, não. É apenas meu padrasto, e por isso... — calou-se, olhando-o significativa e sedutoramente.

— Por isso...

— Por isso não há nada entre nós que nos impeça de amar.

O conde estava atônito. O que dera naquela menina para falar-lhe daquela maneira? Não que não a desejasse. Embora nunca houvesse percebido ou admitido, desejava intensamente aquela menina. Ela era linda, de uma sensualidade que brotava de cada poro de sua pele. Dominando seus instintos, Victor aproximou-se dela e desferiu-lhe um tapa no rosto, fazendo com que lágrimas lhe viessem aos olhos.

— Como se atreve a falar comigo dessa maneira? Respeite-me, sou seu pai!

— Não, não é! É o marido de minha mãe, um homem que eu admiro e desejo com toda a fúria de meu sangue.

— Como ousa?

Levantou a mão para esbofeteá-la novamente. Philoméne, contudo, encarou-o e atalhou:

— Pode bater-me. Não me importo, até gosto. Isso só faz aumentar o meu desejo por você.

Horrorizado, Victor abaixou a mão, rodou nos calcanhares e saiu. Philoméne permaneceu onde estava, um sorriso vitorioso a aflorar-lhe nos lábios. Não havia dúvidas. Ele a desejava. Era apenas questão de tempo para conseguir conquistá-lo e levá-lo a seu quarto.

Não demorou muito até que Victor cedesse aos encantos de Philoméne. Ela vivia a rondá-lo e insinuar-se. Roçava os seios em suas mãos, sentava em seu colo com uma falsa inocência, soprava o hálito quente em seu ouvido, a pretexto de confidenciar-lhe segredos. Tudo isso longe dos olhos da mãe, que sequer desconfiava do que estava se passando.

Tanta sedução acabou vencendo o conde. Certa noite, em que permanecera em seu gabinete até mais tarde, viu-se surpreendido com a visita inesperada de Philoméne. Ela se aproximou, sentou-se no colo dele e, sem dizer nada, beijou-o avidamente.

Para sua própria surpresa, Victor não a repeliu. Ardia de desejo por ela e a fez mulher ali mesmo, sobre o tapete macio de seu gabinete particular. Dali em diante, tornaram-se amantes, arranjando situações e ocasiões que lhes facilitassem os encontros. Não foi difícil, já que Catherine nem de longe supunha um caso entre o marido e a filha.

Apenas Henri, amigo e confidente do conde, ficou a par do romance. Mais sensato, o cirurgião vivia a alertá-lo sobre os perigos daquela relação, chegando mesmo a ameaçar a jovem Philoméne.

— O que você pensa que está fazendo? — interpelou ele, em tom de ameaça. — Quer destruir seu padrasto?

— Do que você está falando? — disfarçou.

— Do seu caso com Victor!

— O que você tem com isso? Por acaso está com ciúmes?

— Não seja atrevida, menina! Não gosto de crianças.

— Se quiser, posso mostrar-lhe o quanto sou mulher.

— Não se dê a esse trabalho — desdenhou. — Você não me atrai. Quero avisá-la de que Victor é meu amigo, e se algo acontecer, se sua mãe descobrir, não hesitarei em contar-lhe que foi você que se ofereceu a ele feito uma rameira!

Furioso, Henri deu-lhe as costas e se foi. Não gostava de Philoméne, considerava-a uma moça inútil e vadia. Mal podia esperar pelo dia em que Victor se desfizesse dela e a colocasse em seu devido lugar de rameira.

4

O irmão mais jovem do conde o odiava em silêncio. Apesar de mais velho, Victor era um homem atraente, contrastando com a figura esquálida e o ar doentio de Julien. Além disso, herdara sozinho as posses do pai e o título, causando grande inveja em Julien.

Quis o destino que Julien se apaixonasse perdidamente pela bela Philoméne, que lhe era totalmente indiferente e mal notava sua existência. Ele a considerava o sol de sua vida, desejando-a ardentemente. Quando ela atingiu idade suficiente para se casar, Julien procurou o irmão e pediu a mão dela em casamento, mas ele recusou, rindo e escarnecendo de sua ousadia.

— Esqueça — dissera o irmão. — Ela não é para você.

— Por que não?

— Porque é bela e sensível demais para sua pouca elegância e inteligência.

Julien enchera-se de rancor. Não sabia que Victor o desprezava por ser ele filho bastardo de sua mãe. Não tinham o mesmo sangue paterno, verdade que fora revelada a Victor por sua mãe em seu leito de morte. Temendo um escândalo, o conde silenciou; contudo, passou a tratar Julien com indisfarçável desdém.

A recusa do irmão soou estranha a Julien, que notou o ar de contrariedade e o velado ciúme de Victor. Daí surgiu a desconfiança, que fez com que Julien espreitasse o quarto de Philoméne. Uma noite, quando ela saiu às escondidas e desceu sorrateiramente ao gabinete particular de Victor, ele a seguiu e, ouvido colado à porta, escutou a conversa de ambos.

— O que está fazendo aqui? — indagou o conde apreensivo. — Ficou louca? Por que não me esperou em seus aposentos?

— Não pude — sussurrou ela, apaixonadamente. — Ardo de desejo de abraçá-lo e entregar-me a você.

— Isso é loucura. Alguém pode tê-la visto entrar.

— Ninguém me viu. Estão todos dormindo.

De forma melosa e insinuante, Philoméne deixou cair a fina camisola que encobria seu corpo. A nudez da enteada desanuviou a irritação de Victor que, sem conter o desejo, agarrou-a com furor, beijando-a avidamente.

As vozes silenciaram, dando a Julien a certeza de que eles estavam se amando. Consumido pelo ódio e o ciúme, escancarou a porta num ímpeto, surpreendendo-os em pleno ato sexual. Philoméne soltou um grito e se encolheu toda sob o corpo de Victor. Este, porém, levantou-se calmamente, atirou a camisola sobre o corpo da menina e, sem dizer nada, desferiu poderoso murro no queixo de Julien, quase partindo seu maxilar.

— Pense muito bem antes de revelar o que viu aqui hoje — ameaçou. — Se você abrir a boca, será a última coisa que fará em vida, pois não hesitarei em matá-lo com minhas próprias mãos.

Julien saiu arrasado, remoendo o ódio e o despeito, carregando no íntimo a mancha negra da vingança. Todavia, não tocou mais no assunto, aceitando passivamente as humilhações e ordens de Victor.

Costumava acompanhá-lo em suas caçadas, satisfazendo-lhe os caprichos como um simples serviçal. Numa dessas ocasiões, seguia Victor e seu numeroso séquito quando, numa curva do caminho, o cavalo do conde quase atropelou uma linda jovem que, distraída, corria pela estrada atrás de seu cãozinho. Assustado, o cavalo empinou as patas dianteiras, levando a mocinha a tombar para trás, torcendo o tornozelo.

Encantado com a beleza da moça, Victor desceu do cavalo e correu para ela, indagando com ternura:

— Senhorita, mas que descuido. Está machucada?

A moça, bastante envergonhada, reconhecendo ali o poderoso conde Victor Lagardy de Montsou, senhor de todas aquelas terras, abaixou os olhos e respondeu com voz sumida, tentando não desgostá-lo:

— Senhor... Perdão pelo meu descuido. Não queria assustar seu cavalo.

— Na verdade, sou eu quem lhe deve um pedido de desculpas — ela ruborizou, e ele prosseguiu. — Como se chama?

— Lénore.

— Onde você mora?

— Na aldeia. Estava passeando com meu cãozinho quando ele se soltou e fugiu.

— Não se preocupe, iremos encontrá-lo.

Ele ajudou a moça a se levantar, segurando-a com extremo cuidado. Acenou para que um dos guardas se aproximasse e ordenou:

— Acompanhe a moça até sua casa e cuide para que o ferimento seja devidamente tratado.

O interesse do conde pela jovenzinha não passou despercebido a Julien, que buscava uma desculpa para acompanhar a moça, o plano de vingança rapidamente montado na cabeça. Assim que ela partiu em companhia do soldado designado, ele avistou um pequeno cão perambulando entre as árvores. Não disse nada. Desceu da montaria e agarrou o dócil animalzinho.

— Apanhei o cachorro — anunciou vitorioso. — Vou agora mesmo levá-lo a Lénore.

Montou rapidamente e esporeou o cavalo, partindo no encalço da moça antes mesmo que Victor tivesse tempo de protestar. Alcançou-os pouco à frente e, assim que se aproximou, ela deu um sorriso de satisfação.

— Achei o seu cachorrinho — anunciou Julien, estendendo-o para ela.

— Obrigada.

— Pode deixar que eu acompanharei a moça daqui em diante — disse para o soldado que, com um aceno de cabeça, deu meia-volta e partiu.

Cavalgando lado a lado, Julien puxou assunto:

— Você vive só?

— Não. Moro com meus pais e uma tia.

— Tem irmãos?

— Sou filha única.

— Não gostaria de trabalhar no castelo?

— No castelo? Eu? Seria maravilhoso, mas meu pai jamais permitiria.

— Não se preocupe. Se você realmente quiser, eu mesmo falarei com ele.

Edgard, pai de Lénore, era um artesão severo, honesto aos extremos e profundamente religioso. Ao ver a filha chegar em companhia de um nobre, sobressaltou-se e foi recebê-los, apreensivo. Colocado a par do acidente, Edgard agradeceu e tentou dispensar o rapaz que, contudo, não se decidia a ir embora, esticando a conversa o mais que pôde. Só depois de muito falar foi que ele partiu, com a promessa de voltar no dia seguinte para ver como ia o inchaço no tornozelo de Lénore.

— Por que será que um nobre demonstra tanto interesse por você? — perguntou Edgard, desconfiado.

— Também não sei, papai. Talvez seja só preocupação.

— Homens de estirpe feito ele não costumam se preocupar com gente como nós.

Depois que Lénore foi se deitar, Edgard desabafou com a mulher:

— Não sei, não. Esse rapaz deve estar querendo alguma coisa com nossa filha.

— O que poderia ser?

— Não sei. Ela é jovem, bonita. Talvez ele esteja com alguma intenção ruim.

— Será? Um homem tão fino, tão rico pode ter as moças que desejar.

— De qualquer forma, é bom não facilitar.

Nos dias que se seguiram, Julien foi à casa de Lénore saber como ela estava passando. Sempre muito simpático, levava pequenos presentes para a família, conquistando, assim, as boas graças de Edgard.

Quando ela se restabeleceu de todo, pretextando compensar ainda mais os transtornos que o irmão lhe causara, Julien lhe ofereceu um emprego de arrumadeira no castelo. A princípio, Edgard não aprovou a ideia, temendo que algum nobre se aproveitasse da inocência de Lénore. Julien, contudo, insistia:

— Não se preocupe. Lénore estará segura. Comigo por perto, ninguém ousará fazer-lhe mal.

Louca de vontade de ir, Lénore implorava ao pai com insistência:

— Por favor, papai, deixe-me ir. O senhor Julien não prometeu cuidar de mim?

— Que mal poderá lhe acontecer? — incentivou Louise, tia de Lénore e irmã mais velha de Edgard. — Lénore é uma mocinha, precisa trabalhar.

Depois de muito pensar, Edgar acabou consentindo, só porque era Julien quem pedia. Confiava no rapaz, cujas boas intenções desde logo percebera. Assim, no dia seguinte, Lénore deu entrada no castelo como arrumadeira, escalada para servir exatamente na ala habitada pelo conde.

Conforme Julien previra, assim que a viu, Victor se interessou por ela. A desconfiança cedeu lugar ao desejo, e ele deixou de lado o alerta da consciência para segui-la com o olhar e endereçar-lhe palavras doces. Encantada com a rotina do castelo e as especiais atenções do conde, Lénore julgava-o apaixonado por ela. Em sua inocência, não desconfiava da malícia de Victor nem das artimanhas de Julien.

Um dia, ao entrar em seu gabinete, Victor encontrou Lénore executando suas tarefas de limpeza. Apesar de a presença dele causar-lhe arrepios de satisfação, ela não ousava sequer encará-lo. Envergonhada, murmurou um pedido de desculpas e já ia saindo, quando ele a reteve.

— Espere. Não se vá ainda.

Lénore enrubesceu e abaixou os olhos, fugindo de seu olhar. Com delicadeza, o conde segurou-lhe o queixo e beijou-a suavemente. Lénore não ofereceu resistência, entregando-se a ele com uma paixão repleta de ilusões. Dali em diante, não pararam mais de se encontrar. Ela se tornara, oficialmente, sua nova amante.

5

Não foi possível ocultar de Philoméne uma paixão tão intensa. Ela logo percebeu a mudança no comportamento de Victor e de Lénore. Enquanto o conde se demonstrava frio, a criada parecia ter saído de um vulcão. Victor quase não a notava mais, e Lénore mal conseguia ocultar a euforia cada vez que ele aparecia.

Victor praticamente não saía de seu gabinete, e foi lá que Philoméne foi procurá-lo. Entrou e fechou a porta. Ele a olhou contrariado, fechou o pesado livro que estudava e indagou de má vontade:

— O que você quer?

— A verdade — informou ela, tentando sentar-se no colo dele.

Victor se levantou, desvencilhando-se dela, e retrucou com irritação:

— Não sei a que verdade você se refere.

— Refiro-me à sua nova amante.

— Que amante? — ele fingiu surpresa.

— Não adianta mentir. Sei que você tem outra.

— Não tenho.

— Então, por que não me procura mais?

— Tenho andado ocupado.

— Mentira! Sei que você está dormindo com aquela criadinha chamada Lénore.

Sem conseguir se conter, Victor desferiu-lhe uma bofetada no rosto, que logo se avermelhou.

— Como se atreve? — rosnou entre dentes. — Cale-se ou não responderei por mim!

— Pode me bater — soluçou ela, atirando-se a seus pés. — Eu não ligo. Se é o preço que tenho que pagar para estar junto de você, mande açoitar-me, torturar-me, o que quiser. Mas por favor, não me abandone!

— Ficou louca! — horrorizou-se.

— Você me enlouquece. Não vê o quanto o amo?

— Isso tem que acabar. Você está perdendo o juízo.

— Foi Henri, não foi?

— O que tem Henri a ver com isso?

— Ele me odeia, quer me fazer sofrer só para se vingar.

— Deixe de tolices.

— É verdade. Ele me odeia porque me recusei a deitar-me com ele.

— Agora chega! Henri não gosta de você porque é uma criança tola e mimada! Também eu já estou enjoado das suas criancices. Cansei-me de seus ciúmes e de suas cenas. Deixe-me e volte para suas bonecas!

Do lado de fora, ouvido colado à porta, Julien não perdia uma só palavra. Ao ouvir a última frase do irmão, correu para seus aposentos, rindo de satisfação. Seu plano funcionava como ele previra. Em breve, Victor abandonaria Philoméne, e ela seria só dele.

Fora de si, Philoméne saiu batendo a porta, percorrendo o castelo à procura de Lénore. Encontrou-a limpando a prataria no salão principal. Puxando-a pelo braço com violência, esbofeteou-a cheia de ódio.

— Cadela! — vociferou. — Como se atreve a se atirar de forma tão desavergonhada para o conde?

Sem compreender bem o que se passava, Lénore levou a mão ao rosto e recuou, temendo novo tapa.

— Senhora — respondeu humilde. — Não compreendo o que diz.

— Pensa que não sei que você é amante de meu padrasto?

— Deve haver algum engano.

— Você é o engano! Jamais deveria ter entrado aqui. Está despedida. Pegue suas coisas e volte para o seu pardieiro, que aqui não é lugar para vadias!

Assustada e humilhada, Lénore começou a chorar e saiu correndo, dando um encontrão no conde que, desconfiado, fora atrás da enteada.

— O que está acontecendo aqui? — indagou com energia.

— Nada, papai — respondeu Philoméne com fingida docilidade.

— Vá cuidar de seus afazeres em outro lugar — ordenou Victor a Lénore que, apavorada, não hesitou em sair.

— Muito bem, Philoméne — prosseguiu ele agarrando-a pelos pulsos. — Agora é sua vez. Já perdi a paciência com você. Se ameaçar a pobre Lénore mais uma vez, cuidarei para que seja enclausurada em um convento, e nunca mais tornará a me ver.

Sem esperar resposta, Victor soltou-lhe os pulsos, voltou-lhe as costas e se retirou. Presa de uma ira imensurável, Philoméne conseguiu voltar a seu quarto, as pernas trêmulas caminhavam com dificuldade. Para sua surpresa, Julien a esperava com um sorriso malicioso nos lábios.

— Como se atreve a entrar sorrateiramente em meu quarto? — esbravejou ela.

— Tenho algo importante a lhe dizer. Achei que você não se importaria.

— Não quero saber. Suma daqui!

— Compreendo a sua fúria, mas estou aqui para ajudá-la. Se quiser flagrar Victor com sua nova amante, oculte-se no pátio interno amanhã, após a meia-noite, e siga-o.

Saiu sem dizer mais nenhuma palavra, deixando Philoméne deveras intrigada. Na noite seguinte, ela fez como ele lhe aconselhara. Seguiu o conde furtivamente até a ala mais afastada do castelo, que ela também não conhecia. Ele entrou em uma das portas, e ela entrou atrás, surpreendendo-o aos beijos com Lénore. Furiosa, partiu para cima da outra, dando-lhe unhadas, proferindo as imprecações mais terríveis.

Impaciente com os acessos de ciúmes da enteada, Victor segurou-a pelos punhos, apertando-os com violência.

— O que deu em você? — fremiu. — Por acaso perdeu o juízo e a dignidade?

— Maldito! Como pôde me trocar por uma serviçal ordinária? Ela não é melhor do que eu...

— Cale-se, miserável! Ou a farei provar o sabor da minha ira!

Philoméne se encolheu e começou a chorar, enquanto Lénore, assustada, recuou para um canto do quarto, temendo acirrar ainda mais a fúria daquela louca. A revelação a surpreendera. O conde, amante da enteada? Quem diria? Quando Philoméne a abordara, acusando-a de dormir com o conde, ela julgara que a moça defendia os interesses da mãe. Mas não. Ela defendia era a si mesma, estando visível sua paixão pelo padrasto.

— Por que fez isso comigo? — indagou aos prantos. — Eu, que tanto o amei, atraiçoei miseravelmente minha mãe para entregar-me a você.

— Não fiz nada com você. Agora volte aos seus aposentos e aguarde-me.

— Não posso. Não antes de ter certeza de que expulsará essa vagabunda daqui.

— Obedeça-me ou serei obrigado a aplicar-lhe um corretivo.

— Ousa ameaçar-me por causa de uma vagabunda?

— Já estou perdendo a paciência. Você é uma criaturinha mimada e egoísta, estou farto de suas tolices.

Envergonhada e despeitada, Philoméne levantou-se altivamente e foi ao encontro de Lénore, lançando-lhe um olhar de tanto ódio que a outra chegou a tremer. Dominada pela cólera, rilhou os dentes e rugiu:

— Não se engane com essa aparente vitória, pois chegará o dia em que me pagará a afronta que me dirige, roubando-me acintosamente o homem que me fez mulher. Não descansarei enquanto não a vir morta, entregue aos cães dos quais faz parte a gente da sua laia!

Saiu apressada, a face em fogo, os olhos transbordando de lágrimas, direto para o quarto da mãe. Entrou sem cerimônia, fazendo Catherine se sobressaltar.

— O que foi que houve? — indagou assustada. — Qual o motivo dessa invasão.

— Preciso contar-lhe algo extremamente grave.

— O que é?

— É sobre papai.

— O que tem ele?

— Não sou de fazer rodeios, por isso vou direto ao assunto. O conde me seduziu e me deflorou, traindo-a de forma infame e desonrosa.

Tomada pelo susto, Catherine levou a mão aos lábios e abafou um grito de indignação.

— O que foi que disse?

— Disse que Victor e eu nos tornamos amantes.

Catherine aproximou-se da filha e estalou-lhe uma bofetada no rosto, provocando nela uma crise convulsiva de choro.

— Então o conde me desonra, e você ainda me bate? — revidou aos prantos.

— Cale-se, infame! Não se atreva a dizer mais nada! Pensa que sou alguma tonta para acreditar nessa mentira? Conheço-a muito bem e ao meu marido. Sei que você é que o deve ter seduzido até ele não suportar mais. Não é verdade? Vamos, responda-me!

— Não...

— Cadela! — e esbofeteou-a novamente. — Pensa que não percebi os seus olhares para ele? Por quem me toma? Por alguma imbecil?

— Mamãe... por favor... ouça-me...

— Você é que vai me ouvir. Há muito desconfiava de que havia algo entre vocês e vejo que não me enganei. O que foi que aconteceu para você vir me contar isso de forma tão precipitada?

— Ele tem uma...

— Não me interessa! — cortou Catherine rispidamente. — Saia daqui agora mesmo, antes que mande açoitá-la!

Novamente humilhada, Philoméne trancou-se em seus aposentos para chorar. Jamais poderia imaginar que a mãe tivesse aquela reação. Pensou que ela a apoiaria e tomaria satisfações com Victor. Depois, quando soubesse de Lénore, a expulsaria dali como um cão sarnento. Enganara-se. Naquele momento, sentiu-se tão só que não se importaria de morrer.

Dois dias depois, Victor saiu à procura de Philoméne, que se encontrava cavalgando pelos campos. Ao encontrá-la, interceptou seu cavalo e ordenou que parasse.

— O que deseja? — indagou com raiva.

— Falar com você. Em nome de sua mãe.

— Por quê? Ela me odeia.

— Engana-se. Ela gosta muito de você, mas está magoada.

— Pouco me importa.

— Importa para ela.

— O que pretende com essa conversa? Não basta o fato de que ela o protegeu?

— Ela não me protegeu. Ficou com raiva a princípio, mas isso já passou. Ela compreende que sou homem e tenho minhas necessidades. Você, no entanto...

— No entanto...

— Já tem idade bastante e deve casar-se imediatamente.

— Por que deveria me casar?

— Porque precisa de um marido que esconda a sua vergonha e a torne respeitável.

— Essa é boa! Quem estaria disposto a desposar-me assim?

— Julien. Você sabe que ele a ama.

— Não seja ridículo. Julien é asqueroso. E se você não sabe, foi ele quem me alertou sobre Lénore. É um maricas.

— Isso não importa mais.

— Não vou me casar com ele e pronto.

— Infelizmente, você não tem escolha.

— Como assim?

— São ordens de sua mãe: ou você se casa com ele, ou vai para o convento.

— O quê? Isso é uma afronta, uma injustiça!

— Pense como quiser, mas já está decidido. Julien concordou com o enlace.

— Por favor, Victor, não me obrigue! Julien é medíocre, nojento, repulsivo. Não poderia viver com ele. Eu o desprezo!

— Lamento muito. Ou isso, ou o convento.

— Por que você fez isso comigo? Eu o amo.

— Foi você quem estragou tudo quando resolveu contar à sua mãe sobre nós.

— Foi ciúmes. Tudo por causa daquela Lénore. Eu a odeio, ela há de me pagar. Custe o que custar, não terei sossego enquanto não destruí-la.

— Isso de nada adianta agora.

— Como pode ser tão frio?

— Não sou frio. Apenas não amo você, assim como não amo Lénore. E se quer mesmo saber, a única mulher a quem verdadeiramente amo é a sua mãe.

— Como pode amá-la, se a trai tão descaradamente?

— Traição nada tem a ver com amor. Somos iguais e sempre nos entendemos bem. Agora chega. Volte para o castelo e decida-se: ou aceita casar-se com Julien, ou irá imediatamente para o convento e de lá não sairá mais.

Quando descobriu a verdade, Catherine não sabia o que fazer. Ao indagar o marido sobre seu envolvimento com Philoméne, ele respondeu como ela previra, acusando a enteada de tê-lo seduzido, hipótese confirmada por seu amigo Henri. Fora dele a ideia de dar à moça a oportunidade de escolher entre o casamento com Julien e a clausura no convento.

Saber que Henri fora o responsável por seu infeliz casamento com Julien só fez aumentar a ira de Philoméne pelo cirurgião. Ir para o convento estava fora de questão, de forma que não lhe restou alternativa senão desposar o irmão do homem que verdadeiramente amava.

Mas, em seu coração, o que mais vibrava era um ódio indescritível por Lénore e Henri.

6

Em uma das salas do convento, Victor aguardava, impaciente. Depois de quase meia hora, a abadessa surgiu e, fazendo uma reverência, cumprimentou-o com cerimônia:

— Senhor conde, sua visita é motivo de honra para mim. Em que posso ajudá-lo?

— Preciso que me preste um favor.

— Que tipo de favor?

— O tipo que costuma prestar a homens que precisam se desembaraçar de alguns problemas.

A abadessa fitou-o com olhar grave, levantou-se e trancou a porta, voltando logo em seguida para a pesada mesa em frente à janela.

— Gostaria que fosse mais claro.

— Não é preciso fingir. A senhora sabe bem do que estou falando.

— Seu problema envolve uma mulher?

— E algo mais.

— Uma criança indesejável, suponho.

— Exatamente. E sei que a senhora é a única que pode me ajudar.

— Muito bem. Serei direta. Sabe que o pagamento deve ser adiantado?

— Sim, e já o trouxe comigo.

Victor abriu uma bolsinha e despejou enorme quantidade de moedas de ouro sobre a mesa, fazendo os olhos da abadessa brilharem de cobiça.

— O senhor é muito generoso — afirmou ela. — No entanto, sinto-me no dever de avisá-lo dos perigos que esse serviço pode acarretar.

— Já estou ciente. O doutor Henri me colocou a par de tudo.

— Certamente.

— E não preciso dizer que exijo o máximo de discrição.

— Fique sossegado, que o seu segredo ficará enterrado no subterrâneo da abadia, juntamente com a criança que irá eliminar.

— Isso muito me tranquiliza.

— A moça está grávida de quantos meses?

— Não sei ao certo. Talvez uns quatro.

— Quatro meses? Já não é um pouco tarde?

— Pouco me importa.

— Em meu convento, nunca perdemos uma única moça.

— Ótimo. Não há nada a temer, então.

— Isso porque todas que aqui chegaram não contavam mais do que dois meses de gravidez.

— Escute, madre — falou ele, colocando a mão sobre as moedas — se não quiser aceitar o encargo, é só me dizer. Mas veja bem a soma que irá perder.

— Sim, é bastante...

— Então? O que me diz? Seja breve, por favor. Não tenho tempo a perder.

A abadessa estava apreensiva. Não queria tomar parte na morte de ninguém. Contudo, não poderia deixar escapar aquela pequena fortuna. Depois de breve instante de meditação, acabou por concordar.

— Tem razão, senhor conde. O doutor Henri é um cirurgião experiente, e estou certa de que não haverá riscos.

— Muito bem. Amanhã, à meia-noite, estarei aqui com a menina.

Depois que ele saiu, a abadessa recebeu a visita de sua sobrinha Marie, uma jovem freira de sua total confiança.

— Entre, Marie — convidou ela. — Estava mesmo à tua espera.

— O que desejava o conde?

— O de sempre.

— Aborto?

— Sim. Mas desta vez, estou apreensiva. A moça já está com quatro meses de gravidez.

— Quatro meses? — espantou-se. — É muito arriscado. Não seria melhor desistir?

— O conde não quer. Tem pressa em livrar-se da criança.

— A senhora não devia mais fazer essas coisas. É um crime.

— Se pensa assim, por que me auxilia?

— Porque a amo e porque é o meu dever.

Sem deixar tempo para que a abadessa contestasse, Marie tomou a direção da porta e saiu. A tia fora a única figura materna que conhecera após a morte de seus pais. Como poderia negar-lhe algo? Era grata a ela, devia-lhe a vida. A rotina do convento não era muito de seu agrado, mas era um abrigo seguro onde podia viver tranquila e sem medo. Tudo graças à tia.

O dia seguinte era dia de confissão no convento, e o padre Honore chegou cedo à abadia. Naquela manhã, a fila estava grande, e logo que ele entrou no confessionário, havia uma freira a aguardá-lo.

— Bom dia, padre — cumprimentou ela.

— Bom dia, Berta — respondeu com jovialidade, chamando a abadessa pelo nome. — O que a traz aqui logo na primeira hora?

Ela hesitou por alguns instantes, até que falou embaraçada:

— Nem eu mesma sei.

— Se veio me procurar, deve haver algum motivo. O que a atormenta?

Ela hesitou, mas acabou confessando:

— Meus pecados são muitos!

— Quem no mundo não possui pecados, minha filha?

— Sim, mas eu, uma abadessa, faço coisas terríveis.

— Que coisas? Conte-me e alivie sua alma. Tenho certeza de que se sentirá mais leve.

— Não posso, não posso!

Escancarando a porta do confessionário, a abadessa saiu correndo pela nave da igreja, sob o olhar atônito das freiras e noviças. Queria muito confessar-se com padre Honore, contar-lhe seus crimes, admitir sua culpa. Faltava-lhe, contudo, coragem.

Passavam cinco minutos da meia-noite quando Marie introduziu o conde e Lénore na câmara onde o doutor Henri e a abadessa já os esperavam. A moça estava assustada, sem compreender o que se passava, já que Victor, rude e intolerante, não lhe dava muitas explicações. Apenas a abadessa parecia se importar, tratando-a com carinho e respeito. Pacientemente, conduziu-a a uma espécie de maca e fez com que se deitasse, acariciando-lhe os cabelos e confortando-a com sua voz doce e macia.

Subitamente, como num relâmpago, Lénore compreendeu o que estava se passando. O conde não pretendia cuidar dela e do filho, como pensara. Ao contrário, tencionava livrar-se dele ou, quem sabe, de ambos. A princípio, sentiu imensa dor por ter sido enganada, ludibriada em seus sentimentos. Depois, analisando melhor a situação, concluiu que aquele era, efetivamente, o melhor caminho.

O conde lhe prometera uma régia gratificação, cujo motivo só agora compreendia. Com ela, poderia refazer sua vida. Ele não a amava e não tinha a menor intenção de mantê-la como amante. Com o dinheiro, ela se mudaria para outra cidade, longe das vistas do pai, e se Jean ainda a quisesse, casar-se-ia com ele e restabeleceria sua honra, passando a levar uma vida honesta e digna.

As mãos do médico a fizeram despertar de seus sonhos, afastando suas pernas e tocando-a em suas partes mais íntimas. Ele a tocava sem o menor respeito ou cuidado, machucando-a, mas ela nada disse. Suportou a dor e o ultraje em silêncio, rezando para que tudo se acabasse logo. Pouco depois, ele retirou os dedos de dentro dela e se afastou. Chamou o conde a um canto e disse-lhe algo que ela não pôde ouvir.

O cirurgião estava apreensivo com aquele aborto. Ao contrário do que pensara a princípio, Lénore não se encontrava com quatro meses de gravidez, mas já devia estar ingressando no sexto mês, e o aborto seria de alto risco. Temendo pela vida da mãe, aconselhou o conde a não ir adiante, mas ele foi irredutível.

Henri estava contrariado, mas pensava no dinheiro que perderia caso se recuasse a levar adiante o aborto. O bebê era grande e não seria fácil retirá-lo. Henri tentou puxá-lo com instrumentos improvisados, mas ele saiu dilacerado e morreu logo em seguida. Foi um parto traumático, e a mãe, esvaindo-se em sangue, implorava que lhe salvassem a vida. Apavorado, Henri não via meios de estancar a hemorragia, que aumentava a cada instante. Lénore gritava, implorando pela vida. Depois, cega pela dor e a revolta, conseguiu reunir forças para amaldiçoá-los, morrendo envolta em sangue e ódio.

Marie correu a amparar a abadessa, que se apoiou na parede para não desmaiar, enquanto o conde e o cirurgião, impressionados com a tenebrosa cena, quedaram-se inertes, fitando o corpo sem vida de Lénore, tendo ao lado um cadaverzinho sem braço.

Recuperando-se do impacto, o conde implorou a Henri que o ajudasse, livrando-o das consequências daquele infeliz incidente. O médico achou melhor levar o corpo para a cabana de Lénore, no meio da floresta. Auxiliado por Victor, Henri enrolou os cadáveres no lençol e, dispensando o cocheiro, pessoalmente levou-os para a choupana, atirando-os de qualquer jeito sobre a cama de palha. Em seguida, retornou à abadia, onde o conde ansiosamente o aguardava.

— E então? — perguntou ele aflito. — Correu tudo bem?

— Não se preocupe, meu amigo — respondeu Henri aliviado. — Deixei a moça e o filho na cabana.

— Alguém o viu?

— Ninguém. É tarde, e ninguém se atreve a perambular sozinho, ainda mais com esse tempo.

— Nem sei como poderei recompensá-lo pelo favor que hoje me prestou.

— Você sabe que a sua amizade é a maior recompensa.

— Ainda assim, cumprirei minha promessa, e você receberá o combinado.

— Se você se sente melhor assim...

Depois que o conde e o médico saíram, a abadessa, corroída pelo remorso, prorrompeu num pranto sentido e doloroso, agarrada ao colo da sobrinha. Confusa e penalizada, Marie acariciou a tia e disse com ternura:

— Não se preocupe. Tudo farei para aliviar sua dor. Cuidarei da senhora como cuidou de mim e a protegerei com a própria vida, se necessário.

A abadessa olhou a sobrinha com ar de profunda admiração e, agradecida, estreitou-a contra si, concluindo em lágrimas:

— Sua dedicação é um conforto no meio de tanta desgraça.

Como o pai de Lénore a havia expulsado de casa, ninguém deu por sua falta. Somente Jean recusava-se a crer que ela se fora. Numa última tentativa de encontrá-la, dirigiu-se à tosca choupana e bateu. Ninguém respondeu, não se ouvia sequer um barulho. Colando bem o ouvido à porta, suas narinas captaram um odor pútrido vindo do interior, e um mau agouro perpassou-lhe a mente. Desconfiado, esmurrou a porta, arrombando-a facilmente.

A cabana só tinha dois cômodos: uma sala, que também servia de quarto, e uma pequena cozinha. Foi com horror que Jean viu ali, jogada sobre o catre, a pobre Lénore e o que parecia ser um bebê, ambos cobertos por uma crosta vermelho escura, endurecida pelo tempo, e conservados pelo clima frio.

Foi com tristeza que Jean comunicou o achado às autoridades e, em seguida, avisou a família de Lénore. Muito rígido e apegado aos valores morais da época, Edgard recebeu a notícia da morte da filha sem nenhum pesar.

— Ela bem que mereceu — terminou por dizer. — Quem mandou se entregar àquele conde feito uma mundana?

— Como pode dizer uma coisa dessas? — censurou Alzire, sua mulher. — Ela era nossa filha. E nem sabemos quem era o pai da criança.

— Quem mais poderia ser, senão aquele conde, com quem ela se deitava feito uma ordinária?

— Não seja tão cruel e insensível. Lénore era nossa única filha.

— Não quero mais ouvir falar nesse assunto. Graças a Deus, não tenho mais filha.

Alzire perdeu a alegria de viver, mas era muito submissa para contrariar o marido. O mesmo acontecia com a cunhada, cujo medo de ser posta na rua fez com que se calasse. Só agora se arrependiam, e nada podia ser feito.

A investigação que apurou a morte de Lénore e do filho foi breve e concluiu que ela morrera ao tentar, sozinha, abortar a criança. Jean fora o único a não aceitar essa versão, mas nada pôde fazer.

7

Logo nos primeiros anos após a morte de Lénore, Victor não ousou olhar para outra mulher. Catherine, contudo, envelhecia, e a enteada voltou a interessá-lo. Philoméne tinha dois filhos, aos quais não dava a menor importância. Reatado o caso com o conde, ela recusou-se a manter relações com o marido, sob a alegação de que temia outra gravidez.

Quando, porém, ela apareceu grávida novamente, Julien enlouqueceu e ameaçou matá-la, desconfiado de que o pai do bastardo fosse seu próprio irmão. Tentou matá-lo, mas Victor, exímio espadachim, acabou ferindo-o mortalmente, e Julien morreu levando consigo um ódio desmedido pelo conde, que perduraria através dos séculos. Indagado sobre o motivo da desavença, Victor se justificara, alegando que o irmão enlouquecera e atentara contra a vida de Philoméne, acusando-a de ter se entregado ao filho de um barão.

Depois que a criança nasceu, Victor perdeu definitivamente o interesse por Philoméne, cujo desleixo e descuido acabaram por transformá-la em uma matrona obesa e precocemente envelhecida. A idade também o alcançava, e Victor preferiu passar a velhice ao lado da única mulher que amara em toda a sua vida: Catherine.

Henri, por outro lado, quando se deu conta do que realmente havia feito, sentiu-se acabrunhado e arrependido. O dinheiro recebido de Vitor parecia maldito, como se cada moedinha houvesse sido cunhada com o sangue e a carne de Lénore e de seu filho.

A vida da abadessa, contudo, deu uma reviravolta.

Padre Honore ouviu uma leve batida na porta e levantou os olhos, ordenando com voz incisiva:

— Entre!

A porta se abriu e a abadessa entrou pálida, dizendo com voz chorosa:

— Por favor, padre, preciso confessar-me!

— Aqui? — espantou-se o padre.

— Neste minuto. É urgente!

— Meu deus, Berta, o que houve?

— Matei dois inocentes.

— O quê? Não pode ser! Como?

Desmanchando-se em lágrimas, a abadessa narrou a padre Honore como se vinha utilizando dos subterrâneos da abadia para a prática de abortos clandestinos, culminando com a morte de Lénore e seu filho. O padre, assustado, disse-lhe com certa dureza:

— Você jamais deveria ter consentido em tamanha loucura!

— Eu sei. Mas agora, o que posso fazer? Não há como reparar os meus crimes. Pobre Lénore!

— Lénore... Ouvi falar dela na vila. Foi encontrada morta em uma choupana na floresta.

— É essa mesma. O conde providenciou tudo.

— O que você fez é grave. A Igreja condena e pune severamente a prática do aborto após certo período de gestação. No entanto, apesar de ser considerada cúmplice aos olhos de Deus e dos homens, na verdade, você nunca matou nem desejou a morte de ninguém.

— Não desejei, mas foi o que aconteceu.

— Você errou, e muito, pois não devia ter cedido o convento, um lugar consagrado a Deus, para a prática desses crimes. Contudo, seu arrependimento é sincero, e mesmo que seu erro não possa mais ser reparado, pode ao menos ser compensado de alguma maneira. Tenho uma ideia. Pegue o dinheiro que recebeu, maldito, porque obtido com o sangue dos inocentes, e use-o em benefício dos pobres. Não poderá trazer de volta a pobre Lénore nem o seu filhinho, nem os muitos outros que você viu morrer, mas terá a oportunidade de compensar o mal que causou fazendo o bem aos mais necessitados. Por que não destina uma ala da abadia para abrigar e educar os orfãozinhos desamparados? Assim estará devolvendo a Deus, de alguma forma, aquilo que de mais precioso você ajudou a roubar: a vida.

— Tem razão, padre. Farei o que me aconselha.

— E nunca mais consinta nessas atrocidades. Uma abadia é lugar de fé e refúgio para aqueles que procuram alívio para suas dores, não um mercado onde se trocam almas por um punhado de ouro.

A abadessa beijou a mão de padre Honore e saiu mais aliviada. Aquele ouro era realmente maldito, mas ela podia aproveitá-lo em obras mais nobres. Com ele, fundou o orfanato Santa Maria, destinado a abrigar crianças pobres e abandonadas.

Passados alguns anos, apareceu por ali um jovem, trazendo nos braços um bebê magro e enfermiço, quase sem forças para chorar. O rapaz, meio sem jeito, explicou:

— Sou sapateiro e encontrei-a, por acaso, quando saía para trabalhar. Ela foi deixada debaixo de minha carroça e por pouco não a atropelei.

— Fez bem em trazê-la aqui. Ela precisa de cuidados. — Entregou a criança a uma freira auxiliar e prosseguiu: — Noto que você é um jovem triste. Como se chama?

— Jean, madre.

— Há algo que possa fazer por você, Jean?

— Infelizmente, não. Mesmo assim, agradeço e já vou indo. Não posso deixar a oficina sozinha durante muito tempo.

— Está certo. Volte quando quiser.

Jean se foi, sentindo uma estranha alegria no coração. Simpatizara de imediato com a abadessa, a quem nunca antes havia visto. Ela possuía um brilho de ternura no olhar que o fazia lembrar-se de sua mãe, há muito falecida. Só, sem parentes ou amigos, Jean passou a fazer constantes visitas ao convento, levando, sempre que possível, alguns sapatinhos para as crianças.

Com o tempo, a abadessa tornou-se confidente de Jean, até que ele lhe revelou todo seu drama, narrando-lhe a trágica morte de Lénore e do filho abortado. A revelação causou-lhe imenso susto, mas Berta silenciou, com medo da reação do rapaz ao saber que fora ela a responsável pelo aborto.

Mas o destino costuma obrar à nossa revelia, e no décimo aniversário da morte de Lénore, Marie foi ao túmulo da moça, enterrada junto com o filhinho, levar algumas flores que lhe enfeitassem a sepultura. Caía uma chuva fininha, e ela estava ali ajoelhada a orar tão fervorosamente, que não percebeu a chegada de Jean, que tivera a mesma ideia e fora também enfeitar o sepulcro da falecida noiva. Ao ver a religiosa ali, Jean se surpreendeu imensamente mas, não querendo interrompê-la, encolheu-se em sua capa e ficou a esperar que ela terminasse suas orações, para então oferecer as flores que havia levado.

Em dado momento, Marie prorrompeu em prantos e, com voz amargurada e sentida, pôs-se a se lamentar:

— Minha pobre criança, de quem roubamos a oportunidade de conhecer o mundo. Sei que sua alma descansa em paz, contudo, as nossas não encontraram ainda o caminho da redenção. Perdoe-nos!

Ouvindo aquelas palavras, cujo significado não compreendia, Jean interrompeu a prece de Marie e, levantando-a pelos ombros, indagou:

— O que você diz? Conheceu Lénore? Por que deveria ela perdoá-la? O que você fez a ela?

Tomada de assalto pelo rapaz, desconhecendo sua ligação com a morta, Marie tentou se esquivar, balbuciando com embaraço:

— O senhor me assustou. Por favor, solte-me, preciso ir.

— Não antes de responder às minhas perguntas. Você conheceu Lénore?

— Conheci.

— E a abadessa?

— Também. Mas por que quer saber?

— Por quê? Porque fui seu noivo antes de ela se entregar àquele maldito conde.

Ouvindo isso, Marie se desvencilhou e desatou a correr, sem se importar com a chuva que lhe batia no rosto. Perplexo, Jean depositou as flores no túmulo da moça e rumou para o convento, certo de que a abadessa teria uma explicação plausível para tudo aquilo.

Avisada por Marie, a abadessa aguardava Jean em seu gabinete particular.

— Sente-se — falou ela ao vê-lo entrar. — Precisamos conversar.

— Sem dúvida — concordou ele, curioso.

— Soube que encontrou Marie no túmulo da falecida Lénore.

— Muito me espantou a presença dela ali. Não sabia que irmã Marie a conhecia, muito menos a senhora, que nunca tocou no nome de Lénore, mesmo quando lhe confidenciei aquela tragédia.

— É verdade.

— Por que não me disse que a conhecia?

— Não podia.

— Não compreendo.

— O que vou lhe contar agora é muito doloroso para mim e para Marie. Contudo, não posso mais ocultar a verdade acerca da morte de sua noiva. Antes, porém, quero que saiba que gosto de você como um filho e jamais quis magoá-lo. Procure não me odiar. Se o fizer, contudo, eu entenderei.

Em minúcias, a abadessa narrou a Jean as desventuras de Lénore, sem tentar ocultar ou justificar sua participação no aborto que lhe causara a morte. Ao final da narrativa, Jean ergueu para ela os olhos cheios de lágrimas e falou com profunda amargura:

— Não a odeio pelo que fez, mas não posso perdoá-la. A senhora foi cruel, mesquinha e ambiciosa. Tirou a vida não só de minha Lénore, mas também de vários inocentinhos que sequer tiveram a chance de lutar pela vida. De hoje em diante, nunca mais pretendo voltar aqui e só lamento pelas criancinhas, de quem verdadeiramente gosto. Espero que saiba respeitar os meus motivos e nunca mais torne a me procurar ou dirigir a palavra. Se assim o fizer, agirei como se não a conhecesse.

Sem se despedir, Jean virou-lhe as costas e saiu pisando firme, para nunca mais tornar a vê-la.

8

Elisa abriu os olhos e mansamente começou a chorar, emocionada ante a revelação dos dramas vividos pelos personagens que conhecera na vida atual. Agora podia compreender muitas coisas, sabia que cada um tentava, à sua maneira, desvencilhar-se das culpas, ódios e ressentimentos do passado.

Com olhar límpido, fitou o rosto amigo do doutor Mariano e o semblante sereno de Maria do Socorro. Um sorriso de compreensão escapou de seus lábios, demonstrando que aquelas lembranças, apesar de significativas, não a chocaram ou angustiaram, e ela estava em paz consigo mesma.

— E então? — perguntou Mariano. — Como está se sentindo?

— Bem.

— Gostaria de conversar sobre o que viu?

— Sim.

— Por onde quer começar?

— Identificando, na vida atual, aqueles que figuraram naquela época longínqua, da qual já nem temos mais notícias.

— Pois então comece.

— Estou certa de que fui aquela abadessa ambiciosa, que não hesitou em sacrificar dezenas de inocentinhos em nome do dinheiro.

Ao dizer isso, podia-se sentir certo tom de amargura e pesar na voz de Elisa, que Mariano logo corrigiu:

— A ambição da abadessa era fruto de sua imaturidade. E os inocentinhos, como você diz, são espíritos que escolheram aquele tipo de experiência.

— Uma coisa não justifica a outra.

— Não. Quero apenas lhe mostrar que todos são almas em busca de evolução. O que mais?

— Padre Honore e Marie foram meus pais nessa vida, não foram?

— Sim.

— Jean foi meu marido Leonardo, que também havia sido noivo de Lénore, hoje reencarnada como Rosali.

— Exatamente.

— E o conde? Penso que Victor foi meu primo Alberto, que parece nada haver mudado desde então.

— Por que o está julgando? Cada um teve o seu quinhão de aprendizado.

— Tem razão, perdoe-me.

— Quem mais?

— O conselheiro Édouard encarnou como o atormentado Cristiano, pai de Marialva, não é mesmo?

— Sim.

— E Michel? Não o reconheci em ninguém na vida atual.

— Michel já se desvencilhou dos resquícios daninhos do suicídio e, assim como Pietro, perdoou o pai e hoje se encontram trabalhando no auxílio aos suicidas.

— Que interessante. E o pobre Julien? Ficou claro que reencarnou como Alfredo, que novamente teve um fim tão trágico!

— É verdade.

— E meus tios? Continuaram os mesmos nessa encarnação, não foi?

— Sim, como você pôde perceber, Edgard, pai de Lénore, voltou como Osvaldo, pai de Rosali, e Alzire, sua mãe, como Helena.

— E a senhora, dona Maria do Socorro? — ajuntou ela, voltando-se para a amiga. — Por acaso não seria Louise, irmã de Edgard?

— A própria.

— Não nos esqueçamos de Henri — acrescentou Mariano.

— Hoje Henrique.

— Até o nome é semelhante! — surpreendeu-se Elisa.

— Veja só. Inspiração de Maria do Socorro.

— Resta agora saber onde se encontra o pequeno abortado — imaginou Elisa.

— Seu nome era Marcel. Era ele que atormentava Rosali e Henrique.

— O que ele fez para merecer ser abortado de forma tão violenta, aborto esse do qual, infelizmente, participei?

— Marcel foi seu marido em sua última existência, a mesma em que matou Rosali com uma espada no coração.

— O quê? Meu marido? Mas como? E agora?

— Agora voltou à vida como seu filhinho Edmundo, o último que teve antes de desencarnar e que passou aos cuidados de quem deveria ser: Rosali.

Emocionada, Elisa pensou no quanto Deus é perfeito. Tudo na vida possui uma razão de ser, nada acontece por acaso. E, por mais que Deus deixe o destino à nossa escolha, está sempre presente em cada momento e cada passo de nossas vidas.

No dia seguinte, Mariano foi procurar Elisa para, em companhia de Maria do Socorro e de seus dois assistentes, partirem rumo à crosta terrestre, a fim de visitarem aqueles que continuavam no corpo físico. Alguns anos haviam se passado, e cada qual seguira seu destino, tornando possível a materialização daquilo que haviam idealizado para si mesmos enquanto ainda estavam no plano espiritual.

Primeiro foram à casa de Elisa, que muito se alegrou ao ver os filhos crescidos e bem cuidados. Abraçou-os comovida, sentindo no coração de Mário, Celeste e Joana uma docilidade natural, que os impulsionava para o bem. Edmundo, apesar de amoroso, demonstrava uma certa rebeldia que muito a preocupou. Ela fitou Mariano de forma interrogativa, mas ele a tranquilizou, esclarecendo com docilidade:

— Não se preocupe, Elisa. O pequeno Edmundo, apesar de rebelde, precisa apenas de amor e compreensão para domar seus instintos. Rosali e Leonardo têm se saído muito bem, e hoje ele conta com uma mãe carinhosa, porém, enérgica.

Edmundinho completava seu terceiro ano de vida, e Elisa reviu os pais, a quem envolveu com ternura. Edmundo, mais sensível, sentiu imediata saudade da filha, atribuindo-a ao fato de que, naquele dia, completavam-se também três anos de sua morte. Depois de beijar os filhos, partiram novamente, em busca dos demais.

Encontraram o grupo reunido na sala de espera de uma clínica psiquiátrica, aguardando para ser atendidos. Era sábado, dia de visitas, e Rosali, Leonardo, Osvaldo, Helena e Henrique tinham ido ver Marialva que, desde o dia em que flagrara a mãe nos braços do marido, desenvolvera estranha obsessão, falando e agindo como se fosse outra pessoa, por vezes mesmo se esquecendo de quem seria Marialva.

O choque que levara com a descoberta da infidelidade não só de Alberto, como também, e principalmente, da mãe, fez com que ela definitivamente cedesse ao assédio de Alfredo, que passara então a subjugá-la, como uma verdadeira possessão. Alfredo estava de tal forma colado a ela que seria impossível afastá-lo sem que a moça desencarnasse, visto que a simbiose entre eles era de tal ordem que Marialva parecia dividir o corpo com o desencarnado.

Naquele dia, ao sair da casa em que Alberto e a mãe mantinham seus encontros, Marialva começara a rir histericamente, um riso descontrolado e quase diabólico, deixando Lenita profundamente impressionada. A amiga pensou que aquela estranha reação se devia ao forte trauma por que ela acabara de passar e imaginou que logo terminaria. Contudo, os ataques foram aumentando, até que Marialva se tornou bastante agressiva, oscilando entre a euforia e a depressão.

Sem saber se voltava para casa ou se sumia das vistas da esposa, Alberto achou melhor retornar, ao menos para pegar suas coisas. Levou mais de uma semana para aparecer. Quando afinal voltou, encontrou Marialva suja e desgrenhada, perambulando pela casa feito uma demente, os criados assustados, sem saber o que fazer. Ao vê-lo, ela exclamou furiosa:

— O que faz aqui? Não percebe que ela não quer mais vê-lo?

A princípio, Alberto pensou que ela estivesse falando de outra pessoa, talvez de Adélia. Contudo, certificando-se de que não havia mais ninguém ali, indagou alarmado:

— De quem está falando? Quem não quer mais me ver?

— Como é cínico! Ainda tem coragem de perguntar? Depois de tudo o que fez, devia desaparecer de vez. Você não a merece, é vil demais para ela.

— Para quem? — insistiu Alberto, bastante apreensivo.

— Ora, para quem! Para Marialva! Para quem mais haveria de ser?

Alberto recuou assustado. Será que a mulher enlouquecera de vez? Tentando manter a calma, amistosamente considerou:

— Você não é Marialva?

— Por certo que não! Então não percebe?

— Se você não é Marialva, quem é então?

— Isso não é da sua conta. Agora vá embora, não precisamos de você.

Impressionado, Alberto correu ao consultório do doutor Herculano e narrou-lhe o ocorrido. Acostumado a casos estranhos, o médico diagnosticou uma forte psicose, concluindo que nada mais poderia ser feito, senão interná-la numa clínica especializada. Marialva foi levada à força para o Hospital

Psiquiátrico e logo transferida, por insistência de Adélia, para um sanatório particular, onde o tratamento, embora ineficaz, era ao menos humano.

Depois de providenciar a internação da filha, Adélia, a quem o remorso atormentava dia após dia, a deixou aos cuidados do genro e partiu para a Europa, sem ao menos se despedir de Cristiano. Este, por sua vez, tentou ser nomeado curador da filha, mas a petição foi recusada, tendo em vista que Marialva era casada, cabendo ao marido essa função. Envergonhado, não desejando mais encontrar-se com Alberto, Cristiano retirou-se da sociedade, deixando a casa bancária nas mãos de seu gestor de negócios e se refugiando num sitiozinho que adquirira nos arredores de Friburgo.

Marialva só contava com a visita de Alberto, a quem o arrependimento impunha todos os cuidados, e de Lenita, que pouco ia vê-la. Encontraram-se certo dia, e Lenita acabou por confidenciar a Alberto que o caso de Marialva nada tinha de físico e que ela estava sendo possuída pelo espírito atormentado de Alfredo.

No começo, Alberto duvidou. Depois começou a achar que talvez Lenita tivesse razão. Marialva agia como se fosse outra pessoa. Em seus raros momentos de lucidez, chorava e implorava a Alberto que a livrasse daquele demônio. Mas como ajudá-la? Depois de muito pensar, deixou de lado o constrangimento e foi procurar Lenita, pedindo a ela que o ajudasse a libertar a mulher daquela possessão.

— Eu bem que gostaria — respondeu Lenita. — Mas não conheço ninguém realmente.

— Por favor, Lenita, ajude-me. Estou desesperado. Sinto que Marialva está perdendo a consciência de si mesma. Temo que nunca mais volte a si. Você entende de espiritismo. Tanto que me alertou sobre isso. Deve haver alguém que você conheça que possa me ajudar.

— Bom, conhecer, eu não conheço. Mas se você quiser, posso dar-lhe o endereço da Federação Espírita Brasileira, que outro dia mesmo descobri. Lá, com certeza, eles lhe indicarão algum lugar.

— Fico-lhe muito grato.

De posse do endereço, Alberto dirigiu-se à Federação, cheio de esperança. Entrou meio acanhado, olhando ao redor como se procurasse algo, até que deu com os olhos em um rapazinho de seus quinze anos que, acompanhado da mãe, conversava com a atendente no balcão. Imediatamente, reconheceu o filho, ao lado de Rosali, a quem há muito não via e, num impulso, encaminhou-se para onde eles estavam, parando bem em frente a eles. Logo que o viu, Rosali emudeceu surpreendida, mas Henrique disse com entusiasmo:

— Veja, mamãe. É o doutor Alberto quem ali se encontra.

Desconcertada, Rosali procurou se esquivar carregando o filho, contudo, lembrando-se da promessa que um dia lhe fizera, parou e, desviando o olhar, replicou com embaraço:

— É sim, meu filho, mas por favor, vamos embora.

— Por que não o convidamos para um refresco?

— Henrique...

— Você disse que eu poderia, se quisesse. Por favor...

— Prometi que se você quisesse conhecer seu pai, eu não faria qualquer objeção. No entanto, não me peça para tomar parte nesse encontro.

— Mas você precisa apresentar-me formalmente a ele.

Com os olhos, Henrique incentivou o pai a se aproximar. Acercando-se de ambos, Alberto cumprimentou:

— Boa tarde, Rosali. Como está passando?

— Bem, obrigada — retrucou ela secamente.

— Estou surpreso de vê-la aqui, num lugar como esse.

— Mais surpresa estou eu, já que você nunca foi dado à religião.

— Por favor, sem brigas. Estou aqui em paz — virando-se para Henrique, que o observava cheio de curiosidade, arrematou: — E você é o jovem Henrique, não é mesmo?

— Sim, senhor — respondeu ele com simpatia.

— Sabe quem sou?

— Sei sim. É meu pai.

Alberto ficou confuso e envergonhado. Não esperava aquela resposta tão direta, ainda mais porque Rosali se encontrava ali presente, com ar pouco amistoso. Procurando agir com naturalidade, observou:

— Este local é um pouco estranho para nos conhecermos, não é?

— Creio que não — discordou o filho com desembaraço. — Afinal, estamos todos envolvidos em vibrações de paz e harmonia, o que facilita a compreensão e o entendimento, não é mesmo, mamãe?

Zangada ante a sua indesejada inclusão naquela conversa, Rosali olhou o filho com ar de reprovação e disse de forma apressada:

— Bom, Henrique, você já é um rapaz e pode muito bem voltar para casa sozinho. Por isso, se desejar ficar e conversar com... seu pai... pode ficar. Espero-o em casa mais tarde.

— É claro que gostaria! Isso é, se ele quiser.

Mal crendo no que ouvia, Alberto respondeu rapidamente, com medo de que ela mudasse de ideia e levasse o filho embora:

— É o que mais desejo. Sua mãe sabe disso.

— Muito bem, então — atalhou ela. — Procure não se demorar. Você sabe que seu avô não gosta que nos atrasemos para o jantar.

— Está certo, mamãe. Não me demorarei.

— Rosali, espere — interrompeu Alberto. — Por que não fica também?

— Não tenho nada a dizer a você. Prometi a Henrique que consentiria na sua aproximação e estou cumprindo minha promessa, ainda que tardiamente. É só. Não misture as coisas, por favor, e agradeça a oportunidade de falar com ele. Mas não tente se reaproximar de mim ou farei com que você nunca mais ponha os olhos em cima do meu filho.

Rosali saiu espumando de raiva. Era só o que faltava! Sentar-se à mesa com aquele canalha! Jamais!

O encontro entre Alberto e Henrique foi dos mais proveitosos. Tinham muito o que conversar e logo de início sentiram uma afinidade recíproca. No intuito de conquistar a confiança e o amor do filho, Alberto usou de toda sua sinceridade, abrindo seu coração com honestidade, como jamais ousara fazer com qualquer outra pessoa. Pediu-lhe perdão inúmeras vezes, prometendo que, dali em diante, tudo faria para compensar a dor e a humilhação que lhe causara, fazendo o mesmo por sua mãe, se assim ela permitisse. Henrique, alma esclarecida e elevada, logo perdoou o pai e jurou que se empenharia para que a mãe também o perdoasse, terminando de uma vez por todas com aquele ressentimento que já se vinha arrastando por longos anos.

Alberto acabou contando ao rapaz o motivo que o levara ali. Bastante acostumado ao estudo da doutrina espírita, Henrique confortou o pai, dizendo que envidaria todos os esforços para convencer seu grupo a auxiliar a enferma.

De tão entretido que estava na conversa, Henrique não viu a hora passar e chegou à casa atrasado para o jantar, mas estranhou que nem a mãe, nem o avô, nem a avó reclamaram ou chamaram sua atenção. Ao contrário, receberam-no com o carinho e o afeto de sempre, recomendando-lhe apenas que lavasse as mãos e sentasse com eles, usufruindo, assim, dos últimos momentos daquela intimidade em família.

Foi assim que Marialva passou a receber ajuda espiritual. A princípio, Rosali quis se furtar, alegando que não seria capaz de prestar socorro àquela que, juntamente com Alberto, tramara a sua destruição. Mas Henrique acabara por convencê-la, fazendo-a ver que Marialva era uma alma doente, que necessitava de ajuda para se curar. E tudo indicava que o espírito que a assediava era Alfredo, que fora seu irmão, e por quem certamente possuía algum sentimento.

Além de sensibilizada com o sofrimento da outra e com o tormento do irmão, Rosali se lembrou de que, um dia, ela mesma pedira a Deus uma nova oportunidade para desfazer o elo de mágoa que unia os três. Não querendo perder a oportunidade, acabou concordando em ajudar Marialva com desprendimento e sincero desejo de que ela se recuperasse.

Os novos amigos compareciam à clínica semanalmente, quando oravam e liam o Evangelho. Depois, convidavam Alfredo a sair do lado moça, tentando mostrar-lhe que ele não era feliz ali e que sua infelicidade estava contribuindo para o mal de Marialva, a quem tanto dizia amar.

No começo, Marialva recusou-se a recebê-los, xingando-os e ameaçando inclusive matar-se. Contudo, ao deparar com os límpidos olhos azuis de Henrique, plenos de ternura e bondade, ela se comoveu, e Alfredo se sentiu intimidado com tanta luminosidade partindo de um espírito ainda encarnado.

Quando Alfredo descobriu que Henrique era seu sobrinho, algo nele aplacou sua ira e, embora não largasse o corpo de Marialva, ao menos sossegava a alma, a fim de ouvir as palavras de estímulo que ele sempre tinha a dizer. A presença dos pais também lhe servia de conforto, pois o sentimento paterno, e principalmente o materno, era fonte segura e inesgotável de amor.

Embora Alfredo desejasse seguir seu caminho, a obsessão por Marialva o impedia de se libertar, e ele permanecia preso a ela, se bem que já se pudesse distinguir a presença de um e de outro. Profundamente perturbada, Marialva somente sentia algum bem-estar em companhia de Henrique, a quem julgava um anjo enviado por Deus para libertá-la. Apesar de sua mente ainda estar praticamente dominada por Alfredo, ela ia aos poucos demonstrando certa melhora, em alguns momentos até conversando com normalidade e lucidez.

Apenas o marido não estava mais autorizado a vê-la. Como suas visitas a deixavam ainda mais agitada e agressiva, o grupo espírita chegou à conclusão de que a presença de Alberto instigava o ódio de Alfredo, que ainda não estava em condições de compreender os mecanismos da vida. Mas ele, todos os sábados, acompanhava os demais até o sanatório, esperando notícias do lado de fora, ocasiões em que levava frutas, livros, revistas e outros pequenos agrados que Marialva recebia com pouco interesse.

Tanta dedicação acabou por chamar a atenção de Rosali, que acabou se sensibilizando, também, com o infortúnio de Alberto. Incentivada por Henrique, pelos pais e pelo próprio Leonardo, começou a falar com ele de forma um pouco mais amigável, até que acabaram por marcar um encontro para conversarem a sós, visando pôr um fim em tanto ressentimento.

— Sei que o que fiz não merece perdão — começou Alberto. — Contudo, estou sinceramente arrependido e ficaria muito feliz se você ao menos não me odiasse.

Após pensar em silêncio, Rosali encarou Alberto e, medindo cuidadosamente as palavras, respondeu com voz embargada:

— Não o odeio mais. Henrique me ensinou a me desvencilhar desse sentimento que só fez mal a mim mesma. Não posso dizer que sou indiferente a tudo o que você me fez, pois estaria mentindo. Hoje, porém, tento compreender que o atraí para minha vida em razão de processos que eu desconheço, mas que, com certeza, fazem parte do meu crescimento e do seu. Dei-lhe poder para me atingir e quase destruir. Mas o poder é meu, de forma que posso escolher a quem quero dá-lo. E não é a você nem a ninguém. Não permito mais que me magoem, ninguém mais tem esse poder sobre mim. Só eu mesma. Por tudo isso é que posso lhe dizer que não o odeio. Não o amo mais, mas sinto por você respeito e agradecimento pelo importante papel que teve em minha vida e por ter me ajudado a crescer. Sobretudo por ter me dado o filho maravilhoso que é Henrique.

Emocionado, Alberto começou a chorar e desabafou:

— Nem sei o que lhe dizer, Rosali. A verdade é que eu, depois de tudo o que fiz a você e a Marialva, comecei a refletir sobre meus atos e cheguei à conclusão de que fui egoísta, perverso e impiedoso. Agora quero mudar. Estou realmente arrependido de tudo o que fiz e espero que essa nova doutrina possa fazer a mim o mesmo bem que fez a você.

— A doutrina apenas orienta aqueles que estão dispostos a se modificar. O esforço tem que ser seu.

— Estou disposto. Principalmente porque agora posso conviver com o único tesouro que possuo e que tão tarde descobri. Amo muito meu filho e quero que ele sinta o mesmo por mim, que tenha orgulho do pai, e não vergonha pelas minhas atitudes inconsequentes.

— Ele já o ama e jamais terá vergonha de você. É compreensivo e tem um dom natural de não julgar.

— Obrigado, Rosali.

Sem conseguir mais falar, Alberto segurou-lhe as mãos em sinal de afeto e gratidão. A partir daquele momento, sabiam que conseguiriam superar o ódio e as mágoas, transformando-os em experiências que em muito contribuiriam para que tivessem uma vida mais equilibrada, harmoniosa e feliz.

Epílogo

Sempre que podia, Elisa acompanhava as visitas que seus entes queridos faziam a Marialva. Auscultando-lhes os pensamentos, ficou a par de tudo o que acontecera nos três anos em que estivera ausente, estudando e aprendendo no mundo astral. Estava feliz. Rosali, conforme prometera, ajudava na criação e educação de seus filhos, principalmente do pequeno Edmundo, que até a chamava de mãe.

Só não compreendia por que a prima não havia se casado com Leonardo depois que ela desencarnara. Não se amavam? Indignada, pediu esclarecimentos a Maria do Socorro.

— Rosali sente-se culpada por amar Leonardo e pensa que a estará traindo se aceitar casar-se com ele.

— Mas que bobagem! Pois se fui eu mesma quem pediu que ela cuidasse dele!

— Rosali lhe é extremamente devotada e, ciente da eternidade da alma, não quer correr o risco de magoá-la.

— Isso não pode ficar assim. Vou tentar resolver esse assunto.

Aproveitando-se de um momento em que Leonardo se encontrava a sós com Rosali, observando a algazarra das crianças, Elisa acercou-se dele e soprou-lhe ao ouvido:

— Por que não pede Rosali em casamento?

Altamente receptivo, Leonardo repetiu as palavras de Elisa como se fossem suas:

— Rosali, gostaria de se casar comigo?

— De novo com isso, Leonardo? — revidou ela com certa impaciência. — Você sabe que não podemos.

— Por que não? — indagou Elisa. — Não estarão fazendo nada demais.

— Por quê? — repetiu ele. — Não vejo mal algum nisso. As crianças a adoram, principalmente Edmundinho, para quem você é a única mãe conhecida.

— Ele tem razão, Rosali — continuou Elisa. — Pense na promessa que me fez. Edmundo é mais seu filho do que meu.

— Você não deixa de ter razão, pois as crianças precisam mesmo de uma mãe — concordou Rosali. — Celeste já está uma mocinha e necessita de conselhos maternos. E o pequeno Edmundo depende de mim para tudo. Entretanto, você sabe muito bem que a memória de Elisa ainda continua viva em meu coração.

— Rosali — sussurrou a prima —, eu a amo muito e sei que você também me ama. No entanto, para permanecer viva em seu coração, basta que você se lembre de mim com ternura. Não precisa sufocar o que sente por Leonardo com medo de magoar-me. Você não o ama? Ele não a ama?

Rosali captou-lhe o pensamento e começou a mudar de ideia. Afinal, eles se amavam, o que sentiam era puro e sincero. Elisa havia partido, deixando Leonardo viúvo. Não estaria traindo ninguém.

— Isso mesmo — continuou Elisa. — Não há que se falar em traição. Eu ficaria muito feliz se vocês se casassem.

— Então? — insistiu Leonardo. — O que me diz?

— Não sei. Vou pensar.

Aquela resposta soou praticamente como um sim para Leonardo. Desde que Elisa morrera, passado o período próprio do luto, várias vezes ele pedira a mão de Rosali em casamento, mas ela sempre recusara, alegando que não trairia a memória da prima. Naquele momento, contudo, esse "vou pensar" o enchera de esperança, e ele passou a acalentar a possibilidade de, enfim, desposá-la.

Durante alguns meses, Rosali amadureceu a ideia, sempre inspirada por Elisa. Até que um dia, convencida pelas palavras da prima, com quem chegou a sonhar, resolveu aceitar o pedido de Leonardo.

As bodas se realizaram com simplicidade e alegria. As crianças ficaram exultantes, e Leonardo, com a autorização de Alberto, registrou Henrique como seu filho, visto que o pai, por ser casado, estava legalmente impedido de fazê-lo. Leonardo pretendia dar-lhe um nome, sem pensar em subtrair ao outro os direitos e deveres morais que a paternidade acarretava.

Depois da cerimônia de casamento, Leonardo e Rosali partiram para Paris em viagem de lua de mel, deixando as crianças aos cuidados de Edmundo e Rosamaria, que vieram visita-los, e de Osvaldo e Helena, por demais afeiçoados a todos.

O navio deixou a barra sob um céu de estrelas. A lua cintilante deitava no mar um rastro iluminado e ondulante, acompanhando a cadência das ondas. Ao ver o navio partir, Rosali, misteriosa, ocultou o rosto no peito de Leonardo e chorou. Eram lágrimas sentidas, que ele não sabia identificar se de dor ou de alegria. Seriam as lembranças de uma outra partida, muitos anos atrás, quando ela fora lançada para o exílio, sem amigos e sem esperanças? Ou seria a felicidade da vitória arduamente conquistada que, naquele momento, a fazia compreender que tudo valera a pena?

Durante muito tempo, permaneceram no convés, sem nada dizer, o pranto de Rosali a encher o silêncio da noite. Leonardo apenas acariciava e beijava seus cabelos, esperando que ela dissesse alguma coisa, sem querer desmanchar aquele momento único em que ela dividia com seus pensamentos toda a história de uma vida. Súbito, erguendo para o céu os olhos molhados, brilhantes como as estrelas a faiscar, Rosali pôs a mão nos lábios e, num gesto delicado e sentido, soprou ao vento um beijo prolongado, terminando por dizer:

— Leonardo, você não acha que acreditar que a luz existe faz da escuridão apenas um breve caminho para se atravessar...?

FIM

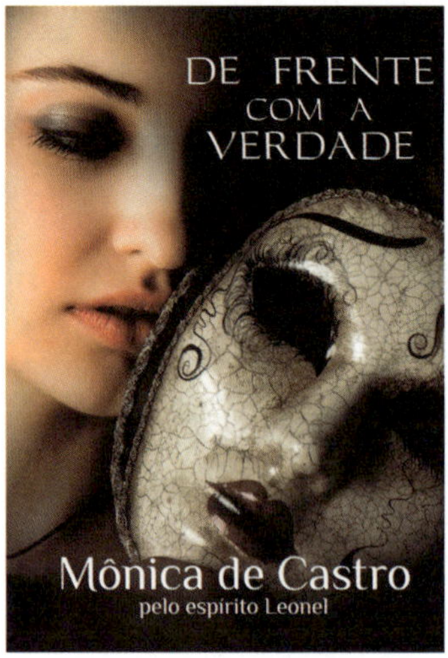

JUREMA DAS MATAS

Mônica de Castro (ditado por Leonel)

Jurema das matas é inigualável em sua simplicidade e franqueza. Desvenda quatro de suas encarnações, na tentativa de mostrar como o ser humano se ilude com falsos valores de conquista e poder, mostra-se uma guerreira de exemplo para todos nós.

CATEGORIA: Romance
PÁGINAS: 368
ACABAMENTO: Brochura
ISBN: 978-85-7722-183-7

DE FRENTE COM A VERDADE

Mônica de Castro (ditado por Leonel)

Sem o amor de Luciana, Marcela pensa que não vale a pena viver, até encontrar em Flávio o verdadeiro amor. E agora, o que fazer para ocultar a verdade sobre si mesma? Por caminhos tortuosos, Marcela descobrirá que a vida não compactua com a mentira, e a verdade sempre prevalece.

CATEGORIA: Romance
PÁGINAS: 352
ACABAMENTO: Brochura
ISBN: 978-85-7722-153-0

DE TODO O MEU SER

Mônica de Castro (ditado por Leonel)

A sensibilidade exacerbada de Marianne é um problema. Os pais, desconhecedores dos processos mediúnicos, não sabem o que fazer. Resolvem então adotar medidas perigosas e extremas. Serão suficientes para conter os inimigos espirituais e trazer Marianne de volta à lucidez?

CATEGORIA: Romance
PÁGINAS: 392
ACABAMENTO: Brochura
ISBN: 978-85-7722-101-1

A ATRIZ

Mônica de Castro (ditado por Leonel)

Tudo que Amelinha queria era ser amada pela mãe. Mas sua mãe, apegada às dificuldades de vidas passadas, via na filha a rival de outros tempos. Amelinha cresce e se transforma em Tália Uchoa, deixando para trás um passado de abusos e dor. Será, contudo, possível fugir de si mesma?

CATEGORIA: Romance
PÁGINAS: 528
ACABAMENTO: Brochura
ISBN: 978-85-7722-070-0

GÊMEAS

Mônica de Castro (ditado por Leonel)

Esta é a fantástica história de Beatriz e Suzane, gêmeas idênticas, separadas ao nascer. Anos depois, uma sucessão de coincidências traz a desconfiança, aproximando-as da surpreendente revelação. Poderão as meninas superar a dor e encontrar a felicidade na nova realidade que a vida lhes apresenta?

CATEGORIA: Romance
PÁGINAS: 512
ACABAMENTO: Brochura
ISBN: 978-85-7722-053-3

SENTINDO NA PRÓPRIA PELE

Mônica de Castro (ditado por Leonel)

No início do século dezenove, Tonha é trazida da África como escrava para servir Aline, filha de um rico fazendeiro, que a toma sob sua proteção. Este romance mostra que, ao nos apressar em julgar as atitudes alheias segundo nossos próprios padrões, acreditamos estar de posse da verdade. Será?

CATEGORIA: Romance
PÁGINAS: 384
ACABAMENTO: Brochura
ISBN: 978-85-85872-77-9

COM O AMOR NÃO SE BRINCA

Mônica de Castro (ditado por Leonel)

Quando ser feliz passa a ser um objetivo sério, logo percebemos que com o amor não se brinca. Os gêmeos Rodolfo e Fausto são o oposto um do outro: enquanto Rodolfo vibra em ódio, Fausto se consome em ciúmes nessa envolvente história que dá continuidade a *Sentindo na própria pele.*

CATEGORIA: Romance
PÁGINAS: 368
ACABAMENTO: Brochura
ISBN: 978-85-85872-80-9

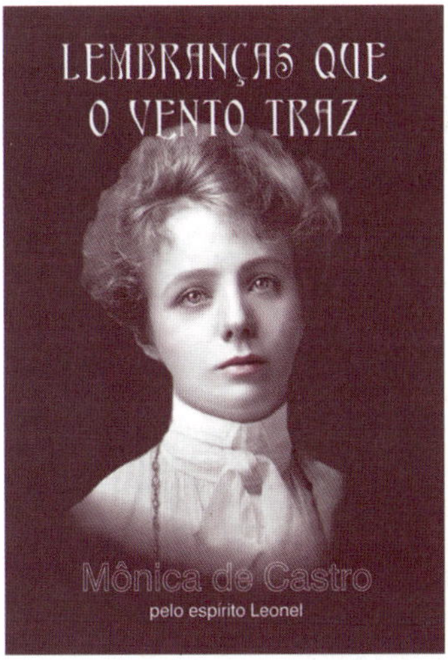

LEMBRANÇAS QUE O VENTO TRAZ

Mônica de Castro (ditado por Leonel)

Segredos inconfessáveis se ocultam por detrás das paredes da mansão onde Clarissa, inesperadamente, é obrigada a viver. O amor e a verdade se transformam em pálidas lembranças, fazendo da morte um mistério que Clarissa será chamada a desvendar. Este extraordinário romance encerra a trilogia iniciada com *Sentindo na própria pele* e *Com o amor não se brinca*.

CATEGORIA: Romance
PÁGINAS: 392
ACABAMENTO: Brochura
ISBN: 978-85-7722-011-3

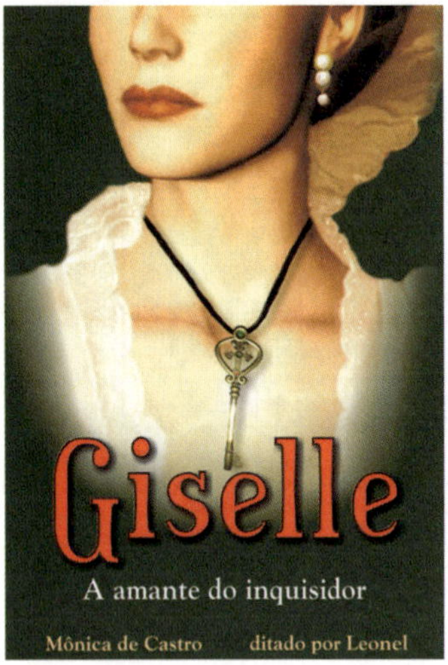

GISELLE – A AMANTE DO INQUISIDOR

Mônica de Castro (ditado por Leonel)

Na Espanha do século quinze, Giselle torna-se amante de um inquisidor, seduzindo pessoas para entregá-las ao Tribunal do Santo Ofício e, assim, enriquecer. De repente encontra um homem que a desperta para um grande amor, inspirando-a a mudar de vida. Haverá tempo para Giselle mudar, ou será tarde demais?

CATEGORIA: Romance
PÁGINAS: 384
ACABAMENTO: Brochura
ISBN: 978-85-7722-007-6

SEGREDOS DA ALMA

Mônica de Castro (ditado por Leonel)

Vivian quer ser escritora na Londres do século dezenove, mas tem que enfrentar o preconceito da sociedade machista, ao mesmo tempo em que luta pelo seu verdadeiro amor. Diante disso ela aprenderá que o segredo do amor é a inteligência, e o segredo do destino feliz é ficar no seu melhor.

CATEGORIA: Romance
PÁGINAS: 432
ACABAMENTO: Brochura
ISBN: 978-85-7722-003-8

GRETA

Mônica de Castro (ditado por Leonel)

Um momento de distração e uma criança morre. Em consequência do acidente, a babá, esmagada pela culpa, não consegue mais emprego e se vê obrigada a entregar-se à prostituição para sobreviver. Por que uma criança saudável, alegre, morre de repente? Como vencer a dor da perda e continuar vivendo? Encontre as respostas neste romance fascinante.

CATEGORIA: Romance
PÁGINAS: 400
ACABAMENTO: Brochura
ISBN: 978-85-85872-96-0

ATÉ QUE A VIDA OS SEPARE

Mônica de Castro (ditado por Leonel)

O que fazer quando você ama um filho e rejeita outro, mergulhando na culpa sem encontrar explicações para seus sentimentos? A causa vai além da simples troca de energias do cotidiano e está oculta em problemas mal-resolvidos de outras vidas que voltam em busca de solução.

CATEGORIA: Romance
PÁGINAS: 384
ACABAMENTO: Brochura
ISBN: 978-85-85872-86-1

Este livro foi impresso em Chenming 75 g/m² pela Gráfica Vida & Consciência.
São Paulo, Brasil, 2012.

VIDA & CONSCIÊNCIA
GRÁFICA

Rua Agostinho Gomes, 2.312 – SP
55 11 3577-3200

grafica@vidaeconsciencia.com.br
www.vidaeconsciencia.com.br